나는 히틀러의 아이였습니다

Hitler's Forgotten Children: A True Story of the Lebensborn Program and One Woman's Search for Her Real Identity by Ingrid von Oelhafen and Tim Tate

This Korean edition was published by Humanist Publishing Group Inc. in 2021 by arrangement with Ingrid von Oelhafen and Tim Tate c/o The Andrew Lownie Literary Agency Ltd through Hobak Agency, Seoul.

'레벤스보른 프로젝트'가 지운 나의 뿌리를 찾아서

나는 히틀러의 아이였습니다

잉그리트 폰 욀하펜 · 팀 테이트 지음

강경이 옮김

일러두기

• 본문의 주석은 모두 역주로, 원주인 경우는 원주임을 밝혔다.

나치 독일에 희생된 모든 이, 특히 아이들에게,
그리고 한 인종이나 신념, 피부색의 우월성을 주장하는 악으로부터
여전히 고통받는 세상의 모든 이에게 이 책을 바칩니다.

차례

서문

이 이야기 곳곳에는 피가 흐른다. 전장에 쏟아진 젊은이들의 피. 유럽 전역의 마을과 도시의 배수로를 흐른 민간인들의 피. 절멸수용소에서 홀로코스트로 희생된 수백만의 피.

그러나 이념으로서의 피도 있다. 요즘 사람들이 보기에는 어처구니없고 저속한 생각이지만 '좋은 피'에 대한 나치의 신념. 그들에게 '좋은 피'는 찾아내고 보존하고 늘려야 할 소중하고 신성한 것이었다. '좋은 피'가 있으면 '나쁜 피'도 있는 법. 그것은 찾아내어 가차없이 제거해야 할 피였다.

나는 피로 출발해 피로 물든 전쟁의 아이, 독일 아이였다. 제2차 세계대전이 한창이던 1941년에 태어났고, 전쟁의 자취 속에서, 그 전쟁이 낳은 잔혹한 냉전의 그늘에서 성장기를 보냈다.

내 역사는 나와 같은 독일인 수백만 명의 역사이기도 하다. 우리는 피에 대한 히틀러의 집착이 낳은 희생자들일 뿐 아니라 독일을 현대 유럽의 강자로 키운 전후 경제 기적의 수혜자들이기도 했다. 우리의 이야기는 피로 물든 오명의 그늘에서 자랐지만 정직하려고,

떳떳하려고 몸부림친 한 세대의 이야기다.

그러나 내 이야기는 훨씬 더 비밀스러운 과거의 이야기다. 여전히 침묵에 덮이고 수치심으로 가려진 역사. 피가 사람의 가치를 결정하는 본질로 숭배될 때, 더 나아가 끔찍한 반인도적범죄를 정당화하는 근거로 이용될 때 무슨 일이 일어나는지 경고하는 이야기다.

왜냐하면 나는 레벤스보른의 아이이기 때문이다.

'레벤스보른(Lebensborn)'은 '생명의 샘'을 뜻하는 고대 게르만어로, 나치 언어 제련공들 손에서 뒤틀리고 왜곡되어 히틀러 제국의 방대하고 기괴한 어휘 중 하나가 되었다. 나치즘의 광기 어린 어휘 목록에서 '레벤스보른'은 무엇을 의미했을까? 오늘날에는 어떤 의미일까? 그 대답을 찾기 위해, 감춰진 내 이야기를 찾기 위해 나는 길고 고통스러운 여행을 감행했다. 그 여행은 유럽 곳곳으로 나를 이끈 실제 여행이었으며, 다른 한편으로는 역사적 여행이었다. 70년도 더 지난 과거의 독일로, 그리고 히틀러의 군대에 점령당했던 나라들의 힘든 역사로 되돌아가는 편치 않은 여행이었다.

그러나 내가 누구인지, 누구였는지 찾아가는 여정은 내가 알던 모든 것과 성장기에 나와 함께했던 모든 것 속으로 파고드는 심리적 여정이기도 했다. 그건 내가 누구인지, 독일인이라는 것이 무엇을 뜻하는지를 근본적으로 묻는 일이었다.

나는 이것이 단순한 이야기인 척하지 않을 것이다. 이 이야기를 읽는 일도 쉽지는 않을 것이다. 쉬울 리가 없다. 그래도 당신이 읽는다면 이 이야기를 살아내는 일도 쉽지 않았음을 기억해주면 좋겠다.

나는 천성적으로 감정을 잘 드러내는 사람이 아니다. 21세기에는 감정 표현이 흔한 일이 되었지만 내게는 쉽지 않다. 나는 평생 내가 자라온 환경과 다른 사람들에게 맞춰 감정을 억누르며 살아왔다.

하지만 이 이야기는 들려주어야 한다. 아니, 그것만으로는 부족하다. 턱없이 부족하다. 이 이야기는 이해되어야 한다. 내가 살아온 인생과 시대를 형성한 많은 것을 겪은 다른 사람들이 있으니 내 이야기가 특별하다고는 할 수 없다. 내 이야기는 레벤스보른이라는 끔찍한 실험을 거친 수천 명의 다른 사람과 큰 흐름을 공유하지만, 내가 아는 한 굴곡진 운명과 역사, 지리로 점철된 내 인생을 낱낱이 공유하는 사람은 아무도 없다.

레벤스보른. 이 단어는 내 몸 곳곳을 흐르는 피처럼 내 삶 속을 흐른다. 맨눈으로는 경로와 흐름을 알 수 없는 수수께끼 같은 강물이다. 이 강을 보고 이해하려면 표면을 훑어보는 것만으로는 부족하다. 그 수원을 찾으려면 보이지 않는 가장 깊숙한 곳까지 파고들어야 한다.

그리고 더는 존재하지 않는 마을과 나라에서 시작해야 한다.

1장

1942년 8월

"남자들은 모두 총살하고 여자들은 체포해 강제수용소로 이송하고 아이들은 그들의 조국에서 떼어내 독일제국 각지에 수용해야 한다."

하인리히 힘러, 나치 친위대장
1942년 6월 25일

독일에 점령된 유고슬라비아의 첼예,• 1942년 8월 3~7일.

학교 운동장은 사람들로 붐볐다. 이미 사람들이 빽빽하게 들어찬 운동장으로 젊거나 나이 든 여자들이 아이들의 손을 꼭 붙잡고 들어와 남은 자리를 메웠다. 어깨에 소총을 둘러맨 독일 병사들이 인근 지역의 소읍과 마을에서 꾸역꾸역 밀려오는 가족들을 지켜보고 있

• 오늘날 슬로베니아의 도시로, 제1차 세계대전 이후 유고슬라비아 왕국의 일부가 되었고, 1941년 4월 나치에 점령되었다. 나치는 이곳에서 아리아인의 외모를 지닌 아이들을 '독일화'하기 위해 독일로 끌고 갔다. 제2차 세계대전 동안 이렇게 끌려간 아이들이 첼예에서만 약 600명에 이른다. 1945년부터 1991년 슬로베니아가 독립하기 전까지 유고슬라비아 사회주의연방(유고연방)에 속했다.

었다.

여자들은 '건강 진단'을 위해 아이들을 학교로 데려오라는 새로운 독일 통치자의 명령을 받고 소집되었다. 그들은 학교에 도착하자마자 체포되어 대기하라는 지시를 받았다. 지역을 책임지는 경찰보안국장 오토 루커는 느긋하게 주머니에 손을 찔러 넣은 채 사람들로 채워지는 운동장을 무심하고 태평하게 바라봤다. 한때 아돌프 히틀러의 간수였던• 루커는 이제 나치 친위대장의 오른팔이 되어 슈타예르스카 지역을 책임지고 있었다. 그는 나치 친위대(SS)에서 정규군으로 치면 대령에 해당하는 연대지도자를 맡고 있었지만, 그 여름날 아침에는 친위대의 상징인 검은 제복 대신 편안한 투피스 사복 차림이었다.

유고슬라비아는 16개월째 나치의 지배를 받고 있었다. 1941년 3월 주변국인 헝가리와 루마니아, 불가리아가 제3제국의 발칸동맹에 합류한 뒤부터 히틀러는 미성년인 페타르 2세를 대신해 유고슬라비아 왕국을 통치하는 파블레 카라조르제비치 섭정왕자에게 동맹 가입을 강요했다. 파블레와 내각은 피할 수 없는 현실을 받아들였고, 유고슬라비아는 공식적으로 추축국에 합류했다. 그러나 세르비아인들이 지휘하던 유고슬라비아군이 쿠데타를 일으켰고 파블레를 몰아낸 뒤 페타르 2세를 왕좌에 앉혔다.

반란 소식은 3월 27일 베를린에 전해졌다. 히틀러는 유고슬라비

• 히틀러는 1923년 11월 뮌헨에서 쿠데타를 일으켰다가 실패하고 란츠베르크 형무소에 수감되었다. 오토 루커는 이때 교도관으로 근무했다.

아군의 쿠데타를 자신에 대한 공격으로 받아들이고는 명령 제25호를 발표해 유고슬라비아를 제3제국의 적으로 공식 선언했다. 히틀러는 그의 군대에 "유고슬라비아 군대와 정부를 파괴할" 것을 명령했다. 일주일 뒤 독일 공군이 대대적인 공습을 시작했고, 독일 국방군 보병 사단과 기갑 사단 탱크들이 유고슬라비아의 도시와 마을을 휩쓸었다. 유고슬라비아군은 독일의 전격전에 맞수가 되지 못했다. 4월 17일 유고슬라비아는 항복했다.

점령군은 유고슬라비아 정부를 남김없이 해체하라는 히틀러의 지시를 수행하기 시작했다. 지식인과 민족주의자 등 6만 5,000여 명을 추방하거나 투옥하거나 살해했다. 그들의 집과 재산은 새로운 독일 통치자들에게 넘어갔다. 슬로베니아어는 금지되었다.

그러나 1941년 하반기와 1942년 전반기 내내 공산주의자 요시프 브로즈 티토가 이끄는 유격대들이 완강하게 저항했다. 독일은 잔혹한 탄압으로 맞섰다. 게슈타포가 유격대원이든 민간인이든 가리지 않고 잡아들였고 수천 명을 제3제국 곳곳의 강제수용소로 보냈다. 나머지는 저항운동에 대한 경고로 처형했다. 1941년 9월부터 아홉 달 동안 첼예의 형무소 벽 앞에서 남녀 374명이 즉결 처형당했다. 사진사들이 후대를 위해, 그리고 선전을 위해 이들의 처형 장면을 사진으로 남겼다.

1942년 6월 25일 나치 독일의 이인자, 친위대장 하인리히 힘러는 게슈타포와 친위대에 유격대 저항운동의 뿌리를 뽑으라는 명령을 내렸다.

체포된 유고슬라비아 유격대원들

1942년 여름, 옛 유고슬라비아 첼예의 스타리피스케르(Stari Pisker) 형무소. 체포된 유격대원들이 총살되기 전 형무소 벽 앞에 줄지어 서 있다.

이 작전은 그동안 폭도를 지원하고, 그들에게 필요한 인적 자원과 무기, 은신처를 제공한 자들을 무력화할 모든 요소를 갖추고 있다. 폭도에 동조한 자들은, 그 친척까지 남자들은 모두 총살하고 여자들은 체포해 강제수용소로 이송하고 아이들은 그들의 조국에서 떼어내 독일제국 각지에 수용해야 한다. 아이들의 수와 그들의 인종적 가치에 대해서는 내게 특별 보고서를 제출하기 바란다.

1942년 8월 그날 아침, 첼예의 학교 운동장에 1,262명이 모여 운명의 처분을 기다리게 된 배경에는 바로 이런 잔혹한 명령이 있었다. 그들 가운데 많은 이가 본보기로 처형된 유격대원들의 살아남은 친족이었다.

그날 모인 사람 중에 가까운 자우어브룬 마을에서 온 요한 마트코의 가족이 있었다. 요한 마트코는 잘 알려진 유격대 집안의 사람이었다. 그의 형제 이그나츠는 7월에 첼예 형무소 벽 앞에서 총살당했다. 요한은 그때 마우트하우젠 수용소로 끌려가 있었다. 그는 수감된 지 7개월 만에 아내 헬레나와 세 자녀에게 돌아올 수 있었다. 부부에게는 여덟 살짜리 딸 타냐와, 여섯 살짜리 아들 루드비그, 그리고 생후 9개월된 딸 에리카가 있었다.

가족의 수를 센 뒤 사람들을 아이, 여자, 남자로 나누라는 명령이 떨어졌다. 루커의 지시에 따라 병사들이 무리 속으로 들어와 어머니이 손을 잡고 있는 아이들을 잡아채 갔다 지역 사진사 요시프 펠리칸이 히틀러 제국의 강박적인 기록 담당자들을 위해 이 참혹한 장면을 사진에 담았다. 그가 찍은 여러 통의 필름에는 공포와 불안에 사로잡힌 엄마와 아이 들의 모습이 담겨 있다. 그리고 걸음마를 막 뗀 아이 수십 명이 교실 안에 밀짚을 깐, 낮은 울타리의 우리에 수용된 장면이 담긴 사진도 있었다(240쪽 참조).

엄마들이 밖에서 기다리는 동안 나치 관리들은 약식 건강 검진이라며 아이들을 조사했다. 차트에 아이의 용모와 신체적 특징을 하나하나 공들여 기록했다.

물론 어떤 의사도 '건강 검진'이라 부르지 않을 검사였다. 그건 건강 검진이 아니었다. 아이들의 '인종 가치'를 평가해 네 등급으로 나누기 위한 검사였다. 힘러가 진정한 독일 혈통의 특징으로 정해놓은 엄격한 용모 기준에 부합하는 아이들은 1·2급에 배정되었다. 이들은 제3제국의 인구로 충원될 만한 쓸모 있는 아이들로 공식 등록되었다. 반면에 슬라브인의 특징이나 흔적이 조금이라도 보이거나, '유대 혈통'의 특징이 조금이라도 있다면 낮은 인종 등급인 3·4급에 배정되었다. 그렇게 '열등 인종(Untermensch)'으로 분류된 아이들은 장차 나치 정권을 위한 노예 노동 외에는 아무 쓸모가 없는 존재였다.

다음 날 기초적인 분류가 끝났다. 몇몇 아이들은 가족에게 돌려보내졌다. 인종적으로 가치가 없다고 판단된 아이들이었다. 그러나 430명의 다른 아이들은 돌아가지 못했다. 독일 적십사 간호사들이 젖먹이부터 12세에 이르는 아이들을 기차에 빼곡히 실은 뒤 유고슬라비아 국경을 넘어 오스트리아의 소도시 그라츠 근처에 있는 프론라이텐의 재배치수용소(임시수용소)로 데려갔다.

아이들은 이 수용소에 오래 머물지 않았다. 1942년 9월 심화 선별이 이루어졌다. 이번에는 힘러가 '좋은 피'를 보존하고 충원할 목적으로 설립한 수많은 단체의 일원인 전문 '인종 검사관'들이 아이들을 선별했다.

아이들의 코 길이를 재어 이상적이라고 공식 인정된 코의 형태와 비교하고, 입술과 치아, 엉덩이, 생식기도 찔러보고 쑤셔보고 사진을 찍으며 소중한 유전자를 가진 인간 알곡과 덜 소중한 쭉정이로 분류했다. 더 정밀하고 엄정한 심사를 거쳐 아이들을 네 개의 인종 등급으로 다시 분류했다.

3·4급으로 재분류된 나이 많은 아이들은 나치 독일의 심장부인 바이에른을 지나 재교육수용소로 실려 갔다. 1·2급으로 분류된 아이들 가운데 상위의 어린아이들은 머지않아 친위대장 힘러가 직접 운영하는 비밀 프로젝트로 넘겨졌다. 프로젝트의 이름은 '레벤스보른'이었다. 레벤스보른에 배정된 아이들 가운데에 9개월 된 에리카 마트코가 있었다.

2장

1945년: 0년

"이 제국이 천 년을 버티리라는 것이 우리의 의지이자 소망입니다.
미래가 우리의 것임을 알기에 우리는 행복합니다!"

아돌프 히틀러, 독일 총통
〈의지의 승리〉● (1935)

1945년 5월 7일 월요일 새벽 2시 40분, 프랑스 도시 랭스. 붉은 벽돌로 지어진 작은 학교 건물에서 알프레트 요들 독일군 작전참모총장이 천년 제국을 꿈꾼 제3제국의 무조건 항복문서에 서명했다. 이 항복문서의 다섯 조항에 따라 이튿날 밤 11시 01분부터 독일 영토와 모든 독일 주민은 승전 연합국 4개국(영국, 미국, 프랑스, 소련)의 처분에 맡겨졌다.

한 주 전 히틀러와 그의 측근 대부분은 베를린의 깊숙한 총통 벙

● 1934년 뉘른베르크 나치 전당대회를 기록한 선전영화.

커에서 스스로 목숨을 끊었다. 히틀러의 오른팔이자 나치 공포 기관들의 총책임자였던 하인리히 힘러는 자신이 보잘것없는 병장일 뿐임을 증명하는 위조문서를 들고 사병들이 입는 투박한 회색 군복으로 위장한 채 달아났다.

전쟁은 끝났다. 독일이 유럽 곳곳을 휘저으며 약탈과 살인을 저질렀던 6년의 '총력전'은 끝이 났다. 이제 우리는 평화를 받아들여야 했다.

그해 5월의 아침, 우리는 누구였을까? 독일은 무엇이었을까? 한때 바흐와 베토벤, 괴테와 실러의 나라였던 독일은 최종 해결•이라는 추악한 대량학살과 잔혹한 전격전을 저지른 이후 무엇이 되었을까? 승자와 패자에게 평화는 어떤 모습이었을까?

1945년 우리의 상황을 묘사하기 위해 새로운 단어가 만들어졌다. '스툰데 눌(Stunde Null)'. 문자 그대로 옮기면 '0시'를 뜻한다. 하지만 타다 남은 잔해가 된 독일, 폐허와 수치, 굶주림의 나라가 된 독일을 표현하려면 '0년'이 더 정확했다. 그것은 끝인 동시에 시작이었다.

1945년 5월 8일 화요일 밤 11시 01분부터 독일인이라는 것은 무엇을 뜻했을까? 서쪽의 마스강부터 동쪽의 메멜강까지 독일의 모든 땅과 개인의 생명을 손에 쥔 새로운 소유주인 연합국에 그것은 예속과 의혹, 억압을 의미했다. 독일의 민족주의와 군국주의라는 해로운 두 갈래 강줄기가 다시는 유럽 곳곳으로 흐르게 놔두지 않겠노라고 네 점령국은 단언했다. 이 고귀한 이상을 실행하기 위한 체제와 절

• '유대인 문제에 대한 최종 해결'의 줄임말.

차가 세워질 터였다. 그것도 몇 시간 안에. 그때는 너무 어려서 알지 못했지만, 그것은 내 삶의 경로를 결정할 체제였다.

독일인에게 정체성에 대한 질문은 또 다른 것을 뜻했다. 그것은 철학적인 것이 아니라, 물질적인 동시에 정치적이며 심리적인 질문이었다. 그리고 물론 이 셋 중 가장 심각하고 다급한 것은 물질적 질문이었다.

1945년 5월 독일은 폭파된 다리, 붕괴된 도로, 불타버린 탱크의 황무지였다. 히틀러는 광기와 무력한 분노로 소진된 그의 제국이 사그라지기 전 마지막 몇 달 동안 '요새 도시'를 건설하라는 명령을 내렸다. 그는 순수한 독일인의 마지막 피 한 방울까지, 독일 건물의 마지막 벽돌 한 장까지 바쳐 조국을 사수할 것이라고 선언했다. 항복이 아니라 화염과 희생으로 타오르는 '신들의 황혼(Götterdämmerung)'•이 그가 세계를 지배할 민족(Master Race/Herrenvolk)이라고 선언한 독일의 마지막을 수놓을 터였다.

그것은 숭고하게 타오르는 화장용 장작의 불꽃이라기보다는 히틀러의 허영을 불태우는 수천 킬로미터에 달하는 모닥불에 가까웠다. 한 뼘의 영토도 남김없이 전쟁에 동원되었고 연합군의 융단 폭격에 파괴된 독일은 세상의 종말 이후 남겨진 사막 같았다. 한때 건물이었던 것이 무너져 돌 더미가 되었다. 베를린 한 곳에서만 7,500만 톤의 돌 더미가 도로 곳곳에 쌓였다. 독일의 다른 도시들도 다르지 않았

• 바그너의 악극 〈니벨룽겐의 반지〉의 마지막 4부의 제목. 히틀러가 좋아했다고 알려진 이 악극에서 신들의 세상 발할라가 불타 사라지는 마지막 장면에 히틀러의 최후를 빗대었다.

다. 건물의 70퍼센트를 파괴한 시가전과 폭격으로 도시가 사라졌다. 그리고 그 모든 곳에, 한때 자기들보다 열등하다고 믿었던 사람들을 오만하게 지배했지만 이제는 퀭한 눈에 초췌해진 사람들이 있었다.

뉴스영화와 사진 들은 예전에는 상상할 수 없던 장면을 포착했다. 물론 독일 언론은 항복의 순간부터 문을 닫았으므로 연합국 언론의 기록이었다. 폭격으로 반쯤 부서져 한때 정상적이던 삶의 흔적, 벽난로와 찢어진 벽지, 부서진 화장실이 보호벽 없이 드러난 건물 주변에 살아 있는 유령 같은 여자와 아이 들이 몸을 웅숭그리고 있었다. 고아들, 난민들, 노인들, 부상자들. 거리마다 이름 없는 시신들이 누워 있고, 곧 그 무리에 합류할 듯한 해골 같은 형상들이 그들을 바라보거나, 그보다는 외면할 때가 더 많았다. 디스토피아의 한 장면 같은 광경이 곳곳에 있었다.

그들은, 아니 우리는 무엇을 하고 있었을까? 모든 독일인, 적어도 도시의 독일인들은 부서진 건물 잔해를 뒤지며 임시 거처를 마련하고 먹을 것을 구했다. 그들은 점령군을 피해 숨거나 무서워하면서도 친해지려 했다. 선택이 아니라 필요에 의해서. 거처보다 더 간절했던 식량을 구하기 위해서였다.

너무나 오랫동안 나치당을 위해, 나치당에 의해 움직였던 독일 경제는 전쟁이 끝나기 전 마지막 몇 주 동안 독일의 건물들만큼이나 속절없이 무너졌다. 역설적이게도 돈은 많았지만, 아무짝에도 쓸모없는 종이 뭉치와 동전 더미에 지나지 않았다. 구할 수 있는 자원이란 자원은 군대로 빨려 들어갔고 폭격으로 철도망이 파괴되어 식량이 생산되더라도 유통되지 않았다. 이제는 쓸모없어진 마르크화로 살 수 있는 것이라곤 거의 없었다.

게다가 새로운 통치자들은 우리를 어떻게 해야 할지 생각을 정리하지 못한 것 같았다. 1945년 7월과 8월 사이에 연합국 지도자들, 윈스턴 처칠(나중에는 클레멘트 애틀리) 영국 총리와 해리 트루먼 미국 대통령, 이오시프 스탈린 소련 공산당 서기장이 독일 포츠담에서 만나 미래를 계획했다. 제1차 세계대전이 끝났을 때 패전국 독일은 무거운 징벌과 배상금을 감내해야 했지만 지리적·정치적 지도에서 지워지지는 않았다. 하지만 포츠담에서의 결정은 달랐다. 전쟁이 끝남과 동시에 독일은 더는 존재하지 않을 것이었다. 독일이 있던 자리에 4개로 분할된 '점령지'가 생길 것이고, 승전국들은 점령지를 하나씩 차지하고 각자의 원칙과 계획에 따라 통치하게 될 터였다.

그러나 그것 말고는 독일을 어떻게 처리해야 할지는 거의 합의되지 않았다. 프랑스는 독일을 일련의 작은 독립국들로 쪼개길 원했지만, 미국은 독일을 농업에 의존하는 산업화 이전 상태로 되돌릴 생각을 하고 있었다. 나중에 미국은 수천만 명의 독일인들을 중세 소작농처럼 살게 하는 것이 가능하지도 바람직하지도 않다는 것을 인정하며 물러섰다. 연합국은 분할 점령 체제가 어떻게 굴러갈지 깊이 생각하지 못했다. 또한 평화 유지를 위해 주둔한 대규모 군대와 점령지 주민들에게 식량을 공급하는 중대한 문제도 풀지 못했다. 게다가 점령지 인구는 동쪽에서 밀려온 1만 명이 넘는 난민으로 불어난 상태였다.

식량이 결코 충분하지 않은 데다 운송 체계가 제대로 기능하지 못하니 부족한 식량마저 꼭 필요한 장소로 옮길 수 없었다. 게다가 점령군 사이에는 독일인들이 자업자득의 쓴맛을 봐도 한참 전에 봤어야 했다는 정서가 널리 퍼져 있었다. 나치가 미친 듯이 유럽을 헤집으며 마을과 도시, 나라 전체를 굶어 죽을 지경까지 몰고 가지 않았던가? 이제 자신들이 뿌린 씨를 거둘 때가 아닌가?

그것이 히틀러가 남긴 진짜 유산이었다. 굶어 죽는 나라. 최소한의 식량으로 간신히 버티며 생존을 위해 절박하게 몸부림쳐야 하는 나라. 전쟁에 패했고, 부서졌을 뿐 아니라 완전히 사라진 나라.

평화가 왔을 때 나는 세 살 반이었다. 금발의 전형적인 독일 아이로, 체구가 작고 말이 없었다. 메클렌부르크 지역의 외지고 작은 시골 마을 반데코브(Bandekow)에서 엄마와 할머니, 남동생 디트마어와 함께 살았다. 넓은 숲속에 자리한 우리 집은 큰 농장 주택으로, 목재 골조가 드러나는 그 지역의 전형적인 주택이었다. 전후 우리 가족은 일반적인 독일 가족과 다를 바 없었지만, 전쟁 전에는 독일 특정 계층의 전형이었다. 아빠와 엄마 양쪽 집안 모두 오래된 상류층이었고 독일의 망가진 경제 상황에도 잘사는 편이었다.

엄마 기젤라는 함부르크에서 해운회사를 운영하는 안데르센 가문의 딸이었다. 이 가문은 오래된 한자동맹 가문으로, 1815년 빈 의회가 함부르크를 자유시로 선언한 이래 무역으로 돈과 명성을 얻은 특권층이었다.

반데코브의 우리 집은 대대로 안데르센 가문의 소유였다. 종조부 소유였지만, 1945년 전 몇 해 동안 우리 가족의 시골 별장으로 썼다. 안데르센 가문은 함부르크에 주 거주지가 있어서 할아버지는 그곳에 살고, 할머니가 두 집을 오가며 지냈다.

폰 윌하펜 가족, 1944년 여름 반데코브에서

(위) 잉그리트와 남동생 디트마어.

(아래) 잉그리트, 디트마어와 함께한 헤르만과 기젤라 폰 윌하펜 부부.

엄마는 안데르센 집안의 네 자녀 가운데 하나였다. 엄마의 오빠는 전쟁 막바지에 독일군에 복무하다 전사했고, 큰 언니와는 사이가 소원했다. 언니가 입에 담지 못할 만큼 부정한 행동으로 점잖은 가족의 이름에 먹칠을 한 탓이었다. 하지만 남은 자매인 잉그리트 이모(에리카 또는 '에카'라고도 불렸다)는 내 어린 시절에 우리 가족과 함께 지냈다. 전쟁이 끝났을 때 엄마는 서른한 살이었다. 젊고 예쁘고 발랄했다. 특권층다운 허약하고 오만한 발랄함. 결혼도 했지만, 그리 행복하지는 않았다.

아빠 헤르만 폰 욀하펜은 직업군인이었다. 그는 제1차 세계대전에서 명예롭게 복무했다. 복무 중이던 1914년과 1915년에 중상을 입었는데, 1917년에 마지막 부상을 입고 노고를 인정받아 철십자훈장을 받았다. 엄마처럼 아빠도 상류층 출신이었다. 아빠의 부모 이름에는 귀족을 의미하는 '폰(von)'이 성 앞에 자랑스럽게 붙어 있었다.

아빠는 젊고 쾌활한 엄마와는 정반대였다. 엄마보다 서른 살이 많았고 심한 간질 발작으로 고생했다. 그래서 화를 잘 내고, 못된 성격이 된 것인지는 나도 모르겠다. 확실한 것은 히틀러 집권 초기인 1935년에 결혼한 두 사람의 관계는 1945년에 사실상 끝나 있었다는 것이다. 나는 걸음마를 시작할 무렵부터 어린 시절 내내 아빠를 거의 보지 못했다. 우리가 반데코브의 농장에 사는 동안 아빠는 1,000킬로미터 떨어진 바이에른의 안스바흐에서 지냈다.

결혼한 여자가 어머니와 아이들하고만 사는 우리 가족의 모습은 전혀 이상해 보이지 않았다. 우리 가족은 전쟁으로 무너진 독일의 전형적인 가족이었다. 성인 남자 대부분, 심지어 어리거나 나이 든 남자까지도 군에 징집되어 죽거나 실종되거나 유럽 곳곳의 포로수용소에 갇혀 있었다. 독일은 여자와 아이 들의 나라였다. 아니, 정확히 말해 이제는 나라도 아니었다.

전쟁의 영향이 전혀 없지는 않았지만, 전쟁은 우리 부모가 별거하게 된 주된 이유가 아니었다. 두 사람 사이에는 건널 수 없는 간극이 있었다. 전후 독일에 시행된 분할 점령보다 더 까다롭고 대책 없는 감정의 골이 있었다. 나는 그때 너무 어려서 알지 못했지만, 두 사람의 관계는 내 어린 시절을 우리가 처한 정치적 상황만큼이나 암울하게 만들었다.

전후의 삶을 말할 때 빠트릴 수 없는 또 하나의 문제는 정치다. 요즘 세대가 알고 있는, 그런 가벼운 정치가 아니었다. 안정된 민주주의에서 정당들이 자리와 권력을 차지하려고 다투는 그런 정치가 아니었다. 1945년의 정치는 살벌했다.

전쟁 막바지에 연합군이 사방에서 독일로 밀려 들어왔다. 미군의 탱크와 군대는 프랑스와 벨기에, 네덜란드에서 동쪽으로 진군했다. 영국군은 이탈리아와 오스트리아에서 북쪽으로 밀고 들어왔다. 소련의 대규모 병력은 전쟁 전 폴란드였던 곳에서부터 서쪽으로 밀려왔다. 이들 각자에게는 독일 영토를 가능한 한 많이 정복하고 지배해야 하는 중대하고 시급한 과제가 있었다. 포츠담 협정에 따라 전쟁이 최종적으로 끝났을 때 그들이 그때까지 차지한 것은 무엇이든 그들 소유가 되고, 이후 다시 나눌 일도 없을 터였기 때문이다. 1945년 봄이 끝날 무렵 몇 주 동안 전후 유럽의 국경이 다시 그어지고 있었다. 동시에 곧 냉전이라 불리게 될 것의 씨앗이 뿌려지고 있었다.

전쟁이 끝났을 때 아빠 집은 미국 점령지에 있었다. 아빠의 운명은 미국이 점령지에 대한 자신들의 의무와 권리를 어떻게 보느냐에 따라 결정될 예정이었다. 한편, 엄마와 내가 살던 반데코브는 소련 점령지에 들어갔다. 소련은 나치 독일의 기반을 어떻게 해체할지 뿐 아니라 점령지로 무엇을 할 것이냐에 대해서도 미국과 무척 다른 생각을 가졌다.

적어도 처음에는 살아남은 히틀러의 심복들을 재판에 회부해야 한다는 합의가 연합국 사이에 있었다. 국가사회주의의 핵심 인사들을 재판정에 세우기 위해 4개국 전범재판소가 세워졌다. 헤르만 괴링, 알프레트 요들, 루돌프 헤스, 요아힘 폰 리벤트로프를 비롯해 20명의 국가사회주의 나치 정권 수뇌들이 뉘른베르크 재판소 지하 감옥에 갇혀 전쟁범죄와 반인도적범죄에 대한 재판을 기다리고 있었다. 히틀러와 요제프 괴벨스를 제외하고 이 악행의 명단에서 빠진 주요 인물은 힘러였다. 친위대를 창설하고 나치 공포 기관 전체를 지휘했던 힘러는 뉘른베르크로 이송되기 전에 자살했다.

이 잔인한 전쟁범죄자들을 마침내 법정에 세우고 유죄 판결을 내린 순간은 분명 정의가 승리한 순간이었지만 점령국 간의 협력이 정점을 찍은 순간이기도 했다. 뉘른베르크 재판 이후 미국과 영국, 프랑스, 소련은 각자의 점령지와 주민들에 대해 근본적으로 다른 접근법을 선택했다. 독일인이었던 수천만 명은 전쟁이 끝났을 때 어느 지역에 있었는지에 따라 운명이 달라졌다. 머지않아 이 대대적인 정치적 분리는 우리 가족의 삶도 바꿔놓았다.

점령국 간의 차이는 우선 나치 당원을 보는 방식에서 드러났다.

'탈나치화(Denazification)'는 전쟁이 끝날 무렵 미국 정부에서 만들어진 용어다. 미국 정부는 나치의 덩굴손이 정치부터 사법까지, 공적 영역부터 사적 영역까지 독일의 모든 삶의 영역을 휘감고 있다는 사실을 알았다. 1945년 5월 당시 나치 당원은 800만이 넘었다. 독일 전체 인구의 10퍼센트를 차지하는 수였다. 일상의 씨줄과 날줄에 촘촘히 얽혀 있는 이 파시즘 조직을 어떻게 할 것인가?

물론 그 해답을 찾는 일은 미국만의 과제가 아니었다. 연합국은 각자 어떻게 하면 국가사회주의의 뿌리를 뽑아내면서도 점령지가 계속 순조롭게 기능하도록 할지 고심하고 있었다. 첫걸음은 나치당, 즉 '국가사회주의독일노동자당'을 불법화하는 것이었다. 1945년 9월 20일 관리위원회 성명 제2호는 과거 제3제국 영토 전역에서 "국가사회주의독일노동당을 완전히, 최종적으로 해산하며 불법 단체로 공표한다"라고 선언했다.

그러나 당은 뒤엉킨 실타래 같은 나치 조직에서 눈에 잘 띄는 부분이었을 뿐이다. 그 밑으로 60개가 넘는 공식 조직이 있었다. 나치 친위대와 비밀국가경찰 게슈타포, 청소년조직 히틀러유겐트처럼 세계적으로 악명 높은 조직은 물론 '독일 혈통 수호를 위한 제국위원회'와 '국가사회주의여성동맹'으로도 알려진 '나치여성단'처럼 독일에서 잘 알려지지 않은 조직도 있었다. 당연히 모두 불법 단체가 되었다. 무엇보다 이런 단체 가운데 어느 하나에 가입했던 전력만으로도 나치 동조자로 의심받기에 충분했다.

내가 알기로는 아빠도 엄마도 나치 당원이 아니었다. 두 사람이 파시즘이나 히틀러에 동조하는 의견을 말하는 것을 들어본 적이 없었다. 그러나 직업군인이던 아빠는 전쟁 기간 대부분을 독일군 행정 장교로 일했고, 엄마는 나치여성단의 단원이었다. 이런 이력 때문에 두 사람은 각자 점령지에서 탈나치화 담당 관료들의 조사를 받았을 것이다.

점령 초기 탈나치화에 가장 열심이던 미국인들은 나중에 점령군 가운데 가장 실용적이게 되었다. 미군은 나치 동조자로 의심되는 자들을 두루 청산하는 것이 바람직하지만, 그랬다가는 점령지의 일상을 관리하는 모든 책임을 자기들이 져야 한다는 사실을 곧 깨달았다. 전쟁으로 지쳐 있는 데다가 빨리 군대를 철수하고 싶었던 미국으로서는 너무 부담스러운 책임이었다.

아빠를 포함해 미국 점령지에 있는 모든 성인은 설문지(또는 등록지)를 작성했다. 이 설문지에 결코 나치 조직에 가입한 적이 없다고 쓰면, 대부분 어떤 조사도 받지 않고 파시즘으로 얼룩지지 않은 '좋은 독일인'임을 보증하는 공식 서류를 받았다. 이 서류는 '페르질 증명서(Persilschein)'라고 불렸다. 그것은 세탁용 가루 세제인 페르질처럼 과거를 깨끗하게 씻어줄 수 있는 문서였다.

그러나 소련은 달랐다. 훨씬 더 철저했다. 연합국 가운데 가장 큰 손실을 입었기 때문에, 아니, 그보다는 스탈린이 소련 점령지에 대해 매우 뚜렷한 계획을 잡았기 때문일 것이다.

소련 군정청(SMAD)은 동쪽의 오데르강에서부터 서쪽의 엘베강에 이르기까지 넓은 영토를 관리했다. 1945년 4월 18일, 소련 비밀경찰인 내무인민위원회(NKVD)의 총수 라브렌티 베리야는 나치당 간부와 적극적인 나치 당원 들을 즉각 구금하라는 명령 00315호를 발표했다. 체포하기 전에 조사 따위는 필요하지 않았다. 5월부터 체포가 시작되어 12만 3,000여 명의 독일인이 소련 점령지 곳곳에 세워진 특별수용소 열 곳에 구금되었다.

이 수용소들은 나치의 게슈타포와 비슷한 내무인민위원회가 직접 운영했고 나치 강제수용소였던 자리에 있을 때가 많았는데, 그 존재 자체가 비밀이었다. 수용소에 수감된 사람들은 바깥세상과 어떤 접촉도 허락되지 않았지만, 말은 새어나가기 마련이었다. 체포와 구금은 마구잡이로 이루어졌다. 1946년 2월 즈음에는 총수감자 가운데 진짜 나치 당원은 절반도 되지 않았다. 소련 군정 치하에서 이미 겁에 질려 있던 독일인들은 언제 끌려갈지 모를 '침묵의 수용소'에 대한 공포로 더욱 숨을 죽였다.

갑자기 들이닥친 사람들에게 붙들려 수용소로 끌려가기란 너무나 쉬웠다. 익명의 고발 때문일 수도 있고, 잘 알려지지 않은 나치 단체에 가입했던 이력이 문제가 됐을 수도 있고, 다른 점령지의 누군가와 접촉했기 때문일 수도 있었다. 끌려갔다가 돌아오지 않는 경우도 허다했다. 4만 3,000여 명이 전후 강제수용소의 가시철조망 안에서 죽었다.

엄마는 독일 나치여성단에 가입했던 전력 때문에 우리 가족이 위험에 빠질지 모른다고 걱정했을까? 우리 가족은 감정을 드러내는 일이 없었고 더욱이 과거에 대해 말하는 법이 없었다. 내가 어린 시절의 깊숙한 비밀을 발견한 것은 여러 해가 흐른 뒤였다. 엄마와 아빠, 그리고 내가 사악한 나치 조직과 연관되어 있다는 비밀. 그건 소련 군정청이 알았더라면 분명 문제시했을 만한 조직이었다.

그것까지 걱정하느라 엄마의 마음이 더욱 어두웠을까? 내가 알았던 것은 1945년 여름에서 겨울로 이어지는 동안 엄마는 겁에 질려 있었다는 사실이다. 그 공포의 대상은 강간이었다.

독일로 진군해온 소련 군대가 무엇보다 능숙하게 사용한 독일어가 있었다. '콤, 프라우(Komm, Frau, 이리 와, 여자).' 어떤 불복종도 허용하지 않는 명령이자 피할 수 없는 결과가 예정된 명령이었다. 수만 명의 독일 여성이, 어쩌면 그 열 배가 되는 독일 여성이 히틀러가 러시아의 도시와 주민에게 저지른 끔찍한 잔혹 행위의 대가를 자신들의 몸으로 치렀다. 소련 점령지에서 강간은 흔한 일이 되어버려서 나이를 불문한 많은 여성에게 성폭행 여부는 문제가 아니었다. '얼마나 여러 번' 당했는지가 문제였다.

거의 공식적으로 승인된 강간이었다. 점령지의 몇몇 지역에서는 소련 군정청 지휘관들이 독일 여성에 대한 겁탈을 근절하겠다고 했지만, 실제로 그러려고 애썼던 사람들은 무거운 대가를 치러야 했다. 붉은 군대의 젊은 대위 레프 코펠레프는 독일 소녀에 대한 소련군의 집단 강간을 막으려다가 강제노동 10년 형을 선고받았다. 법원이 그에게 내린 죄목은 '부르주아 휴머니즘'이었다.

물론 강제수용소 수감이나 강간이 소련 점령지만의 문제는 아니었다. 미군은 나치 동조자로 의심되는 수천 명을 여러 해 동안 끔찍한 환경에 감금했고, 프랑스군도 종종 점령지의 독일 여성들을 유린했다. 그러나 종전 몇 달 전부터 히틀러와 괴벨스는 붉은 군대의 잔인함을 끊임없이 선전하며 독일 국민의 공포를 부채질했는데, 소련군은 독일 땅을 밟는 순간부터 그 선전을 최악의 현실로 보여주었다.

우리 가족은 다른 가족만큼이나 취약했다. 어쩌면 더 취약했을 것이다. 엄마와 에리카 이모는 젊고 예쁜 데다 우리 가족은 미움 받는 부르주아 계급이었다. 집은 크고 안락했으며 농장에서 나온 먹을거리는 넉넉했지만 외따로 떨어져 있었고, 집안의 남자라곤 어린 동생뿐이었다. 겨울이 지나가는 동안 강간에 대한 공포와 불안이 늘 우리 가족을 떠나지 않았다. 엄마는 당시 소련 병사들이 지역에 있다는 소문이 들릴 때마다 침대 밑에 숨었다고 회상했다. 엄마가 개인적 감정을 내게 들려준 몇 안 되는 이야기 중 하나였다.

그러나 그 공포가 아무리 컸다 해도 사실 우리 가족은 소련 점령지의 많은 사람에 비해 사정이 훨씬 나았다. 우선 공습으로 집을 잃은 대다수 도시 사람과 달리 우리에게는 온전한 거처가 있었다. 1946년에서 1947년으로 넘어가는 겨울은 내가 기억하는 한 가장 혹독한 겨울이었다. 기온이 영하 30도까지 곤두박질쳤고, 공습으로 폐허가 된 집의 지하실에서 살아남으려고 몸부림치는 사람들에게는 살을 에는 추위를 막을 만한 것이 없었다. 처참했던 전쟁의 마지막 몇 달 동안 부서지고 남은 철도마저 소련군이 해체해서 전쟁 복구를 위해 동쪽으로 실어 갔기 때문에 석탄을 구해올 수도 없었다. 수천 명이 얼어 죽었다.

무엇보다 가장 시급한 문제는 식량 부족이었다. 무너진 나치 정권이 발행한 배급 카드는 더는 유효하지 않았다. 사실 전쟁이 끝나갈 무렵에도 배급 카드로 구할 수 있는 것이 그리 많지 않았지만 그게 무엇이든 소련군이 모두 가져갔다. 독일 전역의 도시에서 공포와 더불어 배고픔이 일상이 되었다.

소련군 점령지에는 새로운 배급 제도인 5단계 제도가 도입되었다. 최고 단계는 이상하게도 지식인과 예술가에게 배정되었다. 그다음 단계 배정자는 '폐허의 여인들(Trümmerfrauen)'이라 불리는 여성들이었다. 이들은 반쯤 파괴된 건물들을 거의 맨손으로 허물고 치우는 노역을 했다. 벽돌 1,000개를 치울 때마다 받는 12라이히스마르크라는 공식 임금보다 훨씬 가치 있는 혜택이었다. 힘든 육체노동은 살아남기 위한 유일한 길이었고, 여성들은 폐허 속에서 가족을 살릴 길을 찾았다.

그 아래 단계로 내려갈수록 배급 수준은 현저히 떨어졌다. 최하 단계의 배급 카드는 '공동묘지 입장권(Friedhofskarte)'이라고 불렸는데, 소련 점령자들의 눈에 쓸모 있는 일이라고는 조금도 하지 않는 가정주부와 노인 들에게 발급되었다.

그해 겨울 신조어 두 개가 전후 생활의 어휘 목록에 추가되었다. 하나는 '프링센(Fringsen)'이었다. 생존을 위한 절도를 일컫는 말로, 쾰른의 가톨릭 추기경 요제프 프링스가 살기 위해 도둑질을 하는 신도들을 공식적으로 용인하는 말을 한 데서 만들어진 단어다. 범죄가 급격히 늘었다. 소련 점령지에서 붉은 군대가 저지르는 헤아릴 수 없는 절도와 강간에 더해 독일인들은 서로를 먹잇감으로 삼기 시작했다. 베를린에서만 하루 평균 240건의 강도와 다섯 건의 살인사건이 일어났다. 그러나 비교적 안전한 메클렌부르크의 시골에 사는 우리 가족에게 도시 범죄는 절박한 문제가 아니었다. 하지만 두 번째 신조어는 우리 가족에게도 무척 현실적인 의미가 있었다. 바로 '함스테른(Hamstern)'이었다. '마구 사거나 먹는다'라는 뜻의 이 단어는,

절박하게 시골을 오가며 자신들의 많지 않은 소지품을 시골 마을의 비교적 풍족한 식량과 맞바꾸려는 도시민들의 끊임없는 행렬을 일컬었다.

이것이 '스툰데 눌', 0년의 현실이었다. 이 현실의 삶에는 공포와 굶주림, 추위가 늘 함께했다. 여기서 공포란 특히 붉은 군대에 대한 공포, 히틀러의 전쟁을 독일의 민간인에게 복수하려는 그들의 일념에 대한 공포였다. 이것이 내 나라 독일의 현실이자 네 번째 생일을 맞은 내 삶의 실상이었고, 영광스러운 제3제국이 남긴 유산이었다. 하지만 더 나쁜 것이 우리를 기다리고 있었다. 1946년 점령국 간의 관계가 악화되면서 소련 점령지 주민들에 대한 소련 정부의 의도가 점점 노골적으로 드러났다. 점령지의 재산과 식량을 약탈하는 것을 넘어서 소련군은 우리가 종전과 더불어 품었던 한 가지 희미한 희망의 불꽃을 꺼트리기 시작했다. 바로 자유였다.

네 점령지를 오가는 일이 점점 힘들어졌다. 1945년 7월 소련 군정청은 일명 '독일 내 국경'을 점령지 둘레에 설치하긴 했지만, 단속은 어쩌다 가끔만 했다. 소련 점령지와 다른 연합국 점령지를 오가려면 공식적으로 점령지 간 통행증이 필요했지만 적어도 150만 명의 소련 점령지 주민이 몰래 미국이나 영국 점령지로 빠져나갔다. 그러나 상황이 달라지기 시작했다.

1947년 여름 소련 군정청은 점령지를 새로운 공산주의 독일민주공화국•으로 최종 변화시키기 위한 준비에 착수했다. 추가 파견된 소련군이 공식 국경 검문소들에 배치되었다. 몰래 국경을 건널 수 있는 곳들에는 도랑을 파거나 가시철조망을 설치해 건널 수 없게 했다. 냉전이 시작되었고, 우리는 다가오는 철의 장막의 잘못된 쪽에 살았다. 1947년 여름, 물리적·정서적으로 떨어져 있던 아빠와 엄마는 놀랄 만한 공동의 결정을 내렸다. 이제 탈출할 시간이었다.

● 독일 통일 이전 동독의 정식 명칭. 1949년 10월 7일부터 독일이 통일된 1990년 10월 3일까지 존속했다.

3장

탈출

"잉그리트는 매우 용감했고 불평 한마디 없이 힘든 길을 잘 걸었다."

기젤라 폰 욀하펜의 일기 중에서
1947년 6월

엄마는 일기를 썼다. 나는 몰랐던 일이다. 엄마는 내가 어른이 되고 나서도 일기에 대해 한 번도 말한 적이 없었다. 일기 분량은 많지 않고 내 어린 시절의 일들이 띄엄띄엄 간략하게 적혀 있었다. 가죽 장정의 얇은 공책에 담긴 내용이 내가 내 생애 첫 8년에 대해 알고 있는 전부다.

일기의 첫 페이지에는 두 살의 내가 맨발에 반바지를 입고 있는 작은 흑백 사진이 붙어 있다. 그 사진에는 '잉그리트, 1944년 여름 반데코브'라는 메모가 달려 있다. 그 페이지에는 1944년 6월 4일이라고 적힌 봉투 하나가 끼워져 있는데, 엄마의 메모에 따르면 내 머리카락 몇 가닥이 들어 있었다. 여기까지만 보면 사랑이 넘치는 엄마가 딸의 어린 시절 기록을 시작하는 평범한 일기 같다. 하지만 나머지는 첫인상과 전혀 다르다. 엄마는 일기를 쓴 5년 동안 해마다 네다섯 편밖에 쓰지 않았다. 게다가 형식도 이상하다. 일기는 모두 3인칭으로 쓰였다. 엄마는 내내 자신을 '나'가 아니라 '엄마(Muttie)'라고 칭했다.

나중에 알고 보니 이런 3인칭 일기는 전쟁 후반기 독일에서 드물지 않게 볼 수 있었다. 어쩌면 엄마는 나중에 아이들이 읽기 편하게 하려고 그랬을 수도 있다. 하지만 엄마가 내게 일기에 대해 한마디도 하지 않은 것을 보면 그렇게 호의적인 의도는 아니었던 것 같다. 그보다는 이상하게 거리감 있는 문체에서 엄마가 전형적인 어머니상에 순응하길 힘들어했다는 사실과 내가 엄마에게 느꼈던 서먹함이 잘 드러난다.

그래도 엄마의 일기를 보면 내가 어떤 아이였는지 조금은 알 수 있다. 1944년 11월 11일 내 생일에 엄마는 이렇게 적었다.

> 오늘 잉그리트는 세 살이 된다. 나이에 비해 키가 큰 편은 아니지만, 무럭무럭 자라고 있고 체질도 건강하다. 잉그리트는 고집이 세고 불같은 성미를 지녔다. 성격은 조용하고 끈기 있다. 낯선 사람들에게는 관심을 보이지 않는다. 그럴 때면 아이의 작은 자아가 자신의 작은 세상의 중심을 지나치게 많이 차지해버리는 것 같다.

한 달 뒤에 쓴 다음 일기에는 내가 엄마의 사랑을 얻으려고 애쓰는 모습이 보인다. 엄마는 일기에 밝히지 않은 이유로 점심시간에 나와 동생 디트마어만 남겨놓고 나갔다가 돌아오니 내가 이렇게 하고 있더라고 쓰여 있다.

잉그리트는 진지한 얼굴로 엄마가 늘 하는 것처럼 동생에게 점심을 먹이느라 바빴다.

엄마의 일기장으로 무언가를 판단할 수 있다면, 나는 그토록 갈망했던 엄마의 사랑을 얻지 못했던 것 같다. 1945년 열두 달 내내 엄마가 펜을 든 것은 고작 다섯 번에 불과했다. 두 번은 내가 걸린 홍역의 경과를 기록하고, 한 번은 내가 가족의 개를 더는 무서워하지 않는다는 기쁜 소식을 쓰고, 두 번은 내가 말 배우는 것이 느리다는 소견을 기록하고 있었다. "아이는 완벽한 문장을 만들지 못한다. 길어봐야 서너 단어를 말한다." 어린 내 혀가 독일어를 느리게 습득할 만한 이유는 충분했다. 엄마도 그 이유를 알고 있었을 테지만 일기장에는 전혀 언급하지 않았다.

게다가 엄마는 이듬해인 1946년 어린 내가 상처를 받았을 만한 사건에 대해서도 기록하지 않았다. 그해 여름 엄마는 나를(아마 디트마어도 함께) 250킬로미터 떨어진 베를린 근교 로베탈의 보육원에 보냈다고만 짤막하게 써두었다. 우리 남매가 어떻게 해서 보육원에 가게 됐을까? 나는 모른다. 엄마의 일기는 다른 많은 문제에도 그렇듯 이 문제에 대해서도 침묵한다. 엄마가 써놓은 것이라고는 이게 전부다.

엄마가 아프다. 그동안 잉그리트는 8월 5일부터 11월 1일까지로베탈의 보육원에서 지낸다. 그곳에서 아이는 볼거리를 앓았지만 심하지는 않다.

수십 년이 지난 뒤 나는 그때 엄마가 신경쇠약을 앓았다는 사실을 알게 됐다. 결혼 파경과 두 아이를 돌봐야 하는 부담감 때문이었는지 모른다. 소련 점령 치하에서 겪는 압박 때문이었을 수도 있다. 엄마는 붉은 군대에 체포되거나 강간당할지 모른다는 끊임없는 공포 속에서 살아야 했다. 1947년 첫 일기를 보면 엄마가 탈출을 결심했음을 알 수 있다. 그리고 여전히 관계가 소원하긴 했지만, 아빠를 이 위험한 탈출 계획에 끌어들이기로 마음먹었다는 것도.

1947년 5월 1일. 아빠가 두 아이를 로베탈의 보육원에 데려갔다. 엄마는 불법으로 경계를 넘길 원한다.

나는 엄마와 가까웠다고 할 수 없다. 아이가 당연히 엄마에게 기대하는 사랑을 느꼈다고도 말할 수 없다. 그건 엄마도 잘 알고 있었다. 엄마가 쓴 또 다른 짧은 일기에는 내가 항상 할머니를 훨씬 좋아했다고 적혀 있다. "할머니를 누구보다, 종종 엄마보다 더 사랑한다. 할머니는 아이들과 매우 잘 지낸다." 하지만 자유를 위해 탈출하겠다는 엄마의 결정은 무척 용감했다고 인정하지 않을 수 없다.

2년 안에 '독일민주공화국'이 수립될 곳과 영국 점령지의 경계는 정치적인 동시에 물리적인 것이었다. 특별 허가증 없이 소련 점령지를 떠나는 것은 금지된 데다 특별 허가증을 받기도 쉽지 않았다. 심지어 불법으로 경계를 넘겠다고 써둔 일기장이 발각됐더라면 조사를 받거나 침묵의 수용소에 수감되거나 더 나쁜 일을 당했을지도 모른다.

경계 지역까지 가는 일조차 위험할 뿐 아니라 고되고 복잡했다. 소련 점령지와 영국 점령지 사이 경계선의 많은 부분을 차지하는 엘베강을 까마귀처럼 날아서 건넌다면 15킬로미터도 되지 않는 거리지만 강을 건널 방도가 없었다. 엄마는 시험 삼아 몰래 탈출을 시도했고, 가장 가까운 라우엔부르크와 되미츠의 다리가 1945년 후퇴하는 독일군에 의해 폭파됐다는 사실을 알았다. 온전히 남아 있는 가장 가까운 다리는 마그데부르크에서 남쪽으로 150킬로미터 떨어진 곳에 있었다.

철도망은 여전히 복구되지 않았고, 자동차는 물론 그것을 굴릴 기름도 귀했던 시절에 마그데부르크까지 가기란 혼자 다니는 건강한 어른에게도 힘든 일이었다. 엄마는 건강과는 거리가 멀었다. 게다가 어린 두 아이를 데리고 가야 했다. 분명 벅찬 일이 될 터였다. 나와 디트마어라는 무거운 짐이 이미 있었으니 엄마는 아무것도 들고 갈 수 없었다. 우리 세 사람은 입고 있는 옷 말고 다른 짐은 없었고, 탈출에 성공한다면 그 옷을 입은 그대로 안전한 영국 점령지에 도착할 것이었다.

엄마가 일기장에 조심스럽게 써둔 복잡한 탈출 경로를 보면 1947년에 한 곳에서 다른 곳으로 이동하는 일이 거의 불가능했다는 것을 알 수 있다. 지도를 펴놓고 경로를 따라가보면 처음에 우리는 서쪽이 아니라 동쪽으로 갔다. 우리의 목적지인 영국 점령지에서 더 먼

곳으로, 소련 점령지 더 깊숙이 들어갔다. 6월 30일에 출발해 뤼프텐이라는 작은 마을까지 25킬로미터를 이동했다. 말과 수레를 타고 갔던 듯하다. 그곳에서 엄마는 '그녀의 공모자'가 도착할 때까지 우리가 묵을 만한 호텔을 찾았다.

다음 날 아침, 아빠가 도착했다. 아빠가 미국 점령지에서 소련 점령지로 건너올 서류를 어떻게 얻었는지, 그날 아침 우리 네 사람이 바싹 붙어 탈 차를 어떻게 구했는지 모르겠다. 내가 아는 것이라고는 그날 루트비히슬루스트까지 동쪽으로 30킬로미터를 가는 여행길이 우리 가족이 함께한 마지막 시간이었다는 것밖에 없다.

우리가 동쪽으로 깊이 들어갔던 이유는 루트비히슬루스트역에서 기차를 타야 했기 때문이다. 기차역의 플랫폼과 우리를 다시 서쪽 마그데부르크까지 데려다줄 기차는 매우 혼잡했을 것이다. 그해 여름 1,000만 명이 넘는 난민과 석방된 전쟁포로가 이동했다. 우리처럼 많은 이가 소련 점령지를 빠져나갈 길을 절박하게 찾고 있었다. 어떻게 구했는지 몰라도 우리는 소중한 기차 승차권을 손에 쥐었다. 엄마의 일기에는 기차에 사람이 너무 많아서 아빠가 우리 남매를 기차 유리창으로 올려주어야 했다고만 쓰여 있다. 아빠가 우리와 함께 기차에 타지 않고 플랫폼에 남아 아내와 아이들에게 손을 흔들며 우리의 안녕을 빌었다는(나는 그렇게 상상하고 싶다) 내용은 일기에 쓰여 있지 않았다.

마그데부르크는 루트비히슬루스트에서 남쪽으로 150킬로미터 넘게 떨어진 곳이어서 기차로 종일 걸렸다. 마침내 도착했을 때는 저녁이었고, 우리는 피곤하고 배가 고팠을 것이다. 먹을 걸 구하긴 쉽지 않았다. 마그데부르크는 1945년 심한 폭격을 당해 우리가 도착한 무렵에도 여전히 폐허나 다름없었다. 소련 점령지이긴 했지만 소련이 발부한 우리의 배급 카드는 그곳에서 유효하지 않았다. 두 아이와 함께 낯설고 황폐한 도시에 도착한 엄마에게는 한 가지 선택지밖에 없었다. 암시장 상인을 찾아 60마르크에 빵 몇 조각을 구했다.

그날 밤 우리가 어디에 묵었는지 엄마의 일기에 아무런 기록이 없다. 어수선한 마그데부르크에서 호텔을 찾기는 힘들었을 것이다. 일기에는 이튿날도 종일 그 도시에 머물렀고, 저녁 즈음에 자유를 향한 여정의 다음 단계에 더 가까운 숙소로 옮겼다고만 써두었다.

우리는 마그데부르크를 빠져나가는 기차를 타고 북쪽의 게렌도르프로 향했다. 작은 알러강이 소련 점령지와 영국 점령지의 경계를 이루었다. 강 건너편의 작은 마을 바르도르프는 안전한 영국 점령지에 있었다. 우리와 그 안전지대 사이에는 천천히 흐르는 알러강뿐이었다. 그러나 그곳에는 배도 다리도 없었다. 강을 건너려면 물살을 헤치며 걸어야만 했다.

오래 걸릴 리는 없었다. 알러강은 물이 가장 불어났을 때도 작은 강이고 한여름에는 상당히 얕았을 것이다. 그래도 무더운 한여름 날 근심 가득한 젊은 여자가 어린 두 아이를 데리고 건너기에는 힘들었을 것이다. 엄마는 두려웠을 것이다. 붉은 군대의 국경 수비대에 발각되지 않기를, 디트마어나 내가 울음을 터트려 우리 위치를 드러내지 않기를 기도했을 것이다. 내게 남은 기록은 엄마가 나중에 일기장에 적어놓은 것밖에 없다.

기온이 무척 높았다. 잉그리트는 매우 용감했고 불평 한마디 없이 힘든 길을 잘 걸었다.

마침내 우리는 건너편에 안전하게 도착했다. 강둑을 기어올라 오랫동안 황무지를 걸은 뒤 영국 점령지에 도착했다. 우리는 자유를 찾았다.

엄마는 그때 몰랐을 테지만 우리는 딱 적절한 때에 탈출했다. 그래도 동에서 서로 탈출하는 경로를 간단히 적은 기록에서 엿보이는 다급함과 결의를 보건대 엄마는 철의 장막이 곧 드리워지리라는 걸 예감했는지 모른다. 1947년 9월이 되자 소련 점령지와 서방 연합국 점령지의 경계에 소련 내무인민위원회 병력이 투입돼 경계 단속이 강화되었다. 그리고 머지않아 탈출하는 자들에 대한 사살 명령이 떨어졌다.

그 여름날 저녁에 기젤라 폰 욀하펜에게 자유는 어떤 의미였을까? 소련 점령지에서 2년을 보낸 뒤 안전한 곳에 도착했다는 것은 어떤 의미였을까? 그리고 아이들과 더불어 소련의 철권통치에서 벗어난 그날의 느낌이 어땠을까? 지금 그녀가 곁에 있어서 직접 물을 수 있으면 좋겠다.

하루의 고된 여정 끝에 우리는 분슈토르프에 도착했다. 분슈토르프는 하노버 서쪽의 작은 도시이자 엄마가 함부르크에 있는 가족의 집으로 가기 전 두 기착지 중 첫 번째 도시였다. 내가 엄마의 여정을 꽤 자세히 언급하는 이유는 그녀가 이 마지막 구간을 혼자 갈 예정이었기 때문이다. 여느 때나 다름없이 간략한 그녀의 일기에는 디트마어와 내게 떨어진 운명이 적혀 있다. "7월 4일. 로쿰의 보육원으로."

엄마는 우리 남매를 소련 점령지에서 덜 위험한 영국 점령지로 데려왔지만, 거기까지가 그녀의 모정이 미치는 범위였다. 일단 안전한 곳으로 데려오자마자 그녀는 우리를 떼어놓았다. 나는 부모가 원치 않는 아이들이 모인 보육원에서 자유의 땅에서 맞는 두 번째 밤을 보냈다.

이후 나는 그곳에서 6년 동안 교회의 돌봄을 받으며 부모와 떨어져 외롭게 지냈다. 사실상 내 새 삶은 옛 삶이 끝날 때와 똑같은 상태로 시작되었다. 추위와 두려움 속에서.

4장

집

"사랑하는 엄마, 제발 저를 집에 영원히 데려가주세요.
엄마와 할머니, 에카 이모가 너무 보고 싶어요."

보육원에서 잉그리트가 엄마 기젤라에게 보낸 편지

내 어린 시절 기억 가운데 생생한 첫 번째 기억은 오렌지다. 더 어릴 적 일인 듯한 기억의 단편들도 있기는 하다. 기차 바닥에 누워 담요 한 장으로 추위를 버티던 일, 기다란 방에 한 줄로 늘어서 있던 간이침대들, 내 발 위로 뛰어가던 쥐. 하지만 가장 선명하게 떠오르는 기억은 오렌지다. 나는 커다란 방에 있는 기다란 나무 식탁에 앉아 있다. 방에는 많은 사람이 있다. 어른도 있고 아이도 있다. 어른들은 대부분 그날 그곳에 초대받은 노숙인들이다. 하지만 아이들은 그곳에 산다. 우리는 오렌지 한 개가 특별 선물로 놓인 접시를 하나씩 받는다.

나는 이 기억이 언제 어디서 있었던 일인지 알고 있다. 1947년 내가 여섯 살 무렵의 일이었다. 긴 탁자가 놓인 방은 디트마어와 내가 있던 보육원이었고, 그날은 크리스마스였다.

노텔퍼 보육원은 개신교회가 운영하는 곳으로, 노텔퍼는 '곤궁한 우리를 돕다'라는 뜻이다. 보육원에는 열 살 미만의 아이 65명이 있었다. 전쟁이나 전쟁 직후 대규모 이주의 혼란 속에서 부모를 잃어버린 아이들도 있었지만, 디트마어와 나는 달랐다. 우리 부모는 살아 있었고, 우리가 어디에 있는지 알지만, 그들만 아는 어떤 이유로 우리를 다른 사람들 손에 맡겼다.

우리는 심리적, 물리적으로 고립돼 있었다. 노텔퍼 보육원은 독일 본토 해안에서 10킬로미터, 함부르크에서는 200킬로미터 떨어진 북해의 작은 섬 랑에옥에 있었다. 나와 디트마어가 7월 탈출 직후에 보내진 보육원은 하노버 근처에 있었다. 그러나 이후 다섯 달 사이 어느 시점엔가 그 보육원은 문을 닫았고 우리는 랑에옥으로 옮겨졌다. 위치로 보건대 노텔퍼 보육원이 추운 것은 당연했다. 나는 그 섬의 긴 해안에서 모래를 휘감으며 불어와 내 팔다리의 살갗을 벗겨내는 듯했던 바람을 잊을 수 없다.

교회에 소속된 여성들이 아이들을 돌봤는데, 때로 가혹한 방식을 쓰기도 했다. 체벌은 일상의 일부였다. 말을 듣지 않거나 이불에 오줌을 싸거나 모래 언덕에서 미끄럼을 타지 말라는 등 규칙을 어기면 볼기를 맞았다. 줄을 서서 한 사람씩 바지를 내리면 우리의 맨 엉덩이를 매로 때리곤 했다.

나와 디트마어는 그곳에서 4년을 머물렀다. 가끔 부모님이 우리를 보러 왔지만, 매우 드물었다. 그나마 두 사람이 함께 오는 일은 없었다. 아빠는 미국 점령지에서 영국 점령지로 이사를 했고 베스트팔렌주의 온천 휴양지 바트잘츠우플렌에 새집을 지었다. 엄마는 함부르크에서 혼자 새 삶을 꾸리기 시작했다. 엄마와 아빠는 별거 중이었지만, 이혼은 하지 않았다(그 뒤로도 계속 그랬다). 가끔 두 사람이 짧은 시간이나마 함께 보낼 때도 있었는데 대개 디트마어와 내가 둘 중 한 사람을 방문하도록 허락받았을 때였다.

우리를 보육원으로 보낸 엄마는 함부르크에 있는 가족의 집으로 돌아갔다. 상류층 동네의 커다란 3층짜리 집이었다. 블뤼먼슈트라세 39번지의 그 집에는 지하실과 론델호수까지 이어지는 큰 정원이 있었다. 론델호수는 함부르크 중심부에 있는 큰 호수로, 사람들은 그곳에서 보트나 요트를 타거나 수영을 했다.

엄마는 그 집에서 할머니와 에카 이모, 가정부 겸 요리사와 함께 살았다. 집에는 전쟁이 끝난 뒤부터 그곳을 임시 숙소로 쓰던 영국군 장교들도 있었다. 표면상으로는 바로 그들이 디트마어와 내가 보육원에서 지내야 하는 이유였다. 엄마는 우리가 지낼 방이 없다고 말했다.

그게 사실이든 아니든(군인들이 나간 뒤에도 상황은 달라지지 않았다), 그 덕택에 엄마는 남편이나 두 어린 자녀에게 방해받지 않고 새 삶을 시작할 수 있었다. 물리치료사가 되려고 전문학교에서 교육을 받았다. 치료사 면허를 딴 후에는 1층 방 하나를 진료실로 개조해 환자를 받기 시작했다. 그녀의 고객은 점점 늘어났다.

사실상 독신이나 다름없던 엄마는 새 남자 친구도 만났다. 나와 디트마어는 그 남자를 만난 적이 없다. 2년 만에 그녀는 아들을 낳았고 후베르투스라 이름 지었다. 후베르투스는 아빠의 아이가 아니었지만, 공식 기록상 폰 윌하펜 가족으로 등록되었다.

솔직히 아빠의 보육원 방문은 나에게 큰 의미가 없었다. 아빠의 나이 탓이었는지, 아니면 딱딱하고 엄격한 성격 탓이었는지는 모르겠다. 내가 지독히도 또렷하게 기억하는 것이 있다면 엄마와 헤어질 때 마음이 몹시 아팠다는 것, 가끔 엄마가 우리를 방문하고 간 뒤면 큰 상실감을 느꼈다는 것이다. 나는 엄마가 몹시 그리웠다.

여러 해가 흐른 뒤 나는 엄마의 소지품에서 보육원에서 나를 돌보던 어느 친절한 선생님이 보낸 편지를 발견했다.

존경하는 부인,

잉그리트가 부인께 쓴 편지에 제가 몇 마디를 덧붙이고 싶습니다. 지난 몇 주 동안 저는 잉그리트를 염려했습니다. 잉그리트는 엄마를 무척 그리워합니다. 매일 엄마에 대해 이야기하거나 이렇게 묻습니다. "제가 엄마를 보러 갈 수 있을까요? 엄마가 너무 보고 싶어요. 에미 이모, 제가 이 섬을 떠나서 엄마와 잠깐 살다 올 수 있을까요?"

잉그리트는 잘 먹지도 않고 무척 슬퍼합니다. 제가 보기에 아이가 이렇게 힘들어하는 이유는 엄마에 대한 그리움 때문인 것 같습니다.

학교에서 잉그리트는 뛰어난 학생에 속합니다. 공부를 열심히 합니다. 대체로 착한 아이입니다.

부인께 이 점에 대해 알려드려야 할 것 같았습니다.

행복을 빌며

에미 자매 드림

엄마는 이 편지에 답장을 했을까? 아니면 내가 엄마에게 쓴 편지에 한 번이라도 답장을 했을까? 나는 기억나지 않는다. 그래도 엄마는 편지 몇 장을 보관해두었다. 에미 선생님의 편지와 함께 보관된 편지 가운데 날짜가 표시되지 않은 내 편지가 있었다. 내가 아주 잠깐 엄마를 방문하고 돌아온 뒤 서툰 글씨로 쓴 편지였다.

사랑하는 엄마,

소포 정말 감사해요. 오늘은 짧게 쓸게요. 사랑하는 엄마, 제발 저를 집에 영원히 데려가주세요. 엄마와 할머니, 에카 이모가 너무 보고 싶어요. 누군가 엄마 얘기를 하거나 엄마 생각이 날 때면 저는 항상 울어요. [랑에옥으로] 돌아오는 길에는 아무것도 먹을 수 없었어요. 그 초콜릿과 2도이치마르크는 아직도 그냥 갖고 있어요.

제발 되도록 빨리 보육원에 편지를 써서 제가 곧 이 섬을 떠날 수 있다고 말씀해주세요. 크리스타[보육원의 다른 소녀]는 이번 달이나 다음 달에 이곳을 떠난대요. 하지만 저는 이번 달에 떠나고 싶어요!

디트마어는 과일과 사탕을 많이 받았대요. 디트마어는 저를 마구

놀리며 이렇게 물어요. "왜 함부르크에 계속 있지 않은 거야?" 저는 이 섬을 너무나 떠나고 싶어요. 그리운 엄마, 제가 이곳을 떠날 수 있게 해주세요. 크리스타도 부모님과 떨어져야 했을 때 울었대요.

잉그리트가 인사와 키스를 전하며. 아빠에게는 제가 엄마에게 편지 썼다고 전하지 마세요. 보고 싶고 그리운 엄마, 제발 와서 저를 데려가주세요.

엄마는 결코 나를 데려가지 않았다. 아마도 나를 위해 어쩌다 가끔씩 썼다고 여겨지는 짤막한 일기조차 1949년 여름부터는 쓰지 않았다.

1952년 랑에옥의 노텔퍼 보육원을 영원히 떠나게 됐을 때 나는 열 살이었다. 초등학교와 고등학교 사이 중간 단계 교육기관인 미텔슐레 입학시험에 합격했고, 드디어 함부르크에서 엄마와 살아도 좋다는 허락이 떨어지리라는 기대에 부풀었다. 하지만 아빠가 동생과 나를 데려오라고 사람을 보냈다. 우리는 바트잘츠우플렌에 있는 아빠의 집에서 함께 살게 됐다.

이 무렵 헤르만 폰 욀하펜은 아내와 헤어져 마음이 쓰린 예순여덟 살의 남자였다. 건강이 좋지 않은 데다 잘 알지도 못하는 어린 자녀들을 돌볼 준비가 전혀 되어 있지 않았다. 내 인생의 10년, 디트마어 인생의 9년 동안 아빠가 우리와 함께 산 시간은 기껏해야 몇 달밖에 되지 않았다. 새삼스럽게 아빠로서의 삶을 시작하기에는 너무 늦은 시점이었다.

나는 아빠가 왜 우리를 바트잘츠우플렌으로 불렀는지 이제는 조금 알 것 같다. 아빠는 여전히 엄마를 사랑했고 우리가 자신과 있으면 엄마가 자신에게 돌아오리라 기대했던 듯하다. 엄마가 다른 남자를 만나도, 그 사이에서 태어난 아이가 있어도 기대를 버리지 않은 것이다. 디트마어와 나는 두 사람의 깨진 결혼을 다시 이어붙일 접착제였다. 하지만 다른 기대들과 마찬가지로 이 기대도 그를 실망시켰다. 엄마는 가끔 우리를 보러 오긴 했지만(저택이라고는 할 수 없지만, 아빠의 말쑥한 집에는 엄마만을 위한 여분의 침실이 준비돼 있었다) 화해는 불가능했다.

우리가 도착한 순간부터 바트잘츠우플렌에서의 삶은 끔찍했다. 디트마어는 어렸을 때부터 딱히 못되지는 않았지만 고집이 셌고 주변 사람들을 힘들게 했다. 요즘 같으면 아마 ADHD(주의력결핍과잉행동장애) 진단을 받았을지 모른다. 아빠와 디트마어는 기 싸움을 벌였다. 디트마어는 학교 공부를 좋아하지 않았지만 늘 학교에서 늦게 돌아왔고, 성미가 급한 편이던 아빠는 그런 아들을 이해하거나 참아주지 않았다. 얼마 안 가 그는 디트마어를 때리기 시작했다.

지켜보기가 무서울 정도였다. 한 번은 디트마어를 방 건너편으로 집어 던진 적도 있었다. 하지만 어찌 된 일인지 디트마어는 아빠를 무서워하지 않았다. 오히려 내가 겁에 질려 있었다. 아빠가 나를 때린 적은 없지만 나는 아빠의 성미를 돋울까 두려워했다. 수영하러 가도 될지 같은 사소한 허락을 받는 것조차 디트마어에게 의지했다. 나는 아빠한테 말을 거는 게 몹시 무서웠다.

그러던 어느날 지방정부의 아동복지국 직원이라 짐작되는 사람이 디트마어를 데려갔다. 아빠 엄마가 함께 살지 않아, 엄마가 없는 집에서 디트마어가 살아서는 안 된다고 판단했던 모양이다.

하지만 그 결정에는 이상한 점이 많았다. 우선 그 결정이 내게는 해당되지 않았다. 나와 디트마어는 한 살도 채 차이가 나지 않았는데, 당국은 나를 아버지의 보호 아래 두어도 괜찮다고 결정한 것 같았다. 헤르만의 요리사이자 가정부이자 도우미로 우리와 함께 사는 중년의 하르트 부부가 나를 보살핀다는 것이 이유였다. 하지만 하르트 부부가 돈을 받고 돌봐주는 것이 왜 내게는 되고 디트마어에게는 안 되는지 아무도 설명해주지 않았다.

내가 더 어리둥절했던 점은 뮌헨에 디트마어의 가족이 있다는 사실이었다. 우리 가족과는 완전히 다른 가족이 말이다. 물론 그때 내가 더 성숙했더라면 우리의 생일이 아홉 달밖에 차이 나지 않으니 우리가 같은 엄마에게서 태어났을 리 없다는 것을 알아챘을 것이다. 하지만 내가 그걸 알았다 해도 디트마어가 내 동생이 아닐 거라고는 생각하지 못했을 것이다. 내내 남동생으로 알고 지낸 아이가 사실은 우리 부모가 위탁받아 키우던 아이였음을 열 살이 되어 알게 되었다. 충격 그 자체였다.

디트마어에게는 삼촌과 숙모, 그리고 친누나가 있었다. 그들은 내내 디트마어를 찾고 있었던 모양이다. 어떻게 해서 애초에 디트마어가 자기 가족이 아니라 우리와 살게 됐는지 누군가 내게 설명해준 기억은 없다. 어느 날 갑자기 디트마어는 바트잘츠우플렌을 떠났다. 그런데 나중에 알고 보니 디트마어는 오랫동안 떨어져 있던 가족과도 함께 살지 못하고 또 다른 보육원으로 보내졌다고 했다.

나는 디트마어가 몹시 보고 싶었다. 나는 아빠 집에 (하르트 부부를 제외하고) 혼자 남았고, 엄마에게 보낸 편지로 보건대, 매우 겁에 질려 있었다.

1952년 6월 22일

사랑하는 엄마!

제게 봉투와 우표를 좀 보내주세요. 사랑하는 엄마, 제발 이번 주에 저를 함부르크로 데려가주세요. 저는 더는 아빠와 함께 있을 수 없어요. 아빠가 요즘처럼 무서운 적이 없어요. 아빠는 제가 엄마를 생각하며 운다고 당장 꺼지라고 했어요. 저는 날마다 울어요.

사랑하는 엄마, 제발 저를 당장 데려가주세요. 저는 아빠와 여기에 있는 걸 더는 못 견디겠어요. 아니면 여기에 와서 영원히 같이 있어주세요. '하르트 삼촌'은 엄마도 아빠를 무서워한대요. 사랑하는 엄마, 엄마가 '하르트 삼촌'에게 우표를 보내셔도 좋아요. 하지만 아빠에게는 제가 편지 썼다고 말하지 마세요.

엄마, 이렇게 계획을 짜면 어떨까요? 엄마가 저를 영원히 데리고 가면서 아빠한테는 엄마가 뮌헨(아동복지국)에 편지를 써서 제가 엄마와 함께 지내도록 허락받았다고 말씀하세요. 그 편지를 들고 오지는 않았지만 함부르크에 돌아가면 보내주겠다고 약속하세요.

그리고 함부르크에 가면 타자기로 편지를 쳐서 뮌헨에서 온 편지인 양 아빠에게 보내면 돼요. 저는 이번 주에 엄마에게 너무 가고 싶어요. 제발 빨리 저를 데리러 오세요. 오늘 저는 엄마가 생각나서 또 울었어요. 엄마가 여기 없어서 놀 기분도 안 나요. 6월 25일에 저를 데리러 오세요. 잉그리트가 인사와 키스를 보내며. 제발 6월 25일에 데리러 오세요. 제발, 제발, 사랑하는 엄마.

엄마는 내 간절한 부탁을 무시했다. 가끔 짧게 방문하긴 했지만 나를 집으로 데려가진 않았다. 아빠가 막았기 때문이든, 엄마가 원치 않았기 때문이든 결과는 같았다. 나는 갈수록 냉소적이고 인색해지는 노인과 함께 바트잘츠우플렌의 집에 갇혀 있었다.

어렸지만 나는 아빠가 엄마보다 잘살지 못한다는 것을 알고 있었다. 그는 새로운 서독 정부로부터 국가 연금을 받았다. 독일제국을 위해 군 장교로 복무한 보상이었다. 하지만 그 연금은 일간신문 구독료를 내기에도 충분치 않은 모양이었다. 그는 시내까지 걸어가 신문사 유리창에 늘 붙어 있는 조간신문을 읽곤 했다. 가끔 나에게 따라와도 좋다고 허락했다.

아빠는 점점 건강이 나빠졌다. 그는 오래전부터 뇌전증을 앓았는데(엄마에게 청혼할 때는 병을 숨겼던 모양이다) 그 증상이 갈수록 심해졌다. 나는 그가 발작하는 모습을 실제로 본 적은 없다. 하지만 발작한 후에 그는 '사라졌다.' 소통이 불가능했고 이상하고 무섭게 행동했다. 종종 칼을 미친 듯이 휘두르기도 했다. 한번은 아빠가 병원에 입원해 있는 동안 하르트 부인이 아침 식사 때 아빠가 주는 것보다 넉넉하게 마멀레이드를 주었다. 아빠는 집으로 돌아와서 마멀레이드가 줄어든 걸 보고는 화를 냈다. 나는 식탐을 부린 죄로 일주일 동안 마멀레이드를 먹을 수 없었다.

학교는 내 피난처였다. 친구들의 부모는 내가 집에서 불행하다는 걸 알았는지 내게 친절하고 따뜻했다. 나는 그들과 함께 있는 게 좋았고, 그들에게서 내가 가장 소중히 여기며 그리워하는 것, 바로 진짜 가족의 모습을 보는 게 좋았다. 그러다가 내 존재에 대해 의문을 갖게 한 일이 일어났다. 열한 살 때였다.

어느 날 아침 일어났더니 눈이 떠지지 않았다. 아빠가 나를 병원에 데려갔다. 우리는 접수처에 앉아 차례를 기다렸다. 의사가 '에리카 마트코'라는 이름을 부르자 아빠가 일어나서 나를 진찰실로 데려갔다. 아빠가 건넨 내 건강보험증에도 '에리카 마트코'라고 쓰여 있었다.

나는 왜 내가 다른 이름으로 불리는지 궁금했다. 하지만 의사에게도 아빠에게도 물어볼 엄두가 나지 않았다. 나는 여전히 아빠가 너무 무서웠다. 진찰이 끝나자 태양등 치료를 처방받고 집으로 돌아왔다. 태양등 치료는 그 시절에 비타민 결핍에 흔히 쓰던 치료법이었다. 비타민 결핍은 아마 랑에옥의 보육원 시절에 생긴 문제였을 것이다. '에리카 마트코'라는 다른 이름에 대해서는 아빠와 한마디도 나누지 않았지만 나는 그 일을 잊지 않았다.

얼마 뒤 나는 하르트 부인과 대화를 나눴다. 우리는 매주 금요일이면 함께 집을 청소했고 그때마다 나는 생각나는 것은 무엇이든 자유롭게 물어보았다. 내가 어른과 맺었던 가장 평범한 관계라 부를 만했다. 어느 금요일, 청소를 하던 도중에 나는 하르트 부인에게 왜 내 이름을 에리카 마트코라고 쓰는지 아느냐고 물었다.

하르트 부인은 헤르만과 기젤라가 내 친부모가 아니라고 말했다.

내가 아기였을 때 디트마어처럼 말아 길렀는데 내 원래 이름이 에리카 마트코라는 것이다. 부인은 내가 위탁양육되었다고 거리낌 없이 말했다. 전쟁으로 수많은 가족이 해체되고 수많은 아이가 고아가 된 나라에서 우리 가족의 상황은 그리 유별난 게 아니었다.

그 이야기를 듣고 내가 상심했던 것 같지는 않다. 그냥 그래서 아빠가 나를 차갑게 대한다고, 그래서 엄마가 나와 함께 살지 않는 거라고 생각했다.

그러나 내 태생은 궁금했다. 내 친부모에게 무슨 일이 일어났는지 알고 싶었다. 어쩌면 감옥에 갇혔을 수도 있고, 전쟁 중에 죽었을지도 모른다. 내 친부모가 독일인이 아니라는 생각은 해보지도 않았다. 그건 너무 당연한 일이었다. 하르트 부인은 내 두드러진 코 때문에 유대인이 아닐까 생각했었다고도 말했다. 하지만 그녀는 아빠에게 내가 위탁아동이라는 사실만 들었고, 다른 것은 그냥 자신의 추측일 뿐이라고 덧붙였다.

물론 나는 아빠에게 그 일에 대해 한마디도 하지 않았다. 엄마가 찾아왔을 때도 아무것도 묻지 않았다. 하지만 아빠는 병원에 갔던 일을 엄마에게 말했고, 엄마는 내게 뭔가 설명해야 한다고 생각했던 모양이다. 그녀는 내가 보육원에서 데려온 위탁아동이라고 말을 꺼냈다. 하지만 나는 재빨리 그 말을 자르며 '알아요'라고만 대답했다. 왜 그녀의 말을 막았는지는 잘 모르겠다. 어쩌면 이제 너무 늦었다고, 엄마가 그동안 진실을 감춰서 상처 받았다고 표현하는 어린애다운 방식이었는지도 모른다. 그 문제는 다시 언급되지 않았다.

그때 내가 이야기를 나누고 싶은 유일한 상대는 디트마어였다. 보육원에서 4년, 아빠 집에서 보낸 몇 달 동안 우리는 서로 의지하며 가깝게 지냈다. 하지만 이제 디트마어는 없었다. 편지를 쓸 주소조차 몰라 그와 연락할 길이 없었다.

삶은 예전처럼 흘러갔다. 매일 아침 나는 내가 잉그리트 폰 욀하펜으로 등록되고 불리는 학교에 갔고, 오후에는 내 친아빠가 아닌, 그리고 내가 여전히 두려워하는 남자의 집으로 돌아왔다.

그 후 2년 동안 아빠의 건강은 꾸준히 나빠졌다. 내가 학교에 가려고 집을 나설 때도 침대에 누워 있을 때가 많았다. 나는 그의 방에 들어가 아침 인사를 했지만, 그냥 착한 딸로서 할 일을 하는 것일 뿐이었다.

1954년 4월의 어느 아침, 봄 학기가 끝나가고 긴 여름방학이 다가올 무렵 나는 그에게 평소처럼 인사를 하러 갔다. 방을 나서면서 그가 평소보다 정신이 없어 보인다고 생각했지만 하르트 부부에게 아무 말도 하지 않았다. 병의 또 다른 증상이라고만 생각했다. 학교에서 돌아왔을 때 그는 상태가 매우 나빴다. 뇌졸중을 일으켰던 듯했다. 아빠는, 아니 내가 이제 아는 대로 내 위탁부는 병원으로 옮겨졌고 2주 뒤에 세상을 떠났다.

나는 솔직히 슬프지 않았다. 헤르만으로부터, 그의 엄하고 가혹한 양육으로부터 풀려나 행복했다. 내 마음을 아프게 한 것은 하르트 부부의 반응이었다. 그들은 그날 아침 헤르만의 상태를 알리지 않았다고 나를 혹독히 나무랐다.

나는 드디어 함부르크에서 엄마와 살게 되리라 기대했다. 나는 내가 엄마의 '친'자식이 아니라는 걸 알았지만, 여전히 그녀를 '엄마'라고 생각했다. 그러나 엄마와 함께 새로운 삶을 시작하리라는 내 부푼 희망은 이루어지지 않았다. 적어도 당장은 아니었다. 그녀는 한창 번창하는 물리치료실과 다섯 살짜리 아들 후베르투스를 돌보느라 무척 바빴다.

여섯 달 동안 나는 계속 헤르만의 집에서 하르트 부부의 보살핌을 받으며 살았다. 1954년 10월이 가까워져서야 나는 마침내 함부르크로 보내졌다. 그리고 그때쯤에는 에리카 마트코라는 이름과 내 진짜 정체성에 대한 궁금증은 잊힌 듯했다.

5장

정체성

"아이들 하나하나의 잃어버린 정체성이야말로
오늘날 유럽 대륙의 사회문제다."

국제난민기구 내부 보고서, 1949년 5월

열다섯 살 때 나는 거리에 붙은 포스터에서 내 얼굴을 발견했다.

전쟁이 끝난 지 10년, 독일연방공화국•이 수립된 지 7년이 흘렀지만, 독일은 여전히 집과 부모를 찾지 못한 아이들이 넘쳐나는 나라였다. 실종된 소년 소녀 200만여 명을 찾으려고 국제연합(UN)의 여러 기관이 유럽 전역을 샅샅이 뒤지고 있었다. 폭격, 군복무, 대피, 추방, 강제노동, 인종청소, 살해 등의 이유로 부모와 떨어진 아이들이었다. 1956년까지 34만 3,000명을 찾아냈다.

적십자는 전시에 독일로 납치된 아이들을 찾으려고 신문 광고란

• 1990년 독일 통일 전 서독의 공식 명칭. 후에는 독일의 공식 명칭이 되었다.

에 사진을 실었다. 얼굴과 이름 밑에 "누가 우리 부모와 우리 태생을 아시나요?"라는 문구가 달렸다. 이 사진들은 큰 포스터로 인쇄되어 서독 거리 곳곳에 붙었다. 함부르크 한복판에서 어린 얼굴의 나를 발견한 것도 이런 포스터 가운데 하나에서였다.

조금도 과장을 보태지 않고 정말 충격이었다. 누군가가 나를 찾고 있었다니. 그들이 어떻게 내 사진을 얻었는지도 몰랐다. 엄마가 당국에 사진을 주었으리라는 짐작은 갔지만 아무도 그 일을 내게 언급한 적이 없었다.

그 무렵 나는 함부르크의 블뤼먼슈트라세의 엄마 집에서 2년째 살고 있었다. 그곳에서 지낸 2년 동안 나는 내가 꿈꾸던 행복한 가족이 어린아이의 환상이었을 뿐임을 깨달았다. 나는 어린 시절의 절반을 엄마와 함께 살기를 갈망하며 보냈다. 사랑과 보살핌을 받기를 바랐다. 그러나 내가 포스터에서 그 사진을 봤을 무렵에는 이미 현실을 알 만큼 알고 있었다. 그리고 나만의 적응 방식도 갖고 있었다.

나는 이미 기젤라가 나의 친엄마가 아니라는 사실을 알고 있었지만, 언제 나를 데려왔는지 몰랐다. 어떻게, 왜 데려왔는지는 더욱이 몰랐다. 나는 그 일 전체를 내 마음 뒤편으로 치워버렸다. 내가 기젤라의 딸이며, 그녀의 가족이라고 믿고 싶었다.

그래도 내가 모른 척할 수 없던 것은 엄마가 나를 대하는 태도였다. 그녀는 잔인하지는 않았다. 그녀를 두고 잔인했다고는 결코 말할 수 없다. 하지만 감정적으로나 물리적으로나 나를 눈에 띄게 차갑게 대했다. 다른 사람을 대할 때와는 무척 달랐다. 직업적으로 그녀는 대단히 성공적인 물리치료사였다. 그녀의 환자들은 분명 그녀를 사

잉그리트와 후베르투스

스무 살 무렵의 잉그리트와 위탁모 기젤라의 친아들 후베르투스. 둘은 친남매는 아니었지만, 서로를 매우 아꼈다.

랑했고 그녀도 그들의 애정에 보답했다. 물론 가족에게도 따뜻했다. 그녀의 엄마와 여동생(내가 갈수록 사랑과 이해를 받으려고 의지했던 에카 이모), 아들 후베르투스에게는 따뜻하게 대했다.

후베르투스는 나보다 여덟 살 어렸다. 매우 잘생긴 꼬마였고, 그 나이 때의 나와는 달리 말을 잘했다. 후베르투스를 싫어하기란 쉽지 않았을 것이다. 어쨌든 그는 엄마의 친자식이었고 내가 함부르크로 오기 전부터 그곳에서 내내 엄마와 살았으니까. 나는 엄마가 나를 제외한 거의 모든 사람에게 사랑을 표현하는 것 같아 화가 나긴 했지만, 후베르투스를 무척 아꼈고 우리 둘 사이에는 강한 유대감이 있었다.

그러나 그런 유대감은 어쩌다 드물게 스쳐가는 빛이었다. 10대 시절은 특히 소녀에게 늘 어렵기 마련이다. 열세 살부터 열다섯 살의 청소년은 대개 불확실하고 불안정한 시기를 거치며 어른들을 비판적으로 보기 쉽다. 1956년 독일에서는 이런 성장기의 혼란에 국가적 위기까지 더해졌다.

폭탄과 탱크가 집과 다리, 철도를 파괴한 것 못지않게 나치와 전쟁은 독일의 가족도 해체했다. 히틀러의 필사적인 최후 전투는 많은 고아를 만들어냈을 뿐 아니라 이미 승산 없는 전투에 소년들을 몰아넣음으로써 아동기와 성년기의 경계를 흐릿하게 만들어버렸다.

전쟁 직후 독일의 다음 세대가 마주한 문제를 해결하기 위해 심리학자와 사회복지사 들이 소집되었다. 연합국 구제부흥사업국(UNRRA)과 그 후신인 국제난민기구(IRO)의 전문가들은 1940년대 후반과 1950년대 초반 독일의 많은 청소년이 개인으로서나 신흥국 국민으로서나 그들에게 필요한 정서적 안정감 없이 성장하고 있다고 판단했다. 1949년 5월 국제난민기구의 내부 보고서는 그 위기를 솔직하게 인정했다. "아이들 하나하나의 잃어버린 정체성이야말로 오늘날 유럽 대륙의 사회문제다."

미국 국무장관 조지 마셜이 독일(과 나머지 유럽)의 산산조각 난 기반 시설과 경제를 재건하려고 대대적인 경제원조 계획(마셜플랜)을 준비할 때 연합국 구제부흥사업국과 국제난민기구는 난민 아동을 위한 '심리적 마셜플랜'이라고 이름 붙인 계획에 착수했다.

그들은 우선 나와 같은 아이들을 찾아내야 했다. 포스터와 더불어 라디오 방송을 통해 다른 나라 출신의 위탁아동을 지역의 청소년관리청에 신고하라고 알렸다.

이런 상황이 나와 엄마에게 어떤 영향을 미쳤을까? 그때 엄마가 무슨 생각을 했는지는 모르겠다. 그녀가 나를 찾는 조사관들을 만났었다는 사실을 알게 된 것은 수십 년이 흐른 뒤였다. 한편, 나는 포스터 속 내 사진을 마주했을 때 여러 생각이 들었다. 우선 친부모에 대한 궁금증이었다. 어쩌면 내 친아빠는 헤르만처럼 독일 국방군 장교였는지 모른다. 아빠가 전쟁에 나가자 혼자 남겨진 엄마는 나를 원치 않았거나 어린 아기를 혼자 감당하지 못했는지 모른다. 그것이 내 나름의 합리적 추론이었다. 그리고 뒤이어 내 마음을 뒤흔드는 강렬한 희망과 두려움이 찾아왔다. 친엄마가 포스터를 보고 불쑥 나타나 나를 데려가고 싶다고 말할지 모른다는 희망. 그리고 만약 친엄마가 나타난다면 그녀가 어떤 사람일까 하는 두려움. 어쩌면 그녀는 기젤라보다 더 나쁠지도 나를 마음에 안 들어 할지도 모른다.

하지만 그런 생각이나 감정은 그저 스쳐가는 것일 뿐 자꾸 곱씹는 것보다 눌러 꺼버리는 쪽이 더 편했다. 행복하지 않더라도, 내가 욀하펜과 안데르센 가문의 혈육이 아니더라도 어떤 면에서는 나도 그들 가족의 일원이라는 믿음에 매달렸다.

내가 누구이며 어디서 왔는지에 대해 집안에서 한 번도 거론되지 않았다는 것이 이상하게 들릴 수 있다. 하지만 상황은 단순했다. 나는 이 불편한 문제를 물어볼 만큼 엄마와 가깝지 않았다. 그리고 오랜 시간이 흐른 뒤에야 그녀에게도 과거를 들추고 싶지 않은 이유가 있었으리라는 걸 이해하게 됐다.

그 문제를 들추지 않아도 아직은 괜찮았다. 어느 모로 보나 나는 잉그리트 폰 욀하펜이었고, 그 이름으로 학교도 다녔다. 그때 나는 서독 정부가 1951년부터 발행한 새로운 신분증을 갖고 있지 않았다. 법적 성인 연령인 스물한 살이 되기까지 신분증은 거의 필요하지 않았기 때문이다.

그러나 내 정체성의 문제는 생각보다 빨리 불거졌다. 나는 학교에서 우수한 학생이 아니었다. 공부, 특히 수학은 내 강점이 아니었다. 나는 아동병원 간호사나 수의사가 되고 싶었지만, 엄마는 생각이 달랐다. 나는 시험에서 대학입시를 준비하는 고등교육과정을 충분히 이수할 능력이 있다는 결과를 받았지만, 엄마는 내가 되도록 빨리 돈 벌기를 바랐다. 그래서 나는 열여섯 살에 학교를 떠나야 했다.

나는 엄마의 결정이 마음에 들지 않았고, 내가 친딸이 아니기 때문에 그렇게 결정한 것이라고 확신했다. 그러나 나는 엄마에게 마음을 바꿔달라고 부탁하지 않았다. 나는 그녀에게 무언가를 부탁하는 법이 결코 없었는데 그녀가 거절할까 두려웠기 때문이다. 돌이켜보면 일종의 자기방어가 아니었나 싶다. 이런 자기방어는 헤르만의 집에서 제발 나를 데려가달라고 간청했지만 허사였던 어린 시절에 뿌리를 두고 있었다.

엄마의 계획은 나를 물리치료사로 훈련시켜서 장차 그녀의 치료소에서 일하게 하는 것이었다. 하지만 알고 보니 그 뒤로 2년간 신입생을 받지 않아 직업교육을 받을 수 없는 상황이었다. 그렇게 일찍, 특별한 계획도 없이 학업을 중단해야 할 이유가 없었다.

임시방편으로 나는 할머니 친구의 아들 집으로 보내졌다. 독일과 스위스, 오스트리아의 국경에 걸쳐 있는 보덴호수 근처의 하일리겐하우스라는 외진 마을에서 농장을 운영하는 사람이었다. 그 집에서 나는 살림을 배우기로 했다. 처음 한 달 동안 나는 집이 그리워서 매일 밤 울었다. 하지만 차츰 적응해갔다. 농부에게는 딸이 여섯 있었는데 열네 살의 다섯째 딸, 열두 살 막내와 좋은 친구가 되었다. 농부의 아내는 내가 상상했던 엄마처럼 친절하고 따뜻했다. 나는 그들 가족과 열한 달을 지냈다. 실제 살림을 배우기보다는 빨래나 밭일을 돕는 정도였지만, 그들은 나를 매우 잘 대해주었다. 그리고 우연한 기회에 그들은 엄마에게 내 신원증명 서류가 없는 것에 대해 문제를 제기했다.

내가 그 집에 머무르던 중에 농부 가족은 스위스로 휴가를 가려고 했다. 하지만 내게는 국경을 건너는 데 필요한 서류가 없었다. 신분증도, 여권도, 출생증명서조차 없었다. 나를 위해 누군가 만들어준 서류라고는 불가사의한 에리카 마트코라는 이름으로 발급된 건강보험증이 유일했다. 나만 남겨두고 휴가를 가거나 계획을 취소해야 할 상황에서 농부는 나를 자기 딸이라 속이고 별일 없이 스위스 국경을 넘었다 다시 건너왔다.

1957년에는 아이들이 부모의 서류만으로 국경을 통과할 수 있었기 때문이다. 하지만 이 일로 그는 엄마에게 편지를 써서 내 신원증명서 문제를 해결하라고 신신당부했다. 게다가 나는 곧 국경 통제가 그만큼 느슨하지 않은 곳으로 보내질 예정이었다.

물리치료사 교육을 시작하기까지는 1년 가까이 남아 있었다. 그 시간을 함부르크에서 지내게 놔두느니 나를 영국 가정에 오페어●로 보내자는 계획이 세워졌다. 여권이 필요했다.

아직도 나는 엄마가 어떻게 그 문제를 해결했는지 모른다. 그때 나는 내 이름으로 된 여권을 보지 못했고, 이후에 일어난 일들로 보건대 아예 여권이 발급되지 않았던 것 같다. 하지만 무슨 서류를 구하긴 했던 모양이다. 내가 런던에서 북쪽으로 50킬로미터쯤 떨어진 하트퍼드셔의 작은 마을로 긴 여행을 떠날 수 있었으니 말이다.

내가 함께 살게 된 가족은 부유했다. 남편은 런던으로 통근하는 은행가였다. 아내는 그보다 훨씬 젊었고 하루 대부분을 말을 돌보며 보냈다. 네 자녀 가운데 둘은 고든스턴에 가 있었다. 고든스턴은 찰스 왕세자가 다니는 유명한 기숙학교였다. 셋째는 여덟 살짜리 남자아이였는데 내가 도착한 지 얼마 지나지 않아 고든스턴으로 떠났고, 나

● 외국 가정에 입주하여 육아를 돕고 숙식 제공과 약간의 보수를 받으며 언어와 문화를 배우는 젊은이.

는 부부의 다섯 살짜리 딸만 돌보게 됐다. 나는 그들의 저택에서 6개월을 보내는 동안 무척 즐거웠다. 부부는 나를 가족처럼 대해주었는데, 욕실이 달린 근사한 침실을 내어주기도 했다.

돌이켜보면 내가 고국에서 갈망했던 정서적 온기를 옛 적국의 땅에서 찾은 것이 아이러니하지만 그때는 잘 몰랐다. 나는 고작 열일곱 살이었고 역사를 그리 잘 알지 못했다. 나는 행복한 기억을 안고 함부르크로 돌아왔다.

내가 영국에 가 있는 동안 내 신원증명 문제가 다시 불거졌다. 물리치료 수업 개강일이 다가오고 있었고 전문학교에 등록하려면 출생증명서가 필요했다. 이번에도 엄마가 나서서 문제를 해결했다. 수년이 흐른 뒤에야 나는 여러 지방정부의 관청 사이에서 내 문제에 대해 부산스럽게 오간 편지들을 발견했고, 그 편지들에서 내 태생에 대한 첫 번째 실마리도 찾았다. 그러나 엄마가 공무원들에게 뭐라 했든 솔직하지는 않았을 것이다.

내 새로운 출생증명서는 1959년에 발행되었다. 내 존재가 처음으로 공식 등록된 그 증명서에 적힌 이름은 에리카 마트코였다. 증명서는 베를린의 호적1국에서 발행되었는데, 그곳은 주로 동유럽에서 온(또는 강제로 끌려온) 사람들에게 서류를 발급해주는 연방정부 등기소였다. 증명서에는 내 출생지가 오스트리아의 장트자우어브룬이라 적혀 있었다. 여러 해 뒤 이 기록은 내가 진짜 정체성을 찾는 데 걸림돌이 되었다.

나는 출생증명서와 관계없이 계속 잉그리트 폰 욀하펜이라 불렸다. 선생님과 친구들 모두 나를 잉그리트로 알고 있었다. 그러나 행정 기록상 나는 에리카 마트코였다. 3년 뒤 스물한 살에 받은 졸업증명서도 에리카 마트코의 것이었다. 나는 이름을 바꿔달라고 학교 행정처에 요청했지만, 내가 잉그리트라는 걸 증명할 공식 서류를 제출하지 않는 이상 나는 에리카라며 승인해주지 않았다.

그때가 1962년이었고 나는 성인이 되어 처음으로 직업의 세계로 들어가려는(세금과 사회보장기여금도 내려는) 참이었다. 내 첫 일자리는 슈바르츠발트에 있는 한 기관이었다. 그 무렵 나는 집을 떠나 사는 일에 꽤 익숙했다. 열여섯 살 이후로 사실상 가족과 거의 떨어져 지냈다. 나는 엄마와 떨어져서, 함부르크에서 늘 나를 따라다니던 복잡한 문제에서 벗어나 지내는 것이 좋았다. 하지만 그 삶은 오래가지 않았다.

물리치료 교육기간 마지막 해, 내 스물한 번째 생일 직전에 엄마가 큰 사고를 당했다. 계단에서 넘어져 6개월간 혼수상태에 있었고, 마침내 의식이 돌아와서도 증세가 심각해서 1년 더 병원 신세를 져야 했다. 엄마가 병원에 있는 동안에는 할머니와 에카 이모가 그녀를 간호했지만 퇴원할 때가 되자 내가 필요했다. 나는 애석해하며 슈바르츠발트의 직장을 떠나 함부르크로 돌아왔다.

그때 엄마는 마흔아홉 살이었다. 아직은 젊은 나이에 어린 아들까지 있었지만, 심각한 장애를 갖게 되었다. 엄마는 뇌 손상을 입어서 거의 걸을 수 없었다. 물리치료소를 다시 운영할 가망이 없었다. 나는 원하지 않았지만, 가족들의 결정으로 내가 그 일을 대신 맡게 되었다.

나는 엄마의 사업을 물려받는 것이 불편했을뿐더러 미국에 가서 새로운 물리치료 기술을 공부할 계획을 세우고 있었다. 그러나 계획을 포기해야 했다. 또한 나는 우리 가족의 복잡한 관계를 헤쳐나가기도 쉽지 않으리라는 걸 알고 있었다.

나는 블뤼먼슈트라세의 집, 내가 예전에 지내던 방으로 다시 돌아갔다. 힘든 시기였다. 할머니와 에카 이모, 후베르투스, 나 모두 새로운 환경과 엄마의 상태에 적응해야 했다. 특히 후베르투스는 장애가 생긴 엄마를 보기 힘들어했다. 그러나 엄마가 정원을 산책할 수 있게 되고 가끔 웃기도 하면서 그의 비참도 누그러졌다.

후베르투스와 에카 이모는 종종 말다툼을 했다. 두 사람이 각자 내 지지를 구하는 바람에 나는 둘 사이에서 이러지도 저러지도 못했다. 에카 이모는 엄마와도 순탄치 않았다. 아픈 엄마는 어린애같이 굴었고, 이모는 그런 엄마를 엄격한 선생님이 말 안 듣는 학생 다루듯 했다. 엄마는 그럴수록 화를 내며 더 고집스럽게 굴었다.

후베르투스와 나는 엄마를 있는 그대로 받아들였지만 나는 때때로 억울함을 느꼈다. 나는 여전히 가족 사이에서 소외감을 느낄 때가 많았고, 권리는 없이 책임만 어마어마했다. 나는 그 상황이 옳거나 공정하다고 생각하지 않았지만 받아들일 수밖에 없었다.

얼마 뒤 내가 기억하는 한 정말 오랜만에 엄마와 내 관계가 좋아졌다. 대화를 많이 나누지는 않았지만, 그녀는 어린 내게 상처를 입히던 때만큼 나를 차갑게 대하지 않았다. 물론 나는 그 이유를 알았다. 엄마는 장애를 겪으면서 성격이 부드러워졌고, 이제 내게 의지하는 상황이니 내가 자신에게 필요한 존재라고 느끼게 해야 했을 것이다.

다른 상황이나 다른 가족이었다면 내 과거에 대해 솔직하게 이야기를 나눌 기회가 있었겠지만, 그런 일은 일어나지 않았다. 우리는 내 과거는 물론 아빠에 관한 이야기도 결코 입에 올리지 않았다. 아빠가 죽은 뒤 엄마도 나처럼(이유는 다르지만) 그에게서 해방되었다고, 실패한 결혼의 무거운 짐을 비로소 내려놓았다고 느낀 것 같다. 어쩌면 두 사람이 끝까지 이혼하지 않았기 때문에 그녀는 그에게 구속된 느낌이었을 테고, 항상 그와 함께 살지 않는 이유를 해명해야 한다는 생각에 시달렸을 것이다. 기젤라는 내 태생에 대해 침묵한 것처럼 자신의 결혼에 대해서도 이야기하지 않았다.

말하지 않는다고 해서 내가 누구인지에 대한 궁금증이 사라진 것은 아니었다. 1960년대 중반 나는 이 문제를 내 손으로 해결하기로 마음먹었다. 나는 스스로를 잉그리트 폰 욀하펜이라 불렀지만, 서류상으로는 여전히 에리카 마트코였다. 나는 개명할 때가 왔다고 생각하고, 실행에 옮겼다.

그런데 개명은 내가 생각했던 것보다 힘들었다. 독일법에 따르면 나는 폰 욀하펜 가문의 허락을 구해야 했다. 기젤라가 동의를 해줄 만큼 건강해졌지만, 규정상 결혼으로 폰 욀하펜이라는 성을 얻은 그녀의 동의는 효력이 없었다. 법은 폰 욀하펜으로 태어난 사람만 진정한 혈통으로 인정했다. 여기에서도 피의 신성함에 대한 독일의 낡은 믿음이 다시 드러났다.

아이러니하게도 후베르투스가 폰 욀하펜으로 등록돼 있었고, 따라서 이론상 동의를 해줄 수 있었다. 하지만 아직 법적 성인이 아니어서 공식 서류에 서명할 수 없었다. 후베르투스에게는 법정 후견인이 있었다. 나는 변호사인 이 후견인에게 편지를 보내 간청했다. 그는 동의했지만 한 가지 조건이 있었다. 내가 욀하펜의 혈족이 아니기 때문에 폰 욀하펜이라는 성은 쓸 수 없고, 대신에 '마트코-폰-욀하펜'이라는 성을 써야 한다는 것이었다. 그것은 어떤 면에서 내가 폰 욀하펜 씨족의 열등한 일원임을 알리는 표시였다. 마음이 상했지만 어쩔 수 없었다. 서류에 서명을 받고 새 이름을 얻었다.

그 무렵 나는 여권을 신청할 일이 있었는데, 이때도 문제가 생겼다. 정부가 나를 '무국적자'로 분류하려 한 것이다. 내가 어디에서 태어났으며, 부모가 누구인지 모르기 때문에 나를 독일 시민으로 인정하지 못하는 모양이었다. 나는 충격을 받고 할 말을 잃었다. 가치 없는 사람이 된 듯했다. 아무것도 아닌, 아무도 아닌 존재가 된 것 같았다. 3년 넘도록 꼬박꼬박 세금을 내온 내가 무국적자라니 이해할 수 없었다. 더군다나 무국적자로 분류되면 투표도 할 수 없고 외국을 자유롭게 여행할 수도 없었다.

변호사인 에카 이모 친구의 도움으로 여러 달을 애쓴 뒤에야 정부는 마침내 시민권을 승인했고 내가 독일인임을 증명하는 여권을 발급해줬다. 엄마의 병세가 덜 심각했더라면, 아니 엄마가 내게 솔직했더라면 그 모든 불필요한 절차와 관료주의를 단숨에 건너뛸 만한 서류를 꺼내줄 수도 있었을 텐데……. 그때도, 그전에도 엄마는 그러지 않았다. 그녀가 20년 넘게 숨겨온 그 서류들은 다시 30년이 흐르고 나서야 다른 중요한 서류들과 함께 발견되었다.

그 뒤 수십 년 동안 내 이야기에 관련 있을 만한 일은 거의 없었다. 나는 6년을 함부르크에서 엄마와 함께 살며 그녀의 물리치료소를 운영했다. 그 치료소는 노인을 대상으로 한 곳이었는데, 나는 그

일에 큰 만족을 느끼지 못했다. 한 번은 걷지 못하는 세 살짜리 소녀가 치료소를 찾아왔다. 나는 아이를 무척 돕고 싶었지만 그럴 자격이 없었다. 그때 나는 내가 아이들을 치료하고 돕고 싶어 한다는 걸 깨달았다.

나는 오스트리아 인스브루크에 장애 청소년을 위한 새로운 치료법을 가르치는 교육과정이 있다는 정보를 찾아냈다. 그 과정을 들으려면 함부르크를 10주 동안 떠나야 했고, 내가 없는 동안 엄마의 치료소(나는 여전히 그곳을 그녀의 치료소라 여겼다)를 관리할 임시 치료사를 구해야 했다. 에카 이모는 내가 떠나는 것을 싫어했지만 나는 결심을 굳혔다.

과정이 끝날 무렵 나는 인스브루크 대학병원에서 일자리를 제안받았다. 나는 엄마와 이모의 반응이 걱정됐지만 그 제안을 수락했고, 내가 편안함을 느끼는 곳에서 좋아하는 일을 하며 행복하게 1년을 보냈다.

나는 그곳에 머무는 동안 사랑에 빠졌다. 오스나브뤼크에서 온 젊은 남자를 만났다. 오스나브뤼크는 내가 헤르만과 살았던 바트잘츠우플렌과 가까웠고, 함부르크의 집과는 훨씬 더 가까웠다. 우리는 각자 다른 아파트에서이긴 했지만, 오스나브뤼크에서 함께 살기 시작했다. 관계는 오래가지 않았다. 이유가 무엇이든 나는 이성 관계를 유지하기가 힘들었다. 줄곧 그랬다. 어린 시절의 경험과 관계가 있는지는 모르겠다.

동정을 얻으려고 하는 이야기가 아니다. 나는 천성적으로 혼자 있는 것이 편했다. 그리고 결혼 생활의 친밀한 관계를 경험하거나 내 아이를 가져보진 못했지만 내게 살아갈 힘을 주는 다른 여성들과 돈독한 우정을 맺고 유지할 만큼 늘 운이 좋았다. 그리고 많은, 정말 많은 아이를 돕는 즐거움도 경험했다.

나는 병원에서 여러 해를 일하고 나서 1970년대 초에 장애 청소년 전문 치료소를 열었다. 그때부터 일주일에 6일, 하루에 12시간을 일하며 그들을 도왔다. 해마다 유럽과 영국, 미국 곳곳을 찾아가 특별 교육과정을 들으며 지식과 기술을 연마했다. 장애 청소년을 치료하는 일은 내게 엄청난 행복을 안겨준 보람 있는 평생 직업이었다.

그런데 기젤라와 폰 욀하펜, 안데르센 가족은 어떻게 되었을까? 함부르크에 내가 두고 떠나온 삶은? 내 출생과 위탁 과정에 얽힌 기이한 수수께끼는? 나는 성인기 내내 가족과 연락을 주고받았고 특히 에카 이모와 가깝게 지냈지만, 다시 그들과 함께 살거나 엄마의 치료소에서 일하지 않았다.

내가 잠시 그들에게로 돌아갔을 때는 서독과 동독을 가르는 벽이 무너진 뒤였다.

6장

장벽

"그녀는 독일 혈통의 아이이므로
친위대장의 명령에 따라 독일 가정에서 양육될 것이다."

돌격대지도자 귄터 테슈

1989년 11월 9일 목요일 저녁 10시 45분, 철의 장막의 가장 뚜렷하고 견고한 상징이던 베를린 장벽이 무너지기 시작했다. 나는 마흔여덟 살이었다. 거의 반세기 동안 나와 내 동포들의 삶은 동과 서로 분열된 조국의 영향을 받았다.

그것은 쓰라린 분열이었다. 이 분열의 가장 두드러진 상징은 아마 베를린 장벽이었을 테지만 장벽 말고도 동독은 국경 경비를 강화했고, 동독 주민들을 엄격한 이데올로기 경찰국가의 테두리 안에 가두었다. 엄마가 디트마어와 나를 데리고 탈출했던 것처럼 동독을 벗어나려는 사람들은 가시철조망과 검문소에 가로막혔고, 동독 군대에는 자유를 향해 떠나는 사람은 누구든 사살하라는 명령이 내려졌다.

남녀노소를 불문하고 1,000명 이상이 공산주의의 철권통치를 벗어나려다 살해되었다.

하지만 이제 그런 상황은 끝났다. 하루 동안의 혼란과 소문 끝에 베를린 장벽의 주요 검문소를 지휘하는 동독 사령관은 장벽의 문을 열고 사람들을 통과시키라고 국경 수비대에 명령했다. 서독 사람들은 밀려 들어오는 동독 사람들을 꽃과 샴페인으로 맞이했다.

서독 군중은 장벽 위로 기어 올라가 동독 젊은이들과 손을 맞잡았다. 그들은 흥겹게 춤을 추며 새로 얻은 자유를 축하했다. 사람들이 망치와 끌로 돌 장벽을 쪼개는 모습이 텔레비전 카메라에 잡혔다. 말 그대로 장벽 딱따구리를 뜻하는 '마우어슈페히트(Mauerspecht)'들이 장벽 곳곳을 허물며 비공식 국경 통과 지점들을 만들어냈다.

이 사건의 속도에 동독과 서독 정부 모두 놀랐다. 사실 변화의 기운은 여러 달 전부터 감돌았다. 그 기운은 8월에 헝가리가 오스트리아와의 물리적 국경을 사실상 허물었을 때부터 시작됐다. 헝가리는 소련이 만들어낸 동구권에서 물리적·정치적 아웃사이더였다. 헝가리-오스트리아 국경이 허물어진 지 몇 주 만에 동독인 1만 3,000여 명이 헝가리를 거쳐 오스트리아로 들어갔다. 헝가리 정부가 그 흐름을 막으려 하자 동독인들은 서독 대사관으로 피신해 고국으로 돌아가기를 거부했다. 50년 동안 공산주의 통치자들의 명령에 복종하도록 길들여진 나라로서는 전례 없는 시민 불복종 행동이었다. 움직임은 거기에서 끝나지 않았다.

초가을 내내 동독 전역에서 대규모 시위가 일어났다. 시위자들은 거리를 점령하고 "우리는 나가고 싶다(Wir wollen raus)!", "우리가 인민이다(Wir sind das Volk)!"라는 구호를 외쳤다. 신문과 텔레비전에서 평화로운 혁명의 여명을 알리기 시작했다.

10월이 되어 동독의 집권 사회주의통일당 서기장 에리히 호네커가 사임할 무렵 운동은 말 그대로 막을 수 없는 지경에 이르렀다. 호네커는 동독 정부의 수장일 뿐만 아니라 1970년대 초반부터 동독을 통치해온 공산국가 동독 그 자체를 상징하는 인물이었다.

이미 여러 신호가 있었지만 베를린 장벽의 붕괴는 계획되지 않은 혼란스러운 사건이었다. 11월 9일 이른 오후, 동베를린의 텔레비전 기자회견에서 동독과 서독 사이에 제한적 이동이 허락될지 모른다는 언급이 처음 등장했다. 그러나 방송이 나간 뒤 동독 사람들이 동베를린과 서베를린 사이의 여섯 개 검문소로 모여들었고, 국경 수비대에 출입문을 즉시 개방하라고 요구하기 시작했다. 국경 수비대는 갑자기 몰려든 사람들에게 놀랐을 뿐 아니라, 서베를린으로 넘어가려는 사람들의 수에 압도되었다. 국경 수비대는 새로운 지시를 요구하며 다급하게 전화를 돌렸다.

무너져가는 동독 정부의 그 누구도 책임지고 사살 명령을 내리길 꺼린다는 사실이 곧 분명해졌다. 결국 국경 수비대는 길을 터주었고, 군중이 평화롭게 서방으로 넘어가는 모습을 지켜보았다. 밤 11시가 되기 조금 전, 서독 텔레비전은 독일민주공화국의 마지막 의식을 공개적으로 알렸다.

> 역사적인 날입니다. 동독 정부가 지금 즉시 국경을 열 것이라고 발표했습니다. 독일민주공화국이 국경을 열고 있습니다. …… 베를

린 장벽의 문이 모두 열렸습니다.

베를린 장벽의 개방과 해체는 동독과 서독 사이의 모든 검문소를 없애는 수순으로 이어졌다. 1990년 7월 1일 도이치마르크가 독일 전역의 유통 화폐로 채택된 날, 국경 통제는 공식적으로 사라졌다. 세 달 뒤 동독은 해체되었고 통일된 공화국으로 흡수되었다.

이 모든 것이 내게 무엇을 뜻했을까? 나는 제2차 세계대전 초기에 태어나긴 했지만 사실상 1950년대와 1960년대의 아이였다. 서독이 과거의 범죄를 현재의 분단과 고통 속에 감추려 했던 시대에 성장기를 보냈다는 말이다. 독일 통일이 내 세대의 다른 사람들에 비해 내게 더 큰 의미가 있었던 것은 아니다. 우리는 그저 철의 장막 바깥쪽에서 자랄 수 있었다는 것에 감사했고, 역사의 흐름이 어떻게든 적절한 질서를 회복했다고 막연히 안심했다.

물론 경제적 우려는 있었다. 새 나라를 창조하는 비용이 얼마가 될지 아무도 확실히 알지 못하는 듯했다. 오랫동안 유럽의 부러움을 샀던 서독의 경제 기적이, 미개발된 (그리고 파산한) 전 이웃을 돕기 위해 위협받을 것이라는 어두운 예측이 주기적으로 들려왔다. 하지만 그런 우려는 대개 정치인들의 몫이었다. 안정된 니더작센주에서 성공적으로 치료소를 운영하는 물리치료사에게는 그다지 걱정스러운 이야기가 아니었다.

독일이 통일됐을 때 나는 쉰 살이었다. 계속 혼자 살았고 삶은 편안했다. 경제적으로 안정됐고, 아늑한 집이 있었으며, 그 어느 때보다 열심히 일했다. 하지만 먹구름이 서서히 몰려오고 있었고, 불가피하게도 엄마 주변으로 몰려들었다.

엄마의 장애는 갈수록 악화되어 심각한 상태가 되었다. 게다가 비극이 가족을 덮쳤다. 잘생긴 꼬마였던 후베르투스는 매력적인 게이 청년으로 성장했는데, 1980년대 중반 당시에는 신종 질병이던 치명적인 에이즈(AIDS) 진단을 받은 것이다. 에이즈는 1988년 그의 생명을 앗아갔다.

엄마를 돌볼 전일제 간병사를 고용하는 것이 그녀를 위해 최선일 듯했다. 엄마는 경제적으로 넉넉했다. 치료소에서 벌어들인 수입이 꽤 많았고, 폰 욀하펜 가족과 안데르센 가족 모두 부유했다. 그런데 우리가 고용한 여성 간병사가 문제였다. 그녀는 후베르투스의 죽음과 그로 인한 슬픔으로 마음이 약해진 엄마를 이용해 기회를 잡으려고 했다. 간병사는 기후가 따뜻한 그란카나리아로 가자고 엄마를 설득해 두 사람은 멀리 떨어진 그란카나리아에 정착하게 되었다. 더군다나 간병사는 엄마를 우리와 떼어놓으려 애썼다. 아무도 엄마와 직접 연락할 수 없었다.

엄마가 치매에 걸리고 나서야 나는 비로소 그녀를 만날 수 있었다. 그란카나리아에서 내가 본 상황은 무척 걱정스러웠다. 엄마가 전적으로 의지하게 된 간병사는 엄마가 죽기 전에 가능한 한 많은 돈을 뜯어내려 했다. 뭔가 조치를 취해야 했다.

나는 에카 이모와 함께 독일 후견법원에 엄마의 삶에 개입할 자격을 허가해달라고 탄원했다. 법원은 내가 친자가 아니라 위탁자녀이기 때문에 아무 권리가 없다며 탄원을 거부했다. 나는 본래 단호한 사람이 아니지만 평소답지 않게 물러서지 않고 판사에게 말했다.

"당신이 제 말을 들을 때까지 여기 앉아 있을 겁니다. 제 말을 들을 때까지 이 법정을 나가지 않을 거예요."

결국 그들은 내 말을 듣기로 했다. 나는 간병사가 엄마를 조종하고 있고 엄마의 주요 유산 상속자로 이미 유언장에 자신의 이름을 올려놓았다고 말했다. 그러나 판사들은 내 말을 들어주는 것 말고 다른 조치를 취할 마음이 없었다. 결국 법정은 개입을 거부했다.

엄마를 보호할 방법을 찾는 일은 에카 이모의 몫이 되었다. 그러나 피해는 돌이킬 수 없었다. 2002년 엄마가 숨을 거둘 때까지 우리는 다시 가족이 되지 못했다.

엄마가 그란카나리아로 이주한 일에 한 가지 긍정적인 결과가 있기는 했다. 엄마가 끝내 함부르크로 돌아오지 않으리라는 것을 깨달은 나와 에카 이모는 그녀의 공간들을 정리하기 시작했다. 그렇게 해서 나는 내 어린 시절을 기록한 엄마의 일기를 발견했다.

나는 그 일기장을 손에 쥐었던 순간을 영영 잊지 못할 것이다. 엄마가 직접 쓴 많지 않은 일기를 읽으며 내가 느꼈던 감정도. 나와 내 어린 시절에 대해 알려줄 무언가를 찾게 되어 나는 감사했다. 손을 뻗어 내 과거를 직접 만져보기는 처음이었다. 그러나 기쁨과 함께 고통도 따랐다.

나는 수수께끼 같은 어린 시절에 대한 내 감정을 거의 40년간 철저히 외면하고 살아왔다는 걸 그제야 깨달았다. 그 작은 일기장을 손에 쥐었을 때 너무나 강렬한 상실감과 의혹이 밀려들었다. 왜 엄마는 일기를 숨겼을까? 이 일기가 내게 어떤 의미일지 어떻게 모를 수 있었을까?

게다가 엄마가 다시 나를 버렸기 때문에 내가 그 일기장을 발견할 수 있었다는 사실이 나를 더 힘들게 했다. 엄마가 이 상황을 이해할 상태가 아니라는 사실도, 간병사가 엄마의 증세를 의도적으로 이용하고 있다는 사실도 그 일기장이 내게 안겨준 질문들을 그녀에게 물어볼 수 없다는 안타까움을 지우지는 못했다.

어쩌면 내가 엄마의 방에서 찾은 다른 서류를 더 꼼꼼하게 들여다보지 못했던 이유도 상실감과 상처가 너무 컸던 탓인지 모른다. 그 서류들을 얼핏 보았을 때 나는 기젤라와 헤르만이 나를 위탁받은 절차와 관련된 법적 서류라는 것을 알아차렸다. 하지만 자세히 들여다보는 대신 옆으로 치워두고 내 일에 매달렸다. 내가 그 서류를 다시 떠올린 것은 20세기가 거의 끝나갈 무렵이었다.

1999년 가을 어느 날, 평소처럼 치료실에 있을 때 전화가 울렸다. 나는 환자이거나 치료 의뢰 전화일 것이라고 생각했다. 전화를 건 사람은 내가 잉그리트 폰 욀하펜 본인인지 묻더니 독일 적십자 직원이라고 자신을 밝혔다. 나는 어리둥절했다. '왜 적십자 직원이 전화를 했지?' 나는 적십자와 아무런 업무 관계가 없었다. 내 환자 중에 적십자를 통해 온 사람도 없었다.

다음으로 직원이 던진 질문에 나는 깜짝 놀랐다. "친부모를 찾고 싶으십니까?"

순간 나를 스쳐 지나간 감정을 설명하기란 힘들다. 나는 내가 누구인지, 어디에서 왔는지에 대한 질문을 너무나 오랫동안 마음 뒤편으로 치워두고 있었다. 과거에 매달리는 것보다 현재를 사는 일이 더 중요하다고 나름 스스로를 설득하며 살았지만, 사실 그 과거에서 무얼 발견하게 될지 두려워 문제를 회피했음을 알고 있었다. 그래서 그 전화를 받았을 때 무엇보다 내가 흥분했다는 사실에 놀랐다. 드디어 진실을 알아낼 기회가 왔다고 느꼈다. 어쩌면 나는 이미 진실을 마주할 준비가 되어 있었는지도 모른다.

왜 그때였을까? 왜 갑자기 수십 년간 망설였던 과거로의 여행을 떠날 수 있었을까? 나이 때문이었을까? 그 전화를 받았을 때 나는 쉰여덟 살이었고 돌이켜보면 나이가 들수록 내 역사가 더 궁금해졌다. 나만 그런 게 아닐 것이다. 남은 시간이 차츰 줄어들수록 지난날을 돌아보는 것이 인생사다. 현실적인 문제도 있었다. 나이 들면서 병원을 찾을 일이 더 많아졌는데 그럴 때마다 가족력에 대한 질문을 받았다. 물론 나는 모른다고 답할 수밖에 없었다.

나는 적십자가 어떻게 내 연락처를 알아냈는지, 내게 풀어야 할 가족사가 있다는 것을 어떻게 알았는지 묻지 않았다. 그냥 좋은 결과를 바라며 알고 싶다고 대답했다. 그들은 내 과거를 구체적으로 알려주진 못했다. 대신에 마인츠 대학의 역사학자 게오르크 릴리엔탈에게 연락해보라고 했다.

나는 게오르크 릴리엔탈에게 큰 빚을 졌지만, 그에게 처음 편지를 쓸 때 그가 누구인지 전혀 몰랐다. 그가 레벤스보른과 나의 이야기에서 얼마나 중요한 역할을 하게 될지는 더욱 몰랐다. 내가 알고 있는 것이라고는 그가 내 여정을 안내해줄 것이라는 적십자의 설명뿐이었다.

나는 릴리엔탈 박사가 내 편지를 예상할 것을 알았기에 숨김없이 솔직하게 썼다. 내가 어디서 왔는지 늘 알고 싶었지만, 어디서 어떻게 시작해야 할지 몰랐다고.

편지를 부칠 때는 너무 흥분해서 당장 다음 날이라도 차를 몰고 마인츠로 가고 싶었다. 그러나 무언가가 내게 기다려야 한다고 말했다. 릴리엔탈 박사가 무슨 정보를 갖고 있든 그걸 정리하려면 분명 시간이 필요할 것이었다. 그래서 나는 인내심을 갖고 기다리기로 마음먹고 그 시간 동안 엄마의 방에서 찾아낸 서류들을 꺼내보기로 했다. 손만 뻗으면 내가 어떻게 기젤라와 헤르만에게 위탁되었는지 알 수 있을 듯한데 여전히 아무것도 모른다는 사실이 답답했다. 그러나 50년을 기다린 나였다. 몇 주 더 기다린다고 죽지는 않을 일이었다.

나는 서류함을 끄집어냈다. 그 서류들을 발견한 뒤 몇 년간 엄마의 일기장 말고 다른 것은 한 번도 들여다보지 않았다. 그제야 나는 기젤라가 보관해둔 빛바랜 서류 뭉치를 꼼꼼히 살펴보기 시작했다.

처음에 나온 서류는 모서리가 살짝 접힌 작은 종잇조각이었다. 1944년 1월 19일에 라이프치히 근처 코렌-잘리스(Kohren-Sahlis)에서 발급된 예방접종 증명서로, 1941년 11월 11일 장트자우어브룬에서 출생한 에리카 마트코에게 성홍열과 디프테리아 예방접종을 했다는 서류였다.

그 날짜는 중요했다. 1944년 1월이면 기젤라와 헤르만에게 내가 위탁되기 몇 달 전이었다. 그러나 서류에 서명한 사람이 의사라는 것 말고는 예방접종이 어디에서, 누구의 요청으로 이루어졌는지 알

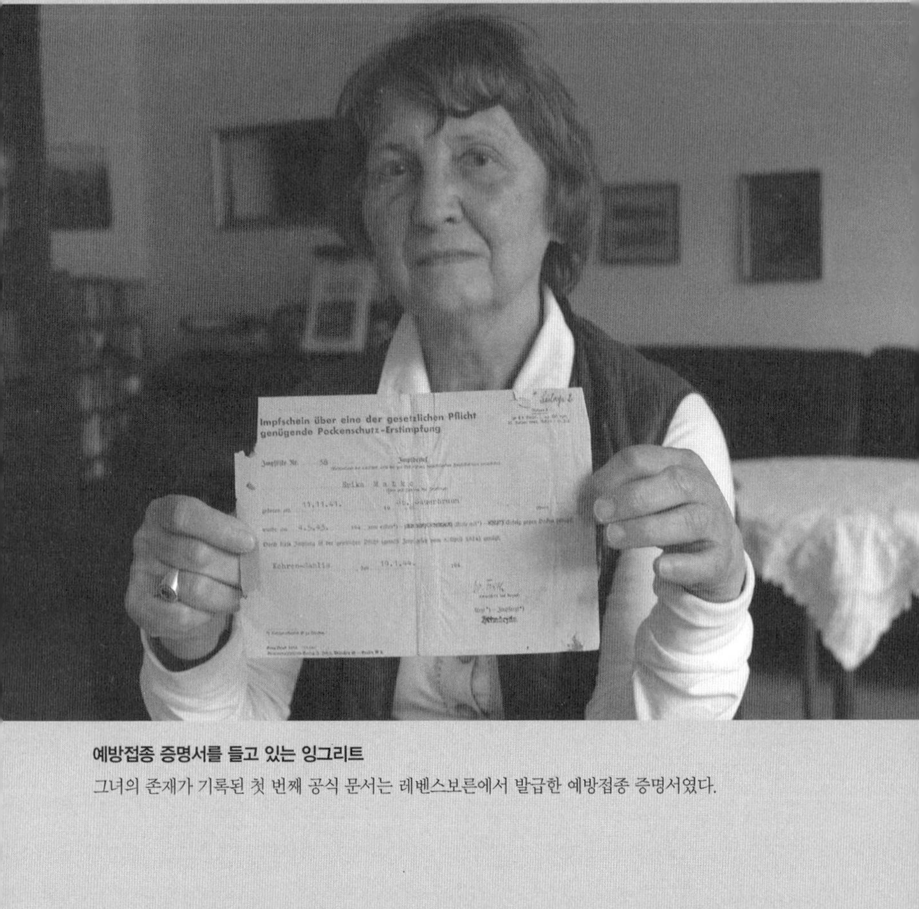

예방접종 증명서를 들고 있는 잉그리트

그녀의 존재가 기록된 첫 번째 공식 문서는 레벤스보른에서 발급한 예방접종 증명서였다.

려주는 정보가 하나도 없었다. 코렌-잘리스에는 무엇이 있었을까? 그리고 장트자우어브룬은 대체 어디인가? 두 번째 서류도 또 다른 예방접종 증명서였다. 뒷면에는 공식 스탬프가 찍혀 있었다. '레벤스보른 하임 조넨비제 코렌-잘리스'. 조넨비제 보육원. 어린 시절의 경험으로 '하임(Heim)'이 보육원을 의미한다는 것은 알고 있었고, 헤르만과 기젤라가 나를 위탁양육했다는 사실과도 맞아떨어졌다. 그런데 '레벤스보른'은 무엇일까? 처음 듣는 단어였다.

다음 서류는 나를 훨씬 더 혼란스럽게 했다. 1944년 8월 4일 발행된 이 서류는 내 위탁부모를 위한 일종의 계약서 겸 인수증 같았다.

> 1944년 6월 3일, 뮌헨의 겐츠슈트라세 5번지에 사는 헤르만 폰 욀하펜 가족은 1941년 11월 11일생 '민족독일인(Volksdeutsche)'• 소녀 에리카 마트코를 데려간다. 아이는 독일 혈통이므로 친위대장의 명령에 따라 독일 가정에 양육될 것이다.
>
> 아이의 부양을 위한 지원은 어디에서도 제공되지 않을 것이다. 아이 자신은 어떤 자산이나 수입이 없다. 위탁부모가 단독으로 아이의 부양을 책임진다.

이것은 스타인회링에서 발행된 것으로 보였다. 스타인회링은 뮌헨에서 그리 멀지 않은 작은 마을이란 것은 알고 있었지만, 이 서류

• 독일 영토 밖, 특히 동유럽에 거주하는 독일인을 일컫는 말로, 민족과 혈통을 강조한 나치가 민족을 구분하는 용어로 사용했다.

를 작성한 조직에 대한 정보는 없었다. 유일한 단서는 종이 윗부분에 인쇄된 단체명이었는데, 구멍 자국과 시간의 흐름으로 거의 알아보기 힘들었다. 'Der Reichskommissar für die Festigung deutschen Volkstums, Stabshauptamt L.' 조사를 해보니 '독일 국가 통합을 위한 제국 본부'라는 나치 조직이었다. 이 조직이 정확히 무슨 일을 했는지 알려주는 자료는 찾지 못했다.

서류 아래쪽에는 테슈 박사의 서명이 있는데, 그는 스스로를 돌격대지도자라고 칭했다. 전후 독일에서 자란 사람이라면 모두 아는 단어였다. 그것은 나치 친위대의 계급으로, 정규군으로 치면 소령에 해당하지만 친위대원만 달 수 있었다. 왜 하인리히 힘러의 악명 높은 해골 부대•가 내 위탁 과정에 연루됐을까? 나는 증명서를 다시 들여다봤다. 내가 '친위대장의 명령에 따라' 독일 가족에게 위탁되었다고 쓰여 있었다. 친위대장이면 힘러였다. 히틀러 정권의 2인자, 나치 독일의 무시무시한 인물이 내 어린 시절에 모종의 영향을 미친 것처럼 보였다. 이해할 수 없는 일이었다.

나는 이것들이 다 무엇인지 엄마에게 물어보고 싶은 마음이 굴뚝같았다. 그리고 왜 그토록 오랫동안 이 서류들을 감추었는지도. 그러나 그 무렵 엄마는 그란카나리아에서 심한 치매를 앓고 있었다. 나는 그녀에게서 아무 도움을 얻지 못하리라는 걸 알았다.

게오르크 릴리엔탈에게 편지를 보낸 지 한 주가 지났지만, 그에게

• 【지은이 주】 친위대 모표는 해골과 X자로 교차된 뼈 모양이었다. 이뿐 아니라 죽음의 수용소를 관리하던 친위대 조직인 해골 부대(SS-Totenkopfverbände)의 이미지 때문에 통칭 '해골 부대'라고 불리곤 했다.

선 아무 연락이 없었다. 나는 그가 출타 중인지, 아니면 그가 알고 있는 (또는 추측하는) 정보를 내게 알려주고 싶지 않은 것인지 궁금했다. 답장을 기다리는 사이에 나는 혼자 조사를 시작하기로 결심했다.

나는 독일연방 기록보관소에 편지를 보내 내 이름이나 에리카 마트코라는 이름이 기록된 문서가 있는지 문의했다. 나는 순진하게도 바로 답장을 받을 수 있으리라고 생각했다. 디지털 데이터베이스의 시대에 이름 하나 검색하는 일이 힘들면 얼마나 힘들겠는가? 나는 새 독일의 여러 모순 가운데 하나를 막 발견하게 될 참이었다.

새 독일은 전 동독 통치자들이 저지른 범죄들을 들추고, 동독 비밀경찰 관련자들을 공직에서 뿌리 뽑는 데는 열성이었지만, 히틀러의 천년 제국이 저지른 온갖 범죄를 직시하는 일에는 그만큼 열성적이지 않았다.

부분적으로 그것은 전후 초기에서부터 비롯된 유산이었다. 초대 서독 총리인 콘라트 아데나워는 연합국이 추진하던 탈나치화를 격렬하게 반대했고, 뉘른베르크 재판에서 전쟁범죄로 유죄 판결을 받은 자들의 석방을 요구했다. 심지어 히틀러를 위해 반유대주의적 법률의 초안을 작성했던 한스 글롭케를 자신의 오른팔로 임명했다.

독일은 처음부터 과거를 자세히 들여다보고 싶어 하지 않았고, 여러 해가 지난 20세기 말, 유럽연합의 주역이라고 자부하면서도 여전히 역사의 벽장에는 '해골'을 숨겨두고 있었다. 독일은 그것을 꺼내 흔들 준비도 되지 않았고, 그럴 의지도 없었다. 독일이 자신을 직시하지 못하도록 막은 것은 베를린 장벽만이 아니었다. 이제 독일은 통일되었지만, 우리의 집단기억은 여전히 온전치 못했다.

이후 몇 달 동안 나는 이 수수께끼 같은 '레벤스보른'과 관련된 것은 무엇이든 기억상실증에 걸려 있다는 사실을 발견했다. 레벤스보른에 관해 공개된 자료는 아주 적었고, 얼마 안 되는 자료마저 그것이 국가적 수치와 비밀에 덮인 유산임을 암시했다.

게오르크 릴리엔탈과 독일연방 기록보관소의 답장을 기다리며 나는 적십자에서 걸려온 전화를 다시 떠올렸다. 전화를 건 적십자 직원은 내게 무엇이든 알려주기를 주저하는 것 같았다. 내 과거를 정말 찾길 원하는지 물어봤을 때 그녀는 내가 앞으로 직면하게 될 문제들에 대해 경고하려 했던 것일까? 어쩌면 그랬는지도. 하지만 내 과거를 찾는 과정이 아무리 힘들지라도 나는 해보기로 결심했다. 그러나 그때 내가 몰랐던 것이 있다. 바로 독일뿐 아니라 독일이 침략하고 약탈했던 한 나라의 슬픈 역사를 되짚어가는 고통스러운 여정에 나섰다는 것이다.

7장

생명의 샘

"인종을 순수하게 지키는 영원한 자연법칙은
국가사회주의 운동이 독일 국민에게 물려준 영원한 유산이다."

나치 선전영화, 1935

장트자우어브룬이란 곳은 없었다.

달리 조사할 만한 것이 거의 없었기 때문에 나는 내 삶의 첫 기록으로 돌아가보기로 했다. 내게 성홍열과 디프테리아 예방접종을 했다고 증명하는 작은 분홍색 종잇조각. 그 종이에 내 출생지가 장트자우어브룬으로 기록돼 있으니 그곳이 내 여정을 시작하기에 적절한 장소일 듯했다. 하지만 독일뿐 아니라 히틀러의 군대가 침략했던 모든 나라의 지도와 옛 지도를 샅샅이 살펴보아도 그런 이름의 도시나 마을은 없었다.

가장 근접한 곳은 오스트리아의 온천 도시 바트자우어브룬으로, 헝가리 국경 근처에 있었다. 2000년 초 나는 오스트리아 외무부에 바트자우어브룬을 포함한 인근 지역에 살던 마트코 가족에 대한 기록을 찾도록 도와달라는 장문의 편지를 보냈다.

나는 조급해졌다. 독일연방 기록보관소로부터 어떤 정보는커녕 답장도 받지 못했고, 게오르크 릴리엔탈의 답장을 여전히 기다리고 있었다. 나는 이 수수께끼 같은 '레벤스보른'이라는 조직에 대한 자료를 찾기 시작했다. 하지만 공개된 자료가 너무 적었다. 전쟁이 끝난 지 50년이 넘었고 제3제국의 끔찍한 역사와 범죄가 분석되고 세세하게 드러났는데도 인터넷에서 레벤스보른을 검색하면 매우 적은, 그마저도 대체로 같은 내용의 결과만 나올 뿐이었다.

문자 그대로 풀이하면 레벤스보른은 '생명의 샘', '생명의 원천'이다. 이 레벤스보른 협회는 1935년 나치당의 자금으로 세워진 일종의 복지단체로 독일 곳곳에 출산 시설을 운영하기 위해 만들어진 듯했다. 새로운 제3제국에서 일어날 조짐을 보이는 인구 위기에 대응한다는 명목이었다. 1930년대 히틀러가 집권했을 때 독일 인구는 수십 년째 감소하고 있었다. 1900년 인구통계에 따르면 평균 출생률은 1,000명당 35.8명이었다. 1932년이 되자 14.7명으로 떨어졌다. 나치 정권은 이런 흐름을 멈추는, 그리고 뒤집는 일에 나섰다.

그들은 처음에 구호를 활용했다. '가족의 적절한 역할을 회복하자'가 대표적인 구호였다. 그다음에는 결혼자금 대출, 아동 보조금, 가족수당처럼 대가족을 위한 재정 혜택을 도입했다. 모성 숭배가 공식화되었다. 자녀를 많이 출산한 여자들을 뽑아 매해 히틀러의 어머니 생일에 독일 어머니 십자훈장을 수여했다. 다섯 명 이상 출산한 여성은 동십자훈장, 일곱 명 이상은 은십자훈장, 아홉 명 이상은 금십

레벤스보른 상징

1939년 무렵 레벤스보른 협회 안내 책자에서.

자훈장을 받았다.

이런 정책의 성과가 빨리 나오지 않자 피임약과 피임기구의 광고와 전시를 금지하는 법을 제정했고, 독일의 선구적인 피임 클리닉들이 폐쇄됐다(1920년대 독일은 IUD 같은 자궁 내 피임기구 개발에서 세계적으로 앞서 있었다). 낙태는 '독일의 인종적 미래를 파괴하는 행위'로 불법화되었다.

겉보기에 무해해 보이는 레벤스보른 협회 뒤에 숨은 진실을 드러내는 첫 단서가 바로 '인종적 미래'라는 구절이었다. 레벤스보른 출산 시설의 목적은 명목상 원하지 않은 임신을 한 여성들의 비밀과 안전한 출산을 보장하고, 그로써 독일 인구를 늘리는 것이었다. 하지만 그 시설이 모두에게 열려 있었던 것은 아니다.

나는 나치가 인종에 집착했다는 것을 알고 있었다. 히틀러와 그의 정권은 인종의 제단에 600만이 넘는 유대인을 희생시켰다. 하지만 나는 독일 인종의 '순수성'을 지키기 위해 설립된 단체들의 네트워크가 얼마나 복잡한지 알지 못했다. 조사하는 동안 나는 국가사회주의의 광기가 파놓은 토끼 굴로 빨려 들어가는 느낌이었다. 그리고 그 중심에는 하인리히 힘러라는 사악한 인물이 있었다.

힘러는 나치당 창당 3년째인 1923년 8월에 입당했다. 그의 당원번호는 14,303번으로, 나치당 창립 초기의 광신자는 아니었다. 하지만 6년 만에 나치의 가장 강력한 준군사조직이자 SS라는 머리글자로 악명 높은 친위대의 수장이 되었다.

친위대장으로서 힘러는 나치당을 지배하고 감시할, 나치당과 동등한(그리고 결국에는 훨씬 더 강력한) 조직을 창설했다. 그는 당시에 유행하던 우생학이라는 유사 과학에 오랫동안 관심을 가져왔고, 순수 혈통의 전사인 북유럽 인종이 유럽 대부분을 정복했었다는 신비로운 과거에 집착했다. 그는 친위대를 다시 태어난 아리아인 '초인' 종족으로 이루어진 선봉대로 재편성했다. 힘러의 지시에 따라 지원자들은 인종 '자질'을 면밀히 검사받았다. 그는 이런 과정을 "묘목장 정원사가 품질과 가치가 떨어진 훌륭한 옛 품종을 재생하려고 애쓰는 것과 같다"고 묘사했다. 그리고 "우리는 식물 선발 원칙에 기초해 친위대 강화에 불필요하다고 판단되는 사람들은 가차 없이 솎아낼 것이다"라고 말했다.

1931년 힘러는 이런 '식물 선발'을 순조롭게 처리할 부서를 친위대 내부에 별도로 창설했다. 문자 그대로 옮기면 '인종과 정착 본부(Das Rasse-und-Siedlungshauptamt-SS, RuSHA)'라고 불리는 부서였다. 실제로는 친위대의 '인종적 순수성'을 지키는 일에 전념하는 곳으로, 이 부서의 임무 중에는 친위대원들의 결혼을 감독하는 일도 있었다. 힘러의 개인적 명령에 따라 인종과 정착 본부는 결혼 당사자들의 배경을 자세히 조사한 뒤 양쪽 모두 1800년부터 순수 아리아인 혈통을 지켜온 가계임을 확인하고 나서야 결혼 허가증을 발급했다.

자료를 읽다가 나는 레벤스보른 협회가 인종과 정착 본부의 깃발 아래 창립되고 발전했다는 사실을 발견했다. 1936년 12월 13일에 발행한 회람용 문서에서 힘러는 이 새 조직의 계보와 목표를 밝혔다.

> 레벤스보른 협회는 친위대장이 직접 개인적으로 통솔한다. '인종과 정착 본부' 소속인 이 단체의 목적은 다음과 같다.

1. 인종적·유전적으로 소중한 대가족을 지원한다.
2. 인종과 정착 본부가 가족과 아이의 아버지를 신중히 조사한 뒤 인종적·유전적으로 소중한 아이를 출산하리라 기대되는, 인종적·유전적으로 소중한 임산부를 수용하고 돌본다.
3. 그렇게 태어난 아이들을 돌본다.
4. 그 아이들의 어머니들을 돌본다.

전쟁 중에 태어나 히틀러의 뒤틀린 환상이 남긴 유산을 감당하려 애쓰는 나라에서 평생을 보낸 독일인인 내게도 정신 나간 소리로 들렸다. 이런 해괴한 미친 짓을 가리키는 독일어가 있다. 운글라우블리히(unglaublich), 믿을 수 없다는 뜻이다. 어떻게 사람의 인종적·유전적 가치를 '증명'할 수 있을까? 그리고 그런 해괴한 생각이 어떻게 현실화될 수 있었을까?

어리둥절한 사람은 나만이 아닌 것 같았다. 나는 레벤스보른 시설에 대해 떠돌던 소문을 언급한 자료들도 발견했다. 몇몇 소문은 전쟁 시기까지 거슬러 올라가는 것들인데, 명목상 임산부를 보호한다는 이런 시설들이 실상은 친위대 종축장이라는 소문에 평범한 독일인들이 동요했음을 알 수 있다. 그러니까 친위대의 노른자위들을 적합한 혈통의 여자들에게 소개해 제3제국에 인종적으로 가치 있는 아기들을 번식시키는 곳이라는 소문이었다. 그 소문은 사실이 아니었지만, 레벤스보른을 둘러싼 비밀 때문에 여러 해가 흘러도 소문은 사라지지 않았다. 그러다 보니 나치를 소재로 한 자극적인 영화와 책 중에는 레벤스보른에 대한 이런 오해를 퍼트리는 데 집중하는 장르가 있을 정도다. 한 가지 대표적인 예가 〈사랑하라고 명령받다(Ordered to Love)〉라는 제목에 '나치 번식을 강요받은 아가씨들!'이라는 선정적인 부제가 달린 영화다. 1961년 한 독일 감독이 제작한 이 영화는 인터넷을 통해 널리 퍼졌다.

나는 부끄럽고 끔찍했다. 친위대 종축장 운운하는 이야기들이 말도 안 되는 환상(이자 저속한 영화와 소설을 팔아 이윤을 챙기려는 시도)일 뿐이라는 것은 알았다. 하지만 세상이 레벤스보른을 이렇게 알고 있다면 독일 정부가 이 문제를 공개적으로 말하길 주저하는 것이 놀랍지 않았다. 어쩌면 독일연방 기록보관소가 내 요청에 두 달이 지나도록 답장하지 않는 이유가 바로 이 때문일지도 몰랐다. 혼자서 레벤스보른을 조사하는 데는 한계가 있었다. 레벤스보른이 내 출생에 어떤 영향을 미쳤는지를 찾아내기는 더욱 힘들었다. 나는 도움이 필요했다. 하지만 레벤스보른과 관련된 무엇이든 두꺼운 침묵의 벽에 둘러싸인 것 같았다.

2000년 2월 내 희망은 더 깊이 추락했다. 오스트리아 정부가 마침내 마트코 가족을 찾는 내 편지에 답을 했다. 그런 기록은 현재도 없고, 과거에도 없었다는 내용이었다. 내 여행은 출발도 하기 전에 끝난 듯했다. 오스트리아가 아니라면 나는 어디서 태어났을까?

며칠 뒤 게오르크 릴리엔탈에게서 편지가 도착했다. 그 편지에서 나는 레벤스보른과 그것이 내 인생 어디에 들어맞는지에 대한 믿을 만한 역사적 정보와 단서를 처음으로 얻었다. 그는 나를 기다리는 힘겨운 비밀을 넌지시 암시하면서 조심스럽게 편지를 썼다.

폰 욀하펜 님께

우선 저를 믿고 편지를 보내주셔서 감사합니다. 당신의 신원 자체와 관련된 문제이니까요. 그런 점에서 저는 독일 적십자사의 피셔 씨가 당신과 대화를 나눌 때 신중해서 다행이라고 생각합니다. …… 당신께 사과를 드려야겠습니다. 제 답장이 너무 늦었습니다. 답장을 기다리는 동안 아마 당신의 요청이 적절했는지 의문을 가지셨을 듯합니다. 적절했다고 제가 장담할 수 있습니다.

제 오랜 침묵은 외부적 이유 때문이었습니다. 자료를 정리하고 글을 쓸 시간이 너무 부족했습니다. 하지만 한편으로는 답장을 쓰기가 쉽지 않았습니다. 이 답장이 당신에게 무엇을 뜻하는지 알고 있으니까요. 그래서 1월 초부터 편지를 쓰다 말기를 반복했습니다. 그러면서 저는 당신의 운명이었다고 여겨지는 것을 차분하게, 감정을 섞지 않고 간략히 말씀드리기로 마음먹었습니다. 제 감정이 당신의 감정에 영향을 미치기를 원치 않으니까요.

이제 요청하신 문제에 대해 말씀드리겠습니다. 당신에게 이름이 둘(에리카 마트코와 잉그리트 폰 욀하펜) 있다는 것을 오랫동안 알고 있었다고 하셨습니다. 아마 그게 어떻게 된 일인지 늘 의아했을 겁니다. 상황을 보니 당신의 위탁부모는 그들이 알고 있는 많지 않은 정보마저 솔직하게 알려주지 않은 것 같습니다.

편지를 읽으면서 감정이 복잡해졌다. 불안하고 걱정이 되었지만, 그것들을 관통하는 흥분도 있었다.

내 위탁부모 헤르만과 기젤라는 내 태생에 대한 진실을 말해주지 않았다. 나는 그들이 전후에 긴장 속에서 살았던 탓이거나, 아니면 그들도 내 과거를 잘 모르기 때문이었을 거라고 어느 정도 믿고 있었다. 그러나 릴리엔탈의 편지에서 나는 내 위탁부모가 어쩌면 일부러 정보를 감췄을지 모른다는 가능성을 직시해야 했다.

그리고 그는 내가 기다리던, 어느 정도는 예상했던 사실을 밝혔다. 릴리엔탈은 에리카 마트코라는 이름을 오래전 잊힌 레벤스보른 프로그램의 기록에서 발견했다. 에리카는 레벤스보른이 운영하는 보육원 중 하나에서 키워졌다. 코렌-잘리스에 있는 조넨비제 보육원이라는 곳이었다. 내가 에리카 마트코이므로, 아니 한때 에리카 마트코였으므로 그 말은 곧 내가 레벤스보른의 아이였다는 뜻이다. 더 나아가 릴리엔탈은 헤르만과 기젤라가 이 정보를 내게 일부러 숨겼다고 확신했다.

나는 혼란스러웠다. 내 위탁부모의 거짓을 불편하게 대면해야 했을 뿐 아니라 내가 친위대 직속의, 아직도 수치스럽게 여겨지는 괴상한 나치 조직과 관련 있다는 증거 자료가 등장했으니 말이다. 하지만 내 반응은 대체로 충격보다는 흥분에 가까웠다. 믿기지 않는 이야기였지만, 그래도 내가 누구이며 어디에서 왔는지 마침내 알 기회를 열어주는 이야기였다. 그리고 어떤 면에서 릴리엔탈이 알려준 사실로 나는 조금이나마 마음의 평화를 얻었다. 레벤스보른의 정확한 실체는 아직 알지 못했지만 내가 위탁아동이었다는 사실을 알게

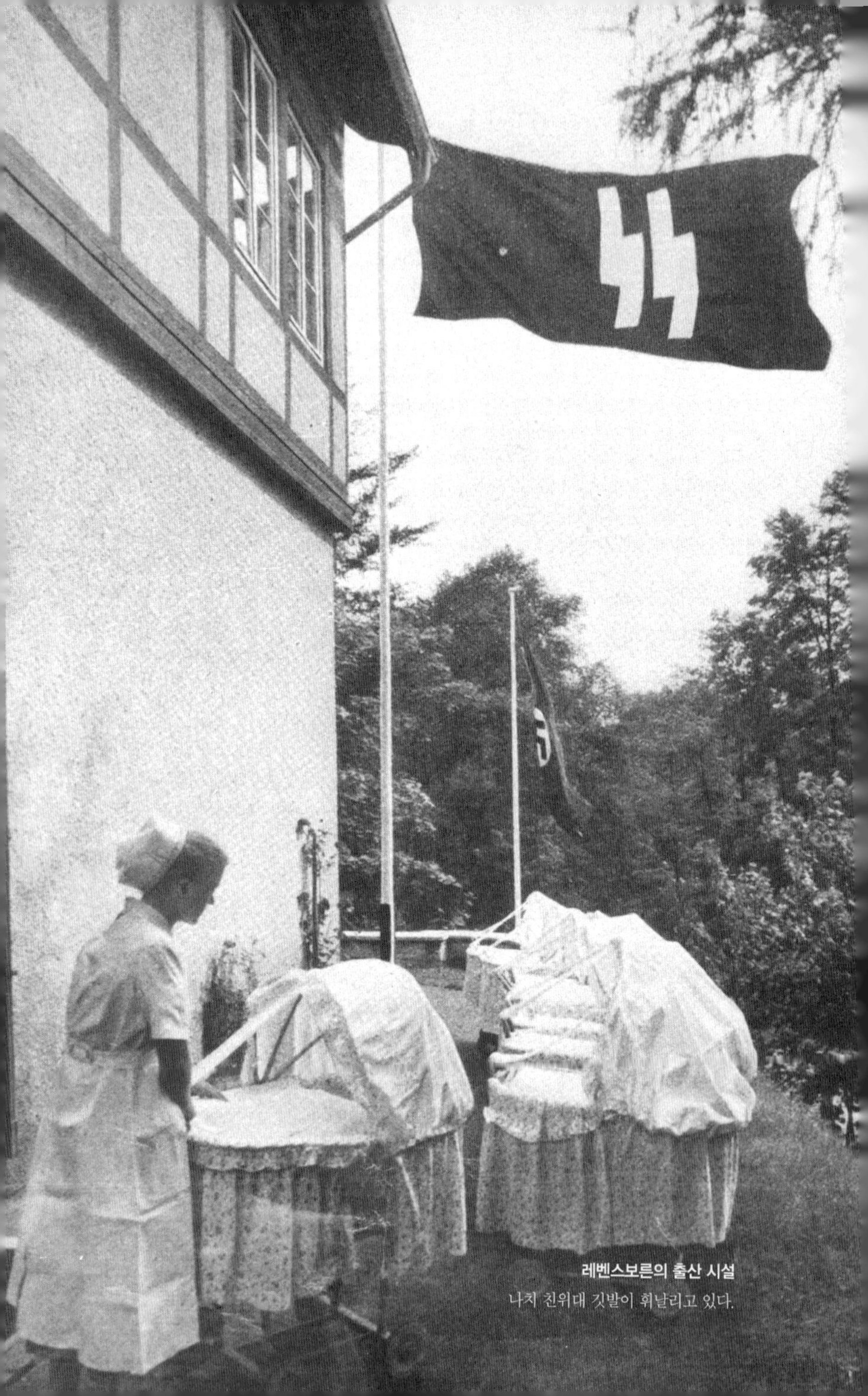

레벤스보른의 출산 시설
나치 친위대 깃발이 휘날리고 있다.

되었을 때부터 떠나지 않던 걱정 하나를 내려놓을 수 있었다.

처음에 내가 조사한 내용대로 레벤스보른이 나치가 사람들의 감정을 무시한 채 자신들의 필요에 따라 운영했던 정치적 프로그램이었다면 내 친부모가 나를 포기한 것도 정치적 이유 때문이었을 것이다. 내가 두려워해온 것처럼 그냥 나를 키우고 싶지 않아서가 아니었다. 만약 그런 이유였다면 나는 훨씬 속상했을 것이다. 이런 생각에 위안이 되기는 했지만 두려움이 아예 사라지지는 않았다. 나는 전쟁이 끝난 지 거의 60년이 지난 뒤에도 여전히 공포와 혐오를 불러일으키는 조직과 관련이 있었다. 내가 알아봐야 할 나치 단체의 목록은 점점 늘어났고, 거기에 나치 친위대가 추가되었다.

릴리엔탈의 편지에는 놀라운 정보가 더 있었다. 내가 레벤스보른의 운영에 대해 거의 모른다는 것을 깨달은 그는 아이들이 어떻게 조넨비제 보육원에 도착했는지 설명해주었다. 제3제국의 인구 증가를 위해 힘러가 추진한 계획의 일환으로 레벤스보른 출산 시설에서 태어난 뒤 보육원으로 보내진 아이들도 있었지만, 분명 납치되어 온 아이들도 있었다는 것이다.

레벤스보른 출산 시설에서 태어난 아이들은 사생아인 독일 아이들로, 독일 가정에 위탁양육되거나 입양될 아이들이었습니다. 하지만 코렌-잘리스의 보육원에는 독일이 점령한 국가에서 납치해 온 아이들도 있었습니다. 독일화를 위해 뽑힌 아이들이지요.

'독일화'? 처음 듣는 단어였다. 왜 나치는 그들이 침략한 나라의 아이들을 납치해 왔을까? 히틀러와 그의 심복들은 정복된 나라의 사람들을 말 그대로 '인간 이하'로 여겼다던데 말이다. 그리고 무엇보다 어떻게 이 독일화가 내 이야기와 관련 있단 말인가?

레벤스보른은 전쟁에서 승리한 뒤 입양을 추진할 의도로 독일인 위탁가정과 손을 잡았습니다. 그러나 제3제국의 몰락으로 이 계획은 실현되지 못했습니다. 외국 아이들 대부분은 고국으로 돌아갔습니다. 그러나 몇몇은 위탁가정과 함께 독일에 남았습니다.

여기에는 여러 다른 이유가 있었습니다. 몇몇 위탁부모는 위탁아동을 아꼈습니다. 하지만 몇몇 위탁부모는 아이들이 외국 태생이라는 것을 숨겼지요. 아이들에게조차 말하지 않았습니다. 아이를 뺏길지 모른다는 두려움, 아이들이 고국을 그리워하리라는 두려움 때문이었습니다. 결국 위탁자녀들의 사랑과 애정을 잃을까 두려워한 것이지요. 또 주변의 적대감과 적응 문제로부터 아이들을 보호하려는 의도도 있었고요.

이런 이유들로 아이들은 전후에 정식으로 입양되지 못했습니다. 게다가 입양에 필요한 서류도 없는 경우가 많았습니다.

몇몇 연합국은 아이들을 억지로 돌려보내지 않았습니다. 그리고 친부모가 사망한 아이들도 있었기 때문에 이런 경우 본국 행정당국의 동의를 얻어 독일 가정에 계속 남기도 했습니다.

여기까지 말한 다음 릴리엔탈은 가장 충격적인 소식을 전했다.

폰 욀하펜 씨, 혹시 당신이 독일인 부모에게서 태어나지 않았다고 생각하십니까? 저는 당신의 이름 '에리카 마트코'와 당신의 위탁부모인 '폰 욀하펜'의 이름을 독일연방 기록보관소의 문서들을 통해 여러 해 동안 알고 있었습니다. 저는 20년 넘게 레벤스보른을 연구했고 레벤스보른 아이들의 이야기를 많이 알고 있습니다.

레벤스보른이 폴란드와 유고슬라비아, 체코슬로바키아에서 독일화를 위해 데려온 아이들의 명단과 전 레벤스보른 직원들의 기록과 증언에 아이들의 이름이 언급됩니다. 레벤스보른 관리자들은 동유럽에서 데려온 이 아이들을 오스트-킨더(Ost-Kinder, 동쪽 아이)라고 불렀지요.

저는 당신에게 마음의 평화를 찾아줄 (출생증명서 같은) 서류는 보여드릴 수 없지만, 당신이 유고슬라비아 태생이라고 추측할 만한 서류는 갖고 있습니다.

제 편지를 읽으신 뒤 아마 이렇게 물으실 겁니다. "그러면 이제 어떻게 해야 하나?" 제가 그 질문에 답변을 드릴 수는 없습니다. 하지만 당신이 누구인지 계속 조사하고 싶으시다면 기꺼이 도와드리겠습니다. 언제든지 연락을 주십시오.

납치, 독일화, 오스트-킨더. 너무나 낯선 단어와 개념 들이었다. 내가 처음 조사를 시작할 때 짐작했던 것과는 너무 동떨어진 말들이어서 어떻게 받아들여야 할지 알 수 없었다. 오스트리아 정부가 바트 자우어브룬이나 그 근처에서 마트코 가족의 흔적을 찾을 수 없다고 알려주긴 했지만, 나는 내 과거로 돌아가는 여정이 어쨌든 오스트리아에서 시작되리라고 여전히 생각하고 있었다. 어떤 면에서 그건 위안을 주기도 했다. 인스브루크에서 보낸 시간 덕택에 오스트리아는 내게 친숙했다. 게다가 언어 장벽도 없었다. 독일어는 오스트리아의 공용어였다. 그런데 이제 나는 원점에서 다시 출발해야 했다. 그것도 내가 들어본 적조차 없는 언어로. 더군다나 유고슬라비아는 이제 더는 존재하지도 않았다. 철의 장막의 마지막 국가였던 유고슬라비아는 피비린내 나는 내전으로 해체된 뒤 몇 개의 신생국들로 쪼개졌다. 어디서, 어떻게 시작한단 말인가?

나는 게오르크 릴리엔탈의 말을 믿기로 했다. 나는 그에게 편지를 써서 안내를 부탁했다. 나는 내 과거를 찾는 여행 내내, 비틀거리며 내딛는 걸음마다 기꺼이 내게 시간과 지식을 내줄 사람들을 만나는 행운을 누렸다. 그들 중 릴리엔탈 박사가 처음이자 가장 중요한 길잡이였다. 그는 내게 베를린에 있는 독일 정부의 두 부처에 편지를 보내야 한다고 알려주었다. 외무부와 내무부였다.

나는 그의 도움을 받아 편지를 작성했다. 내 상황을 설명하고 내가 전 유고슬라비아에서 레벤스보른 프로그램으로 독일에 오게 되었으리라는 믿음을 피력했다. 그리고 동유럽의 외무부 및 내무부 직원들과 접촉할 수 있도록 도움을 청했다.

그러나 내 요청은 무시되었다. 두 부처 모두 퉁명스럽고 비협조적인 답장을 보내 나를 위해 아무것도 해줄 수 없다고 했다. 그들이 제안할 수 있는 유일한 방법은 슬로베니아 정부에 편지를 써보라는 것이었다. 한때 히틀러 제3제국이 지배했던 유고슬라비아의 중앙부에 등장한 신생국가에 말이다.

비슷한 시기에 나는 오래전 독일연방 기록보관소에 보냈던 문의에 대한 답신도 받았다. 그것도 도움이 되지 않았다. 기록보관소는 내 과거와 관련된 자료가 없다고 주장했다. 어떤 패턴 같은 것이 그려지는 듯했다. 어떤 정부 기관도 내 조사를 돕는 일에 관심이 없어 보였다. 게오르크 릴리엔탈이 이미 같은 기록보관소에서 에리카 마트코와 조넨비제 보육원에 관련된 문서를 찾아냈다고 했으므로 독일 공무원들이 레벤스보른에 대해 말하기를 주저하는 게 틀림없었다. 이후 여러 달 동안 나는 이런 벽에 거듭 부딪혔다.

게오르크 릴리엔탈은 덜 알려진, 다른 기록보관소 두 곳을 내게 알려주면서 그곳에서 레벤스보른에 대한 정보를 발견하게 될지 모른다고 말했다. 그리고 자신의 인맥을 동원해 내가 슬로베니아의 누구에게 편지를 써야 할지 알아보겠다고 했다.

돌이켜보면 이때가 내 조사의 결정적인 시점이었다. 그때부터 나는 되돌아갈 생각이 없었다. 내가 현대 독일 곳곳의 기록보관소에서 먼지 쌓인 서류 상자들을 파헤치기 시작했을 때부터 내가 무엇을 들추게 될지, 어떤 비밀을 파내게 될지는 보장할 수 없었다. 하지만 그랬다는 것일 뿐 나는 잠시라도 멈출 생각이 없었다. 너무나 오랫동안 내 과거를 회피해온 내가 이제는 나에 대해, 더 나아가 나를 키운 사람들에 대해 알아낼 수 있는 것은 무엇이든 찾아내기로 마음먹었다. 그것이 사람들이 불편해할 질문을 던지는 것을 뜻한다면, 글쎄, 그러라지. 어쩌겠는가. 그때 나는 내가 가는 길이 나를 어디로 이끌지, 그 길에서 어떤 고통을 마주하게 될지 알지 못했다.

8장

바트아롤젠

"아돌프 히틀러는 북유럽 인종이 세상에서 가장 창의적이며 가치 있는 인종임을 깨닫도록 했습니다. 그러므로 귀중한 북유럽 혈통을 돌보는 것은 중요한 과제입니다."

하인리히 힘러
친위대 출판물 〈인종 정치(Racial Politics)〉(1943)에서

바트아롤젠은 그림엽서에 나올 법한 풍경을 자랑하는 독일의 소도시다. 이곳에 국제심인서비스(International Tracing Service, ITS) 기록보관소가 있다. 이 건물의 여러 층에 두서없이 흩어져 있고, 부속 건물까지 빼곡하게 채운 3,000만여 개의 문서철에는 나치의 범죄에 희생된 사람들의 기록이 담겨 있다.

나치가 꼼꼼한 기록 관리자였음은 현대사에서 새로울 것 없는 사실이다. 국제심인서비스 기록보관소에 보관된 자료가 그것을 증명한다. 한 줄로 세우면 26킬로미터에 달하는 원본 자료와 233킬로미터에 가까운 마이크로필름이 보관돼 있다. 릴리엔탈 박사에 따르면, 이 어마어마한 서류 더미 어딘가에 내가 어떻게 레벤스보른 프로그

램의 일부가 되었는지 알려줄 기록이 있을지 몰랐다.

2000년 이른 봄, 나는 이곳에 내 태생을 조사하는 데 도움이 될 자료를 찾도록 도와달라는 편지를 보냈다. 이론상으로는 당연한 요청이었다. 그것이 나치 희생자와 그 가족을 찾아주는 국제심인서비스가 세워진 목적이었으니까. 그러나 내가 차츰 깨닫게 된 것처럼 이론과 현실은 거리가 멀었다. 현실 정치는 종종 그 둘 사이의 거리를 더 벌려놓았다.

1943년 연합군 최고사령부는 영국 적십자 국제분과에 실종자 신고와 심인 서비스를 마련하도록 요청했다. 제2차 세계대전이 한창이었지만, 미국과 영국 정부는 전쟁으로 난민과 실종자가 엄청나게 발생할 것을 예측하고 그 여파에 대비할 계획을 세우기 시작한 것이다. 1944년 2월 중앙심인국(Central Tracing Bureau, CTB)이 세워졌다. 전선이 동쪽으로 이동하고 여러 지역이 차례차례 독일군으로부터 해방되면서 중앙심인국은 런던에서 베르사유, 그리고 프랑크푸르트를 거쳐 1946년 바트아롤젠에 자리를 잡았다. 조사원들은 이곳에 나치 문서의 기록보관소를 만들기 시작했다.

제3제국의 영토였던 곳들에서 문서가 모였다. 연합군은 강제수용소와 절멸수용소, 독일군 야전 사무소와 나치 중앙 문서실 등에서 각종 문서를 찾아냈다. 이 문서들을 토대로 중앙심인국은 강제노동에 끌려가거나 투옥되거나 홀로코스트로 학살된 수천만 명의 운명을 재구성하기 시작했다.

처음부터 연합군은 이 전례 없는 활동의 목표를 두 가지로 정했는데, 이 두 목표는 가끔 서로 충돌하기도 했다. 하나는 뉘른베르크 전범재판에 대비해 믿을 만한 증빙서류를 준비하는 것이었다. 역사상 처음으로 한 나라의 살아 있는 지도자들이 새로 제정된 반인도적범죄와 침략전쟁에 공모한 죄, 유대인과 동유럽인을 비롯한 수많은 사람을 대량 학살한 죄로 공개재판에 회부될 터였다.

더 장기적인 또 다른 목표는 전쟁 생존자, 특히 홀로코스트 생존자들이 가족을 찾고, 가능하다면 궁극적으로 가족과 재회할 수 있게 도움을 주는 시스템을 만드는 것이었다. 따라서 중앙심인국은 확보한 문서를 토대로 나치에 희생되었다고 여겨지는 사람들의 주요 인명 색인을 만들기 시작했다.

연합국이 처음부터 이 사업의 규모를 예상했는지는 모르겠지만, 그들은 곧 엄청난 사례에 압도되고 말았다. 주요 인명 색인만 5,000만 명에 달했고, 손으로 직접 작성한 색인 카드 한 장 한 장마다 산더미 같은 문서들이 첨부되었다.

해가 지나면서 이 어마어마한 사업을 관리하고 재정을 책임질 조직이 여러 차례 바뀌었다. 1947년 7월 국제난민기구가 운영을 맡으면서 이름을 국제심인서비스로 바꾸었다. 4년도 채 되지 않아 관리는 연합국 고등판무관사무소로 넘어갔다. 미국과 영국, 프랑스가 각자 차지한 독일 점령지를 관리하기 위해 세운 연합기구였다. 1954년 독일의 피점령국 지위가 철회되자 국제심인서비스는 국제적십자위원회로 이관되었다. 국제적십자위원회는 즉시 모든 일상 업무를 운영할 관리자를 적십자 측에서 임명할 뿐 아니라, 관리자는 모두 스위스 시민권자여야 한다고 주장했다. 일련의 유감스러운 재정적·행정적 책임 전가 속에서 국제심인서비스는 전후의 방대한 기록 관리

임무의 신데렐라 신세가 되고 말았다.

1955년 서독을 공식 국가로 인정한 본 협정(Bonn Agreement)이 이행되면서 상황은 더욱 나빠졌다. 이 협정의 조항에 따라 나치 희생자나 그 가족에게 피해를 줄 수 있는 어떤 자료의 공개도 금지되었다. 아무리 좋은 의도였다 해도 이 조항 때문에 일반인은 국제심인서비스 기록보관소에 사실상 접근할 수 없었다. 역사학자와 언론인들의 자료 열람도 허락되지 않았다. 나치 희생자는 원칙적으로 직접 관련된 자료를 요청할 수 있었지만, 그것 또한 현대 유럽의 현실 정치에 가로막혔다.

내가 그곳에 도움을 요청한 2000년 초 독일 의회는 나치의 강제 노동으로 고통받은 생존자에 대한 배상 기금을 조성하라는 압력을 받고 있었다. 약 100만 명으로 추정되는 이 생존자들은 동유럽에서 끌려와 히틀러의 전쟁 기계를 굴리는 고된 노동을 강요받았던 사람들이었다. 곧 독일 하원은 기억·책임·미래재단을 설립하는 법을 통과시켜 피해를 증명할 수 있는 사람들에게 배상하도록 했다. 피해를 증명할 증거는 주로 국제심인서비스에 보관돼 있었다. 법이 통과되자마자 신청서가 봇물 터지듯 밀려들었고, 다른 모든 문의는 무시되거나 제대로 처리되지 않았다. 그중에 내 편지도 있었다. 나는 서류철에서 나와 관련된 흔적을 찾을 수 없다는 취지의 짧은 답장을 받았다. 나중에 알게 되었지만, 그 답장은 사실이 아니었다.

국제심인서비스 기록보관소가 대중에게 완전히 개방되기까지 7년이 걸렸다. 이 잃어버린 7년은 내 진짜 가족을 찾는 일에 끔찍한 영향을 미쳤다. 그러나 당시 이 기록보관소를 둘러싼 비밀의 장막을 걷으려는 내 노력에 관한 이야기는 잠시 접어두고, 먼저 레벤스보른의 기원을 들려주는 편이 좋겠다.

나치의 전쟁 기구들에서 모은 수백만 점의 문서 중에는 하인리히 힘러의 개인 서류도 많았다. 이 문서들은 국제심인서비스로 보내졌고, 별개의 서류철들에 보관되었다. 서류철 하나하나는 친위대장 힘러가 세운 무수히 많은 조직뿐 아니라 그 조직들을 뒷받침하는 해괴하고 강박적인 신념들을 망라했다.

피의 순수성을 이유로, 한 종족이 다른 종족보다 우월하다는 위험한 생각은 19세기 말 수십 년 사이에 등장했다. 1920년대 초에는 이런 생각을 기초로 한 '과학'이 서구 세계로 퍼졌다. 이른바 우생학은 다른 사람들보다 더 우량한 특질을 지닌 부류가 있으므로, 우수 인종이나 계급은 더 많이 번식하도록 장려하고, 열등한 부류의 번식은 통제함으로써 전반적인 인간의 유전형질을 개선하는 것이 당연히 옳다고 주장했다. 지금으로서는 충격적인 주장이지만 당시에는 허버트 조지 웰스•를 비롯한 저명한 영국 작가들과 현대 피임의 창시자 마리 스톱스, 미국 대통령 우드로 윌슨과 시어도어 루스벨트까지 이런 주장을 지지했다.

우생학 관련 협회들이 속속 생겨났는데 종종 부유한 미국 재단의 재정 지원을 받았다. 이들은 (1911년 카네기 재단의 후원을 받은 연구 논문의 표현에 따르자면) '결함 있는 생식질을 인류로부터 차단할 가장

• 현대 과학소설의 아버지라 불리는 영국의 소설가이자 비평가로, 《우주 전쟁》, 《타임머신》, 《투명 인간》 등의 작품을 남겼다. 그의 초기 소설들에는 당시 유럽에 널리 퍼져 있던 우생학적 사고가 반영돼 있다.

실용적인 수단'으로 불임수술과 안락사를 널리 장려했다.

이런 신념과 분위기는 나치에 안성맞춤이었다. 우생학은 독일인이 아리아인 초인 종족(때때로 북유럽 인종이라고도 표현하는)의 진정한 후손이며 다시 세상을 지배할 운명을 타고났다는 나치의 비논리적인 신념을 뒷받침했다. 히틀러는 이런 생각을 이미 《나의 투쟁》(1925)에서 밝혔다.

> 인류 문화의 산물, 오늘날 우리가 접하는 예술과 과학, 기술의 성취는 거의 전적으로 아리아인의 창조물이다. 이런 사실을 근거로 우리는 아리아인이 우월한 인류의 시조이자 우리가 '사람'이라고 부르는 존재의 핵이라는 결론을 이끌어낼 수 있다.
>
> 우리는 우리 종족의 생존과 재생산, 우리 후손들의 양육을 위해, 우리 피의 순수성을 지키기 위해 싸워야 한다.

4년 뒤 히틀러는 당대회 연설에서 다시 이렇게 주장했다.

> 독일이 한 해에 100만 명의 아이를 얻고, 70만~80만의 나약한 자들을 제거한다면 궁극적으로 국력은 증대할 것입니다.

총통의 가장 열렬한 심복인 하인리히 힘러는 히틀러의 말을 이어받아 후렴구를 열창했다. 같은 해 힘러가 친위대장으로 임명됐을 때 그는 고위 장교들에게 이렇게 연설했다.

우리가 독일과 주변에서 북유럽 인종을 성공적으로 다시 일으키고 …… 이 모종판에서 우리 종족 2억 명이 생산된다면, 그때 세상은 우리 것이 될 것이다. 그러므로 우리의 소명은 다음 세대가 역사를 창조할 수 있도록 토대를 닦는 것이다.

히틀러는 자신의 신념을 실행하기 위해 정권을 잡은 직후인 1933년에 '유전질환자 후손출산 방지법'을 제정했다. 이 법에 따라 의사들은 가임기 여성 환자들의 유전질환을 낱낱이 등록해야 했다. 지시에 따르지 않으면 꽤 많은 벌금을 물 수도 있었다. 새로운 법의 첫 조항은 (나치가 보는) 문제와 그 주요 원인을 제시한다.

국가사회주의 혁명(히틀러가 합법적으로 권력을 장악하게 된 준합법적 쿠데타) 이후 여론은 인구정책과 지속적인 출산율 감소에 매달리고 있다.

그러나 심각하게 우려해야 할 문제는 인구 감소만이 아니라, 우리 종족의 유전자 구성이 갈수록 쇠락하고 있다는 것이다.

대대로 건강한 가정은 자녀를 대체로 한두 명만 낳는 반면, 열등한 자들과 유전질환자들은 병들고 불우한 후손을 무제한 번식하면서 공동체에 짐을 지우고 있다.

나치가 보기에 해결책은 분명했다. 불임수술이었다. 기준 미달로 여겨지는 사람들의 불임화를 집행하려고 유전건강법원 181곳이 세워졌다. 이 야만적인 계획의 즉각적인 효과는 항소 건수와 결과로

가늠해볼 수 있다. 1년도 채 되지 않아 4,000여 명이 불임수술을 집행하라는 법원의 판결에 항소했다. 5년 뒤 제2차 세계대전이 시작될 무렵까지 적어도 32만 명이 이 법에 따라 강제로 불임수술을 받았다.

그러나 이 가혹한 법은 민족의 혈통을 오염시키거나 약화하는 이른바 '열등 인자' 문제를 다루었지만, 그 민족의 혈통이라는 것이 무엇인지는 정의하지 않았다. 1935년 9월 대표적인 나치 의사 게르하르트 바그너가 연설에서 정부가 곧 '독일 혈통 수호를 위한 법률'을 도입할 것이라고 발표했다. 며칠 안에 이 법은 뉘른베르크법으로 성문화되었다.

이 법은 나치 독일의 국민을 네 부류로 나누었다. 네 명의 조부모가 모두 독일 혈통이라면 '독일이나 동족 혈통'으로, 네 명의 조부모 가운데 한두 사람이 유대인이라면 '혼혈'로 분류되었다. 혼혈인은 다시 가치에 따라 두 등급으로 나뉘었다. 한편 조부모 네 명 중 서너 사람이 유대인이라면 구제의 가능성 없이 유대인으로 분류되었다.

'독일이나 동족 혈통'으로 공식 등록된 사람만 '인종적으로 용인'되며 제국시민(Reichsbürger) 지위를 받을 수 있었다. 혼혈인은 그보다 못한 국민(Staatsangehörige)으로 분류되었다. 유대인으로 분류되는 순간부터 모든 시민권을 박탈당했고, 아리아인과 비아리아인의 결혼은 불법이었다.

나치는 이런 인종 분류의 형식을 갖추기 시작하면서 일련의 공식 서류들을 도입했다. '아리아인 인증서'라는 서류를 지닌 사람은 아리아인 인종의 진정한 구성원임이 증명되었다. 1800년까지 거슬러

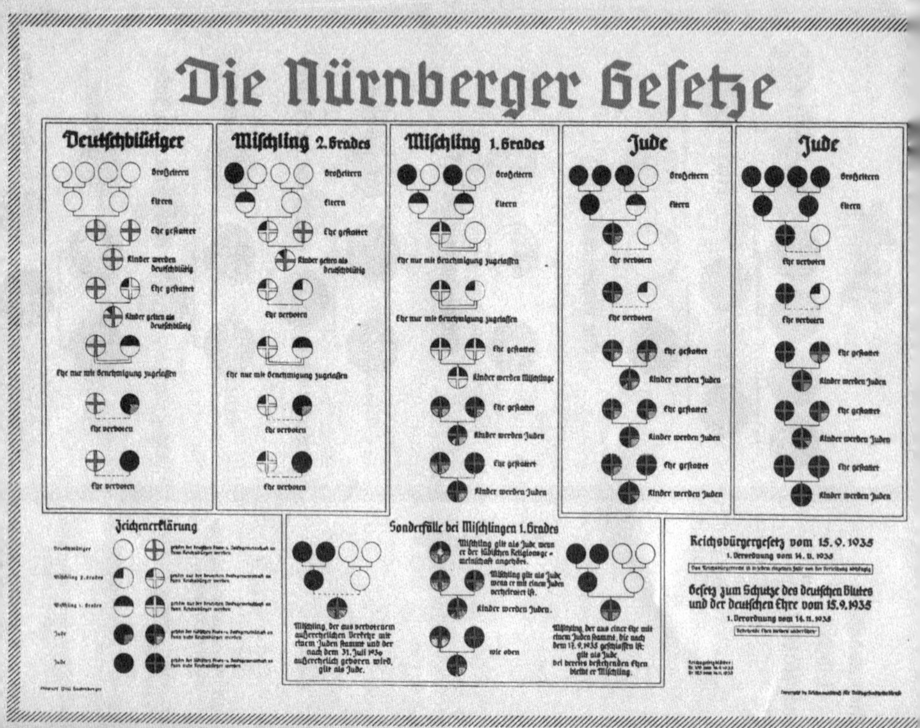

1935년 뉘른베르크법의 인종 식별표

독일인과 혼혈인, 유대인의 인종 분류를 보여준다. 네 명의 독일인 조부모를 지닌 사람만 독일 혈통으로 간주되었다.

올라간 인종적 혈통에서 '부계로나 모계로나 유대인이나 유색인 혈통의 조상이 전혀 없음'을 증명하는 기준에 부합하는 사람에게는 '대(大)아리아인 인증서'가 수여되었다. 자신과 부모, 조부모를 포함해 출생증명서나 세례증명서 일곱 개와 부모와 조부모의 결혼증명서 세 개만 제출할 수 있는 사람들은 낮은 등급인 '하급 아리아인 인증서'를 받았다.

관료주의적 광기는 여기서 끝나지 않았다. 나치 독일의 삶에서 필수인 서류가 두 개 더 있었다. 아리아인 조상 확인증(Ahnenpass)은 교회 기록을 토대로 작성된 문서로, 조상의 인종적 특성을 기록했다. 말 그대로 '조상의 여권'인 셈이었다. 이 서류를 보완하는 것이 족보(Ahnentafel)로, 가계도를 표로 옮긴 버전이었다.

뉘른베르크법과 이 법에서 파생된 해괴한 인종 인증서들은 유대인 몰살을 위한 '최종 해결', 곧 홀로코스트에 이르는 초석이자 유대인 절멸 정책의 뒷면이라 할 정책의 초석이었다. 그 뒷면은 바로 히틀러의 천년 제국을 통치할 순수 혈통의 새로운 지배 인종을 창조하는 것이었다. 그 목표를 이루어낼 조직이 레벤스보른이었고, 그 설계자는 하인리히 힘러였다.

힘러의 서류 중에는 그가 직접 레벤스보른 설립 취지를 설명하는 자료도 있는데, 그는 자신의 동기가 자애롭고 이타적이라고 주장했다.

> 내가 레벤스보른 출산 시설을 만드는 이유는 혼외 출산을 앞둔 불행한 소녀가 …… 미덕의 귀감에 따라 그녀를 비난하고, 푸대접할 자격이 있다고 생각하는 모든 이에게 구박받는 것이 옳지 않다

고 믿기 때문이다. …… 국가가 도와줄 시설을 제공하지 못하는 상황에서 그녀가 벌을 받는 것은 옳지 않다.

출산 시설에서 모든 여성은 이름으로 불린다. 누구는 마리아 양이고 누구는 엘리자베트 양이다. 자신의 이름이 무엇이든 그 이름으로 불릴 것이다. 시설 내에서는 아무도 그들의 결혼 여부를 묻지 않는다. 우리는 그들을 교육하고 보호하고 돌볼 뿐이다.

이 말이 사실이라 해도 레벤스보른이 갑자기 임신하게 된 모든 여성에게 열려 있지 않았다는 것을 기억해야 한다. 유대인 여성과 혼혈인들은 인종적으로 가치가 없다고 여겨졌기 때문에 그곳에 들어갈 수 없었다.

친위대장 힘러의 서류들은 전쟁이 다가오면서 레벤스보른 프로젝트의 목적이 달라졌음을 보여준다. 레벤스보른을 움직이는 것은 더는 독일 국민 내에서 순수 아리아인 혈통을 늘리겠다는 욕망만이 아니었다. 1939년 10월이 되자 가까운 미래를 숙고하던 힘러는 미래의 지배 인종을 창조하는 자신의 계획에 닥칠 위협을 감지했다.

모든 전쟁은 가장 뛰어난 피의 막대한 손실을 수반한다. 무력으로 얻은 승리는 한 민족의 생명력과 혈통의 관점에서 보자면 파괴적인 패배다. 전쟁에는 슬프게도 뛰어난 남자들의 죽음이 뒤따르기 마련이다. 그들의 죽음은 그 자체로 비탄할 일이지만, 전쟁이 낳는 최악의 결과는 아니다. 훨씬 더 가혹한 결과는 전쟁 중에 살아 있는 사람들에게서나 전쟁 뒤 죽은 자들에게서 아이들이 태어나지 않는다는 것이다.

그래서 그는 휘하의 남자들에게 혁명적 명령을 내린다. 친위대와 경찰의 모든 대원에게 배포된 '기밀' 성명서에서 친위대장 힘러는 결혼을 했든 안 했든 다음 세대를 낳아 제국에 신성한 의무를 다하라고 지시했다.

1939년 10월 28일, 베를린

다른 상황이라면 필요했을 부르주아 법과 관습의 한계를 넘어, 좋은 혈통의 독일 여성과 소녀 들이 살아 돌아올 수도 죽을 수도 있는 병사들과 가벼운 관계가 아니라 도덕적 진지함에서 비롯된 혼외 관계를 통해 아이들을 낳는 일은 고귀한 임무가 될 수 있다.

지난 전쟁 때 많은 병사가 전쟁 기간에 아이를 더는 낳지 않겠다고 결심했다. 이는 그들이 전사한 뒤 아내를 궁핍과 빈곤 속에 남겨두지 않겠다는 책임감에서 우러난 결정이다. 그러나 친위대원은 이런 걱정을 할 필요가 없다. 우리는 다음 규정을 통해 그런 우려를 불식할 것이다.

1. 아버지가 전쟁에서 전사한 좋은 혈통의 자녀들은 혼외 자녀를 포함하여 모두 내가 직접 선택한 특별한 대표자들에게 친위대장의 이름으로 후견인을 맡길 것이다. 우리는 이 자녀들의 어머니들을 지원하고 아이들이 성인이 될 때까지 교육과 물질적 지원을 책임짐

으로써 어머니들이 고통받지 않도록 하겠다.

2. 전쟁하는 동안 친위대는 전시에 태어난 혼외 자녀를 포함한 모든 아이와 필요한 경우에는 임산부들을 보살필 것이다. 전쟁이 끝나고 아버지들이 돌아오면 친위대는 개인이 제출한 충실한 지원서를 근거로 후한 물질적 지원을 추가로 제공할 것이다.

독일의 희망인 아이들의 어머니와 친위대원 들이여, 총통에 대한 그대들의 믿음으로, 우리의 혈통과 민족의 생명을 위해서, 기꺼이 독일을 위해 생명을 재창조할 준비가 되었음을 독일을 위해 싸우고 죽는 법을 아는 것만큼이나 용감하게 증명하라.

이 명령은 자유로운 성관계를 승인만 하는 것이 아니었다. 사실상 요구했다. 인종적으로 순수한 남녀는 결혼을 했든 안 했든 성관계를 갖고 아이를 낳을 것을 명령받았다. 민족의 '좋은 혈통'을 지킬 수 있도록 말이다. 이 명령대로라면 사생아를 낳더라도 경제적 곤란과 사회적 낙인이 없을 터였다.

힘러의 명령이 얼마나 급진적인지는 두 말할 필요도 없다. 나치가 6년째 권력을 쥐고 가족의 전통적 토대를 흔드는 많은 일을 했지만, 당시 독일은 여전히 종교적으로 보수적인 사회였다. 혼외 성관계는 금기였고, 대중도 교회도 사회적 관습을 기꺼이 포기할 마음이 없었다.

심지어 나치당과 독일 국방군 대표들조차 친위대장의 새 인구정책에 불쾌함을 드러냈다. 하지만 힘러는 물러서지 않았다. '출산 명령'을 내린 석 달 뒤, 그는 휘하의 부대에 집요하고 완고한 성명서를 내려보냈다.

친위대장 겸 독일경찰청장
1940년 1월 30일, 베를린

친위대와 경찰 전원에 내리는 친위대 명령

제군은 전쟁 중에도 가능하다면 자녀를 낳을 의무를 상기시킨 1939년 10월 28일자 명령을 알고 있다.

품위 있게 구상되었고 품위 있게 수용되었던 이 발표는 매우 긴요한 문제들을 제시하고 솔직하게 논의한다. 그런데 이것이 몇몇 사람에게 오인과 오해를 일으켰다. 그러므로 나는 어떤 의혹과 오해가 있으며, 그런 의혹과 오해에 뭐라고 답할지 제군 각자가 알아야 한다고 생각한다.

반론을 일으킨 부분은 혼외 자녀가 존재하며, 이런 혼외 자녀를 낳는 미혼 독신 여성이 늘 있었고, 앞으로도 있을 것이라고 분명히 언급한 부분이었다.

이 문제에 대해 왈가왈부할 뜻은 전혀 없지만, 이 문제에 대한 최고의 응답은 총통 대리가 미혼모에게 보내는 편지다. 이 편지를 1939년 10월 28일자 명령과 함께 동봉한다.

총통 대리는 루돌프 헤스였다. 그는 1939년 크리스마스에 발행된 나치당 기관지 《푈키셔 베오바흐터》에 익명의 미혼모에게 보내는 공개편지를 발표해 새로운 도덕성을 피력했다.

> 국가사회주의의 철학은 국가가 당연히 가족에게 주어야 할 역할을 가족에게 맡기는 것입니다. 그러나 특별한 국가적 비상시에는 우리의 기본 원칙과는 다른 조치를 내릴 수 있습니다. 특히 우리의 가장 뛰어난 남자들이 전사하는 전시에는 모든 새 생명이 특히 국가에 중요합니다. 그러므로 인종적으로 인정받을 만한 청년이 군복무를 위해 떠날 때 그와 마찬가지로 건강한 유전적 특징을 지닌, 적당한 연령의 여성을 통해 자신의 피를 미래세대로 전달할 자녀를 남긴다면 …… 이 귀중한 국가 자산을 보호하기 위한 조치가 취해질 것입니다.

힘러는 당시 히틀러 정권의 권력 서열에서 더 인정받는 헤스를 정치적 엄호로 삼았음이 분명하다. 하지만 친위대에 대한 힘러의 지배력은 절대적이었고, 다음 세대의 근본적인 중요성에 대한 그의 믿음은 흔들리지 않았다.

> 〔내 원래 명령에 대한〕 가장 큰 오해는 '부르주아 법과 관습의 한계를 넘어'라는 부분과 관련이 있다. 몇몇 사람은 이 대목이 친위대원들로 하여금 현역 군인의 아내들에게 접근하도록 부추긴다고 오해했다. 우리로서는 참으로 이해할 수 없는 오해이지만 이 문제를 짚고 넘어가야겠다.

이런 의견을 퍼트리거나 반복하는 사람들은 독일 여성들을 어떻게 생각하고 있는가? 인구 8,200만 명의 나라에서 몇몇 남자가 비열한 동기나 인간으로서의 약점 때문에 유부녀에게 접근할 수도 있지만, 유혹에는 쌍방이 필요한 법이다. 유혹하는 자와 유혹을 받아들이는 자.

동지의 아내를 유혹하지 않는다는 우리의 원칙은 제쳐두고라도 독일 여성들은 자신들의 명예를 가장 훌륭하게 지키는 사람들이다. 그 어떤 다른 견해도 독일 여성에 대한 모욕으로, 모든 남자에 의해 만장일치로 거부되어야 한다.

힘러의 그 모든 분노의 항변에도 불구하고, 이런 항변은 그가 혼외 성관계를 조장한다는 비난을 명백히 부인하지 못했다. 몇 년 동안 나치 조직 내의 도덕적 해이에 대한 우려가 커져갔다. 1937년 여름 나치당의 선전부장인 괴벨스에게 보내는 공개 서한 몇천 부가 몰래 인쇄되어 독일 곳곳에 배포되었다. '미하엘 게르마니쿠스'라는 가명으로 서명된 이 공개 서한은 국가사회주의 운동 곳곳의 성적 문란을 신랄하게 비난했다.

…… 전원 시설과 히틀러유겐트 캠프의 성적 방종. 캠프의 부도덕과 '어린 엄마'가 되는 독일소녀연맹의 소녀들…….

이 서한을 소지한 자들을 투옥해도, 힘러가 자신의 '출산 명령'에 대해 변명을 해봐도 레벤스보른 출산 시설이 친위대 장교와 그에 적합한 아리아인 여성과의 성관계에 이용되고 있다는 뿌리 깊은 대중의 불안을 완전히 잠재우지는 못했다. 때로는 힘러의 발언 자체가 근거 없는 소문에 기름을 붓기도 했다. 가장 두드러진 예는 레벤스보른 프로젝트에서 친위대의 역할을 설명하려고 그가 사용한 표현이다. "우리는 진정으로 가치 있는, 인종적으로 순수한 남자들만을 출산 조력자로 추천한다." 돌이켜보면 레벤스보른이 '친위대 종축장'이라는 잘못된 소문이 어디에서 시작되었는지 쉽게 알 수 있다.

그러나 소문은 제쳐두더라도 레벤스보른에서 친위대가 중심 역할을 했다는 사실에는 의심의 여지가 없다. 1940년 1월 힘러의 성명서는 친위대가 레벤스보른 프로젝트의 부모 역할을 해야 한다고 제안한다.

> 왜 친위대와 경찰의 아내들이 다른 사람들과 똑같은 대우가 아니라 특별한 보살핌을 받는지 묻는 사람이 있다. 대답은 아주 간단하다. 친위대가 자발적인 희생정신과 동지애를 통해 레벤스보른 기금을 모았고, 간부와 대원 들이 레벤스보른 조직에 필요한 비용을 여러 해 동안 자발적으로 기부해주었기 때문이다.
>
> 이 성명서가 발표된 이후 모든 오해는 사라져야 한다. 하지만 이데올로기적 관점을 전달해야 할 때 늘 그렇듯, 이 신성한 문제를 위해 독일인들을 설득하는 것은 그대들 친위대원들의 몫이다. 이는 온갖 저속한 농담과 조롱을 뛰어넘는, 우리 민족에 매우 중대한 문제다.

내가 레벤스보른을 이해하려면, 그리고 그것을 통해 내가 누구이며, 어디서 왔는지 알기 위해서는 무엇보다도 먼저 이 공포스럽고 혐오스러운 조직의 역사와 본질을 파악해야 했다. 나치 친위대를 파고들어야 했다.

9장

형제단

"한 가지 기본 원칙이 친위대의 절대적 규칙이 되어야 한다. 우리는 다른 사람이 아닌 우리 혈통의 대원들에게 정직하고 예의 바르고 충실하며 동료애를 지녀야 한다."

하인리히 힘러, 친위대 장교를 위한 연설 중에서
1943년 10월 6일

베벨스부르크성은 노르트라인베스트팔렌주의 울창한 숲과 완만한 구릉을 넘어 가파른 절벽 위에 자리하고 있다. 원래 이 성은 중세 시대에 파더보른 관구를 통치하던 주교후•들을 위해 지어졌다. 거대한 석벽이 세 개의 둥근 탑을 연결하는 이 성의 독특한 삼각형 배치를 창조한 것도 그들이었다.

1933년 11월 하인리히 힘러는 이 지역을 둘러보고 있었다. 친위대장을 맡은 이후 그는 친위대의 사상 교육소 겸 영적 본부로 적합

• 중세 유럽, 특히 신성로마제국의 작위로, 한 지역의 주교인 동시에 제후로서 세속적 통치권까지 가지고 있었다.

한 장소를 물색하고 있었다. 베벨스부르크성을 본 그는 즉시 그곳을 징발하기로 결정했다.

힘러는 자신이 획득한 이 성에 대해 원대한 계획을 세웠다. 독일의 옛 신화에 집착하던 그는 베스트팔렌 지역이 아리아인 초인 전설(완전히 허구적인)의 심장이라고 확신했다. 그가 1934년 9월 베벨스부르크성을 공식적으로 손에 넣었을 때 《푈키셔 베오바흐터》는 '사상과 정치 교육'의 기초로서 초기 독일의 역사와 신화를 연구하는 친위대 학교의 호화로운 개교 의식이 열렸다고 보도했다.

그러나 이 나치당 기관지는 힘러의 진짜 동기는 보도하지 않았다. 그러니까 그의 표현에 따르면 "마지막 승리 이후 세상의 중심"이 될 보루를 만드는 것 말이다. 이 마지막 승리를 가져올 조직이 바로 친위대였으므로 베벨스부르크성은 친위대의 신비주의적 동지애를 키우고 찬양할 요새로 변모해야 했다.

처음에 친위대는 어중이떠중이들이 모인 작은 조직으로 출발했다. 원래 1920년대 남부 독일의 거리에서 무장한 나치들이 정치적 반대파들과 난투극을 벌이던 어수선한 시기에 히틀러를 호위하려고 만든 단체였다. 1926년 진급하여 친위대를 이끌게 된 힘러는 조직을 변화시키기로 결심했다. 예전에 입던 촌스러운 승마바지 대신 일부러 음험한 분위기를 풍기는 검정 제복으로 바꾸었다. 새 규칙에 따라 흡연을 금지하고 군사훈련을 실시했다.

3년 뒤 그가 친위대 제국지도자라는 공식 계급에 오를 무렵 친위대원은 몇백 명에서 5,000여 명으로 늘어 있었다. 힘러는 대원 선발 기준도 마련했다. 지원자는 키가 170센티미터 이상이어야 했다. 사병으로 입대하려면 기본 4년을 의무적으로 복무해야 했는데, 의무 복무 기간은 하사관 12년, 장교 후보자 25년이었다. 이런 엄격한 기준에도 수만 명의 남성이 지원했다.

그러나 키 제한과 수년에 걸친 복무 의무는 시작일 뿐이었다. 힘러는 친위대를 장악하자마자 건강한 종족 혈통을 지닌 남성들로만 친위대를 조직하려고 결심했다. 그는 등급표를 만들어 특별 임명한 '인종 전문가'들로 하여금 지원자의 신체적 외모를 평가해 다섯 등급으로 분류하게 했다. 맨 꼭대기는 '순수 북유럽 인종'이었고, 그 아래에는 '두드러진 북유럽 인종', '디나르 인종이나 지중해 인종의 특성이 첨가된 피부색이 밝은 알프스 인종', '두드러진 동유럽 인종', '비유럽 혈통 잡종' 순이었다. 이 중 위로 세 등급에 속하는 사람만 친위대 신규 입단 자격이 주어졌다.

이 인종 평가를 통과한 사람들은 다음으로 다른 신체적 자질을 엄격히 평가받아야 했다. 총 9등급 가운데 4등급 이상에 속하면 입대할 수 있었고, 7등급 이하는 탈락이었다. 5, 6등급은 자비롭게도 나치에 대한 열정이 신체적 부적합성을 능가한다고 판단되면 입대할 수 있었다.

그러나 엄격하게 처리되는 기준이 하나 있었다. 계급에 관계없이 모든 지원자는 조상의 인종적 계보를 증명할 서류를 제출해야 했다. 사병은 1800년까지, 장교는 1700년대 중반까지 거슬러 올라가는 혈통 증거를 제출해야 했다. 얼마 지나지 않아 독일의 일반 시민들이 자신들이 대아리아인인지 하급 아리아인인지 증명하는 인증서를 발급받게 된 것처럼, 친위대의 모든 대원은 가계를 기록한 수첩을 소지했다. 자신의 인종 '건강'을 역사적으로 증명하는 족보 같은 것이었다.

이런 역사적 사실을 쓰면서 나는 나치 철학의 끔찍한 본질을 어떻게 표현할 수 있을까 고심했다. '터무니없는'이나 '기괴한' 같은 단어를 끌어다 쓰기는 쉽다. 하지만 그런 상투적 표현을 넘어 그 끔찍함을 어떻게 진정으로 전달할 수 있을까? 말로는 그 끔찍함을 제대로 표현할 수 없다. 히틀러의 제국에서 자란 나는 나치의 인종에 대한 집착이 세계대전과 절멸수용소로 이어진다는 것을 잘 알고 있다. 그러나 나는 이 역사를 피해갈 수는 없다. 내 과거는 힘러의 친위대와 복잡하게 뒤엉켜 있었다. 인종에 대한 그들의 일그러진 집착 어딘가에 레벤스보른에 대한 진실과 내 태생을 알려줄 실마리가 있을 것이다.

힘러는 친위대를 단지 인종적으로 순수한 남자들로 구성된 부대로 만들려고만 하지 않았다. 그에게 친위대는 새로운 세대의 토대이자 우수 인종의 아버지들이었다. 이 계획을 글로 처음 표현한 사람은 힘러가 만든 '인종과 정착 본부'의 지도자로 임명된 리하르트 발터 다레였다. 아르헨티나에서 자라 독일로 돌아와 닭 사육을 했던 그가 쓴 〈피와 대지〉라는 선언문은 1929년 나치당 출판사에서 발행되었다.

친위대를 사열하는 하인리히 힘러

엄격한 인종 평가를 통과한 사람만이 친위대에 들어갈 수 있었다.

우리는 친위대라는 인간 농장으로부터 새로운 귀족을 길러나갈 것이다. 우리는 이전 시기 귀족들이 본능적으로 했던 것처럼 생물학적 법칙에 따라 계획된 방식으로 그 일을 수행할 것이다.

한때 닭 사육자였던 힘러는 농업에 빗댄 이런 비유를 열렬히 찬양했고, 다레의 원칙을 채택한다면 '동물과 가축의 영역에서 이루었던 성공을 인간의 영역에서도 획득'할 수 있을 것이라고 언급했다.

그러나 힘러는 완전히 새로운 세대를 창조하려는 이런 시도가 친위대 조직 내에서만 이루어져야 한다는 점을 분명히 밝혔다. 힘러는 그의 소중한 형제단 동지들이 엄격한 기준 밖에서 짝짓기하도록 놔둘 의사가 전혀 없었다. 이를 확실히 하려고 1932년 열 개 항목으로 이루어진 약혼과 결혼 칙령을 친위대 전원에게 공포했다.

1. 친위대는 특별한 기준으로 선택된 북유럽 혈통 독일 남성들의 단체다.
2. 국가사회주의 신념에 따라, 그리고 우리 민족의 미래가 좋은 피의 건강한 유전과 선택에 달렸다는 깨달음에 따라 나는 1932년 1월 1일자로 친위대의 모든 미혼 대원에 대해 '결혼 인증제'를 실시한다.
3. 우리가 이루려는 목표는 엄밀한 북유럽 게르만 인종으로 구성된 유전적으로 건강한 종족을 창조하는 것이다.
4. 결혼 인증서는 인종의 건강과 유전을 토대로 발급이 승인되거나 거부된다.

5. 결혼을 원하는 모든 친위대원은 친위대장으로부터 결혼 인증서를 받아야 한다.
6. 결혼 인증서 발급이 거부됐는데도 결혼한 대원은 친위대에서 제명한다. 제명 대신 결혼 철회를 선택할 수 있다.
7. 결혼 인증제의 세부 업무는 친위대의 '인종과 정착 본부'에서 담당한다.
8. 친위대 인종과 정착 본부는 '친위대 족보' 업무를 맡는다. 친위대 족보에는 결혼 인증서를 받거나 결혼 신청을 승인받은 친위대 가족들이 등록될 것이다.
9. 친위대장, 인종과 정착 본부 지도자, 전문가들은 명예를 걸고 비밀을 유지할 의무가 있다.
10. 친위대는 이 명령과 더불어 대단히 중요한 조치를 취했다고 믿는다. 조롱과 멸시, 오해는 우리를 움직이지 못한다. 미래는 우리 것이다!

이런 미래를 보장받으려고 힘러의 축복을 구하는 예비부부들은 철저한 질문지에 답했다. 머리와 눈, 피부 색깔과 신체 특징을 자세히 적었다. 수영복 차림의 사진을 첨부해야 하는 해괴한 요구사항도 있었다.

혹시 이 모든 절차의 목적을 제대로 이해하지 못할까봐 친위대장 힘러는 대원들에게 새로운 세대를 키울 책임에 대해 다음과 같이 분명히 밝혔다.

자녀를 거의 두지 않는 결혼은 불륜이나 다름없다. 나는 친위대 대원들, 특히 간부들이 좋은 모범을 보이길 바란다. 건강하고 좋은 결혼을 위해서는 적어도 네 명의 자녀가 필요하다.

힘러에게는 자식을 낳지 않거나 낳지 못하는 대원들을 위한 계획도 있었다. 바로 레벤스보른 프로젝트였다. 비밀스러운 계획을 수행하기 위한 조직을 만든 지 9개월 뒤인 1936년 그는 레벤스보른을 친위대 직속 기관으로 격상했다. 힘러는 자녀가 없는 장교들은 레벤스보른 출산 시설에서 태어난 아이들 중 적어도 일부라도 살 곳을 찾도록 도와야 한다고 밝혔다.

자녀가 없는 친위대 장교들은 유전질환이 없는, 인종적으로 가치 있는 아이들을 입양해 그들에게 우리의 정신을 심어줘야 할 의무가 있다.

이 문장을 읽는 순간 나는 뼛속까지 오싹함을 느꼈다.

레벤스보른과 친위대의 관계는 단순히 관료적인 관리와 감독의 문제가 아니었다. 레벤스보른을 설명하는 첫 번째 안내서에서 힘러는 겉보기에 자선단체 같은 레벤스보른이 검정 제복의 친위대와 밀접한 관련이 있다고 분명히 밝혔다.

〔레벤스보른의〕 임무 수행 비용은 우선 대원들의 기부금으로 먼저 충당될 것이다. 본부에 소속된 모든 친위대 간부는 회원이 될 명

예로운 의무가 있다. 기부금은 친위대 간부의 나이와 소득, 자녀 수에 따라 등급별로 분류된다…….

스물여덟 살에도 여전히 아이가 없다면 더 많은 기부금을 내야 한다. 서른여덟 살까지 두 자녀가 있어야 한다. 그렇지 않다면 기부금이 올라갈 것이다.

적당한 연령에 자녀를 더 낳지 못하면 그에 따라 기부금이 다시 올라간다. 독신을 유지함으로써 국가와 인종에 대한 의무를 벗어날 수 있다고 생각하는 사람들은 더 많은 기부금을 물어야 할 테고, 결국 독신보다 결혼을 선호하게 될 것이다.

나는 출산 시설의 자애로운 이미지와 친위대의 악랄한 명성을 연결하기가 쉽지 않았다. 아무리 힘러처럼 편협하고 인종에 집착하는 사람이라 해도 그의 음산한 해골 부대가 온기와 신뢰보다는 공포와 의혹을 낳으리라는 걸 이해하지 못했을까? 알고 보니 그는 그런 문제 따위는 신경 쓰지 않았다. 그는 레벤스보른의 감독을 친위대 형제들에게 맡기는 동시에 이렇게 썼다.

나는 우리의 검정 제복을 보고 불쾌해하는 사람들이 독일에 있다는 것을 안다. 그리고 우리는 많은 사람의 호감을 사길 기대하지 않는다는 것 또한 알고 있다.

나는 자료를 읽을수록 친위대가 결국은 하나의 씨족이라고 생각하게 됐다. 극도로 배타적이며 비밀스러운 이 씨족은 게르만족 기사단을 현대에 부활시킨다는 힘러의 신념에 맞춰 빚어졌고, 이들이 손에 넣으려고 고군분투하는 성배는 바로 인종적 순수성이었다. 그리고 베벨스부르크성이 그 중심에 있었다. 힘러의 지휘 아래 베벨스부르크성은 그의 집착을 반영하여 재건축되었다. 방에는 '성배'나 '아서왕' 같은 신화적 이름을 붙였다. 지하실에는 두 개의 특별실을 만들었다. 둘 중 더 낮은 지하층에 있던 '상급 지도자' 홀은 힘러가 친위대의 최고 지도자 열두 명을 위해 준비한 신비로운 제의가 열리는 장소였다. 친위대장 힘러는 하켄크로이츠가 새겨진 둥근 지붕 아래 불멸의 불꽃 둘레에서 죽음을 찬미하는 제의를 열 계획이었다. 친위대 모자의 해골 문양에서 알 수 있듯이, 죽음 숭배는 친위대 사상의 핵심이었다. 죽음 숭배는 힘러의 신비주의적인 믿음에서 나온 것으로, 힘러는 세상이 정화된 새 모습으로 재탄생하기 전 불과 물로 파괴되리라는 종말론적 비전을 갖고 있었다.

죽음을 숭배하는 조직이 새 생명을 키우고 보호하는 출산 시설을 책임진다니 참으로 모순적이다. 그러나 나치 정권은 레벤스보른 프로젝트가 '반드시' 성공할 수밖에 없다고 확신했다. 제2차 세계대전이 시작되고 2년 뒤 히틀러는 이렇게 공표했다.

> 나는 앞으로 100년 후 독일의 모든 엘리트가 친위대의 창조물일 것임을 잠시라도 의심하지 않는다. 왜냐하면 친위대만이 인종적 선발을 하고 있기 때문이다.

가정 주치의에서 친위대 장교로 변신했으며 힘러가 레벤스보른 프로젝트의 수석 군의관으로 임명한 그레고르 에브너 박사는 '레벤스보른 덕택에 30년 안에 600개의 연대를 추가로 얻게 될 것'이라고 추정했다. 나는 그의 추정을 곰곰이 생각해봤다. 연대 하나는 보통 500~700명으로 구성된다. 600개의 새로운 연대가 레벤스보른 출산 시설에서 태어난 아이들로만 구성될 수 있다니? 아무리 적게 잡아도 30만 명의 아기가 있어야 한다는 말이다.

그렇다면 나 같은 사람이 정말 수십만 명이나 있단 말인가? 레벤스보른의 아이들이 독일 곳곳에 있단 말인가?

10장

희망

"젊은 시절에 당신이 소망하는 것을 조심하라.
중년에 그걸 얻게 되기 때문이다."

요한 볼프강 폰 괴테

독일 적십자에서 걸려온 전화를 받은 순간부터 나는 다른 일은 거의 생각할 수 없었다. 그러나 편지에 답장을 받지 못한 채 여러 주와 여러 달이 느리게 흐르는 동안 내가 훨씬 오랫동안 내 태생을 찾아왔다는 사실을 차츰 인정하게 됐다. 돌아보면 내 삶에는 늘 비밀스러운 그림자가 드리워 있었다. 내가 아무리 열심히 일해도, 치료실을 찾아오는 힘들고 상처 입은 아이들을 위해 아무리 애써도 내가 누구인지 모르는 불행에서 자유로울 수 없었다. 그래서 나는 기대하고 소망하고 꿈꾸었다.

적십자에서 온 전화 한 통이 나를 마법의 주문에서 깨어나게 했다. 나는 더는 잠들어 있을 수 없었다. 꿈속에서만 내 과거의 파편들을 보고 있을 수는 없었다. 믿을 만한, 확실한 정보를 얻을 수 있다는 가능성이 나를 깨웠다. 그리고 나는 더 열렬히 갈망하게 됐다.

"당신이 소망하는 것을 조심하라." 독일의 가장 유명한 시인이자 작가이며 정치가인 괴테가 경고한 말이다. 어쩌면 나는 그의 말에 귀 기울여야 했는지 모른다.

2000년 10월 편지가 도착했다. 슬로베니아 제2의 도시이자 슈타예르스카 지역의 주도 마리보르의 기록보관소 소장 요제 골리츠니크의 편지였다. 나는 그곳에 교구 서류를 보관하는 오래된 보관소가 있다는 이야기를 들었고, 슬로베니아 정부로부터 아무런 답장도 받지 못하던 터라 그 작은 문서보관소에 내 운을 걸어보기로 했다. 유용한 자료를 얻으리라는 큰 기대 없이 그저 행운을 믿고 편지를 썼다. 그런데 골리츠니크가 내 가족의 기록을 찾아냈다.

> 에리카 마트코의 아버지는 자고레오브사비 출신의 요한 마트코입니다. 에리카의 어머니는 크로아티아 출신입니다. 요한 마트코 씨는 자우어브룬에 살았고 유리 제조인이었습니다.

자우어브룬. 그런 곳이 존재했다. 오스트리아가 아니라 슬로베니아에. 아니, 더 정확히 말하자면 옛 유고슬라비아에. 나는 너무나 행복해서, 나도 모르게(나답지 않게) 안도감과 기대감이 벅차올라 노래를 흥얼거렸다. 물론 자우어브룬이 어딘지 찾아야 했다. 이미 그 이름으로 더는 부르지 않을지도 몰랐다. 유고슬라비아는 공산주의 몰락이 동구권의 다른 나라보다 느리게 진행됐지만 그 여파로 내전이 일어났다. 세르비아인들은 크로아티아인, 보스니아인, 몬테네그로인뿐 아니라 1940년대 티토가 통일 공화국으로 통합한 모든 다른 민족과 싸웠다. 내전의 잿더미에서 새로운 나라들이 탄생했고 많은 나라가 마을과 도시의 이름을 바꿨다.

그래도 골리츠니크의 편지에 실마리가 있었다. 요한 마트코는 유리 제조인이었다. 큰 유리 공장들이 있는 지역을 찾아낸다면 자우어브룬과 그곳의 새 이름을 추적해낼 수 있을지 몰랐다. 더군다나 그 편지에는 마트코 가족의 생일을 비롯해 교구 기록의 복사본이 첨부돼 있었다. 요한은 1904년 12월 12일에 태어났고, 그보다 열한 살 어린 아내 헬레나 할로스찬은 1915년 8월 8일에 크로아티아의 스베티페테르에서 태어났다.

나는 마리보르에서 온 새 정보를 덧붙여 슬로베니아 정부에 다시 편지를 보냈다. 그러나 가장 좋은 방법은 독일 적십자에 연락하는 것이라고 판단했다. 사실상 그들의 연락으로 내 조사가 시작되었으니 내가 마트코 가족과 자우어브룬을 찾도록 도울 수 있는 사람들이 있다면 바로 적십자 직원들일 것이라는 희망을 품었다. 나는 점점 늘어가는 내 편지 목록에 적십자로 보내는 편지를 추가했다. 그리고 옛 유고슬라비아의 유리 제조업을 조사했다.

유리가 300년 넘도록 슈타예르스카 지방의 특산품이었다는 사실을 발견하는 데는 오래 걸리지 않았다. 1700년대부터 아름답고 귀한 크리스털 제품을 생산했다. 이 전통의 중심에는 로가슈카슬라티나라는 마을이 있었다. 이곳의 옛 이름은? 자어우브룬이었다. 마침내 나는 에리카 마트코의 출생지를 찾아냈다. 내 고향을 찾았다.

그 순간 내가 느낀 흥분은 차마 말로 다 할 수 없다. 드디어 손을 뻗어 내 친부모를 만질 수 있을 것만 같았다. 물론 곧 그렇게 할 수 있으리라 기대했다.

조심하라. 괴테가 말했던가.

내 흥분과 기대는 몇 주가 지나기도 전에 현실에 짓밟혔다. 적십자는 나치가 납치하거나 살해한 사람들의 기록에 유고슬라비아 출신의 마트코에 대한 정보는 없다고 알려왔다. 또한 적십자는 옛 유고슬라비아였던 나라들의 기록보관소를 조사할 권한이 없으며, 만약 내가 혼자서 조사를 하더라도 에리카 마트코의 부모가 세상을 떠났을 가능성이 매우 크고 자연사하지는 않았을 것이라고 경고했다. 그들이 무슨 말을 하려는지 분명했다. 마트코의 부모가 한때 존재했다는 기록이 있다고 해도 그들은 유고슬라비아를 침략한 군대에 살해됐을 것이며, 그들의 흔적도 그 시점에 같이 사라졌을 가능성이 크다는 뜻이었다.

적십자의 편지보다 더 나쁜 소식이 남아 있었다. 2001년 2월 나는 가족을 찾을 수 있으리라는 내 모든 희망을 꺾어버리는 편지를 한 통 받았다. 슬로베니아 정부는 내가 처음 편지를 보내 정보를 요청했을 때부터 여러 달 동안 대답을 주지 않았다. 그리고 이제 드디어 답신다운 답신을 보냈는데 그 내용에 나는 복부를 세게 얻어맞은 느낌이었다.

> 로가슈카슬라티나 지방정부에 따르면 그들은 1941년 11월 11일에 태어난 에리카 마트코(의 기록)를 발견했음을 알려드립니다. 그

러나 에리카 마트코라는 이 여성은 여전히 슬로베니아에 살고 있습니다. 그러므로 잉그리트 폰 욀하펜 씨가 에리카 마트코일 것이라는 가정은 옳지 않습니다.

물론 내 부모(누구인지는 모르지만) 세대가 겪은 물리적 고통에 비하면 내가 겪은 그 어떤 고통도 크지 않을 것이다. 그래도 닿을 듯 말듯한 희망을 눈앞에서 갑자기 빼앗기는 것만큼 잔인한 고통도 없다.

나는 편지를 쥔 채 탁자 앞에 앉아 있었다. 내 꿈이 눈앞에서 멀어져갔다. 이건 자기 연민이 아니다. 정말이다. 내가 진짜 잉그리트 폰 욀하펜이 아니라는 사실은 수십 년간 알고 있었다. 그리고 내가 한때는 에리카 마트코였다고 믿으면서 그 상처를 달랬다. 그런데 이제 나는 잉그리트도, 에리카도 아니었다. 나는 진짜 아무도 아니었다.

충격이 차츰 진정되자 나는 이 조사 과정이 내게 미친 영향을 찬찬히 생각해보았다. 조사 결과에 따라 1년 내내 감정의 롤러코스터를 탔다. 한순간 높이 날아올랐다가 다음 순간 곤두박질쳤다. 정말 이런 고통을 감내할 가치가 있을까? 내 진짜 정체성이 무엇이든 나는 잉그리트 폰 욀하펜으로 괜찮은 삶을 살고 있었다. 성공적이고 대체로 행복한 삶이었다. 그리고 내가 잉그리트임을 증명하는 공식 서류도 갖고 있다. 내가 한때 에리카 마트코라고 불렸는지, 아닌지가 그렇게 중요할까? 마트코 가족과 이 에리카라는 사람이 인생을 출발했던 나라의 수수께끼를 계속 풀어간다면 내가 더 행복해질까?

그건 아니라고 나는 판단했다. 나는 편지와 조사 기록 들을 서류철에 밀어넣고 서랍 속으로 치웠다. 당분간만이라도 잊기로 마음먹었다. 바트아롤젠의 국제심인서비스 기록보관소 담당자가 에리카 마트코와 레벤스보른에 관련된 몇 가지 서류를 드디어 발견했다는 편지를 보냈을 때도 나는 그저 다른 서류와 함께 넣어두기만 했다.

여러 달이 흘렀고, 그러다 한 해가 지났다. 나는 일에 파묻혀 살았고 음악 공부에 몰두했다. 나는 예전부터 플루트를 배우고 있었다. 플루트 연습에 매진하면서 클래식 작곡가들의 음과 멜로디에 푹 빠져 지냈다.

또 다른 편지가 배달되었을 때는 내가 '에리카 마트코'라고 표시된 서류철을 치워둔 지 1년 반이 지났을 때였다. 그 편지가 다른 사람에게서 왔더라면 아마 다른 편지들과 같은 운명에 처했을 것이다. 그러나 게오르크 릴리엔탈에게서 온 편지였다. 초대장과 함께. 레벤스보른 출신 아이들이 처음으로 모일 예정이라고 했다. 내가 그 모임에 가고 싶은가?

내가? 솔직히 답을 알 수 없었다. 내 정체성을 찾아 나선 이 여행에는 막다른 길과 잘못된 단서, 넘을 수 없을 듯한 장애물이 가득했다. 나는 오래된 상처를 정말 처음부터 다시 열고 싶은가? 대답이 '그렇다'라고 해도 내가 그 모임에서 어떤 이야기를 할 수 있을까? 나는 치워버린 서류 뭉치를 다시 꺼냈다. 빛바랜 나치 문서들과 앞뒤가 맞지 않는 최근의 서신들. 누구에게든 내가 무어라 말할 수 있을까? 나는 이 모든 일을 거듭 생각하며 고심했다.

결국 나는 선택의 여지가 없다는 것을 깨달았다. 내가 누구이며 어디서 왔는지는 하르트 부인에게 내가 헤르만과 기젤라의 친딸이 아니라는 이야기를 들은 그날부터 내 삶의 일부가 된 질문들이었다.

그 질문들은 내 마음 한구석에 50년이 넘도록 머물며 내 감정을 억누르고, 어쩌면 내 행동까지 좌지우지했을 것이다. 그 질문들을 피해 숨어봐야 숨을 수 없는 일이었다. 나는 그 모임에 가야 했다.

2002년 10월, 나는 차에 짐을 싣고 260킬로미터나 떨어진 남부를 향해 출발했다. 나는 안전한 내 안식처를 떠나 위험하고 고통스러울 것이 분명한 내 과거로 새로운 여행을 떠났다. 나는 예순한 살이었고, 이제 내 어린 시절을 공부할 시간이었다.

11장

흔적

"우리는 완벽하지 않습니다.
우리는 다른 사람들과 똑같이 질병과 장애를 갖고 있습니다."

루틸트 고르가스, 레벤스보른의 아이

쾰른과 프랑크푸르트 사이에 있는 작은 마을 하다마르는 라인강 동쪽 강둑을 따라 길게 이어지는 낮은 산맥 베스터발트의 남쪽 끄트머리에 자리한다. 오늘날 이곳은 명망 높은 법정신의학과 사회정신의학 전문 기관들과 나치의 T4작전•을 기념하는 황량한 오벨리스크 모양의 탑으로 알려져 있다. 하다마르는 T4작전의 근거지였다.

• 1939년부터 히틀러의 명령에 따라 '살 가치가 없는 삶'을 사는 사람들을 살해한 정책. 인종적 순결과 경제적 불가피성을 이유로 정신질환자와 장애인, 불치병 환자 들을 안락사시켰다. 하다마르와 하르트하임, 베른부르크 등 여섯 곳에 안락사 시설이 있었다. 초기에는 굶주림과 방치, 독극물을 사용했으나, 나중에는 가스실을 이용했다. 이 작전으로 약 8만 명의 독일인이 목숨을 잃었을 것으로 추정한다. 이 안락사 시설은 나중에 절멸수용소의 모델이 되었다.

게오르크 릴리엔탈을 포함한 역사학자들의 연구를 통해 1941년부터 1945년 사이에 장애인이나 '바람직하지 않은' 남녀와 아이 들이 하다마르로 끌려와 불임수술이나 안락사를 당했다는 사실이 밝혀졌다. T4작전은 공식적으로는 1941년에 종료되었지만 사실 1945년 나치가 항복할 때까지 지속되었다. 1만 5,000여 명에 이르는 독일인이 하다마르의 병원으로 보내졌다. 대부분은 이후 가스실에서 살해되었다. 이 마을이 바로 내가 다른 레벤스보른 아이들과 만나기로 한 곳이었다.

이제 그들은 아이들이 아니었다. 10월의 그날 아침 방에 둘러앉은 스무 명은 나처럼 60대였고 은퇴할 나이에 가까웠다. 나는 무척 긴장한 상태로 자리에 앉았다. 우리는 한 사람씩 자신을 소개했다. 내 차례가 되자 나는 연습해간 문장을 말했다. "제 이름은 잉그리트 폰 욀하펜입니다. 저는 아무것도 모릅니다." 그리고 울음을 터트렸다.

새 동료들은 친절하고 다정했다. 모두 나보다 개인적 조사를 훨씬 깊이 진행한 상태였고, 그들 역시 같은 감정을 통과했기 때문에 내 불안을 잘 이해해줬다. 그들의 이야기를 들으며 나는 레벤스보른 프로젝트의 무신경한 잔인성을 뼈저리게 느꼈다. 새로운 이야기를 들을 때마다 충격을 받았지만 진실을 알아가는 동안 이상하게도 마음이 편안해졌다.

루틸트 고르가스는 레벤스보른 프로젝트를 통해 태어났거나 양육된 다른 아이들을 처음으로 찾기 시작한 레벤스보른의 아이였다. 그녀는 내 또래였고 푸른 눈과 짧고 숱 많은 금발 머리에 키가 컸다. 나처럼 물리치료사였으며, 그녀 역시 자신의 출생을 이해하는 데 도움이 되는 어머니의 일기장을 물려받았다. 나는 즉시 루틸트에게 호감을 느꼈고, 그녀와 있으면 마음이 편했다.

루틸트의 이야기는 레벤스보른을 소개하기에 적합했다. 루틸트가 태어났을 때 그녀의 아버지는 마흔아홉 살이었다. 그는 제1차 세계대전에서 독일군 대위로 복무했다. 1916년 베르됭 전투에서 포탄 파편으로 등과 가슴이 엉망이 되었다.

1930년대 그는 열성적인 나치 당원이 되었고, 제2차 세계대전이 시작될 무렵에는 화학 산업계의 거물이었다. 그는 또한 10대 아들을 둔 유부남이었다. 그런데 언제부터인가 루틸트의 어머니를 만나 바람을 피우기 시작했다. 당시 루틸트의 어머니는 라이프치히 상공회의소 직원으로 그보다 열여덟 살이 어렸다. 1941년 크리스마스 직전 루틸트의 어머니는 자신이 임신했다는 사실을 알았다. 어머니의 상황은 힘러가 레벤스보른을 위해 염두에 두었던 대상과 딱 맞아떨어졌다. 그녀는 부모님이 돌아가신 상태였고 사생아를 임신한 미혼모로서 가족의 비난과 공동체의 편견을 감당해야 할 처지였다. 무엇보다 아이의 아버지는 나치당의 정식 당원이었고, 두 사람 모두 가계도로 인종적 순수성을 증명할 수 있었다. 1942년 여름 두 사람은 라이프치히에서 170킬로미터 떨어진 작센의 웅장한 하르츠산맥 깊숙이 자리한 작은 마을 베르니게로데로 갔다. 옛 독일의 심장부인 그곳에는 레벤스보른 출산 시설이 있었다. 1942년 8월 루틸트가 태어났다.

베르니게로데의 출산 시설은 독일이 점령한 나라들 곳곳에 세워진 레벤스보른 시설 스물다섯 곳 가운데 하나였다. 독일에 아홉 곳이 있었고, 오스트리아에 두 곳, 노르웨이에 열한 곳, 벨기에와 룩셈부르크, 프랑스에 한 곳씩 있었다. 종종 히틀러의 정적이나 부유한 유대인 가문으로부터 빼앗은 건물이나 저택을 활용했다. 뮌헨에 자리한 레벤스보른 본부는 추방된 반나치 활동가이자 작가였던 토마스 만의 소유였다. 몇몇 시설은 죽음의 수용소로 보내진 사람들에게서 압수한 물건들로 채워졌고, 힘러의 소중한 순수 혈통 아이들이 무사히 세상에 나올 수 있도록 최신 의료 장비를 갖추고 있었다.

1939년 레벤스보른의 수석 군의관 그레고르 에브너 박사는 레벤스보른의 성공을 상세히 나열한 보고서를 힘러에게 보냈다. 1,300명이 넘는 임신부가 레벤스보른 시설에서 출산하기를 희망했다. 인종과 유전 검사를 통해 절반을 걸러내어 예비 엄마 653명이 받아들여졌다. 이 시기 독일의 신생아 사망률이 6퍼센트였는데, 레벤스보른은 이를 절반으로 줄였다.

> 출산은 무척 쉽고, 문제는 많지 않습니다. 이는 인종 선발과 우리가 입소시킨 여성들의 우수한 자질 덕택입니다.

그러나 성공에는 대가가 따랐다. 에브너는 산모 한 사람당 400라이히스마르크라는 상당한 비용이 든다고 보고했다. 그러나 그는 "좋은 혈통의 아이 1,000명을 구할 수 있다면 그다지 큰 비용은 아니다"라고 언급했다.

무엇보다 피가 중요했다. 레벤스보른은 새로운 세대를 확보하고 제공하는 임무를 맡았다. 히틀러의 천년 제국을 통치할 인종적으로 선발된 미래의 우수 인종들 말이다. 레벤스보른 시설에서 출산하는 여성들의 의무를 요약한 구호까지 등장했다. '총통께 아이를 드리자.'

힘러에게는 레벤스보른 어머니들의 신체적 건강이 무엇보다 중요했을 테지만, 그는 그들의 정치적 건강도 감독하고 지도하기로 결심했다. 레벤스보른 시설에 도착했을 때보다 훨씬 열성적인 나치가 되어 떠날 수 있도록 여성들은 그곳에 머무는 동안 의무적으로 매주 3회 사상 '교육'을 받았다. 교육에서 그들은 나치 선전영화를 보고, 《나의 투쟁》을 읽고, 라디오 강의를 듣고, 나치 찬가를 합창했다.

직원들 또한 신중한 감독을 받았고, 그들이 돌보는 산모 한 사람 한 사람에 대해 자세한 설문지를 작성하도록 지시받았다. RF-설문지(RF는 친위대장을 가리키는 제국지도자(Reichsführer)의 약자)는 평소 행동부터 분만 과정의 용기(또는 다른 특성)와 나치에 대한 헌신도까지 여성의 모든 것을 기록했다. 이 기록은 친위대장이 직접 살펴볼 문서라는 표시를 달고 베를린으로 보내졌다.

단지 관료주의적 꼼꼼함만은 아니었다. 전쟁이 한창일 때에도 힘러는 이 설문지를 열심히 들여다봤다. 그가 죽음의 수용소에서 대량학살을 감독하고 유럽 곳곳의 나치 공포 기관을 지휘하는 와중에도 이 설문지들을 하나씩 살펴보며 해당 여성이 언젠가 레벤스보른 시설에서 두 번째 출산을 하도록 허락할지 결정했다. 사실 그는 레벤스보른 시설의 일상을 빠짐없이 감독했다. 그의 지시에는 사소한 것부터 해괴한 것까지 있었다. 한 번은 그의 개인 비서인 친위대 연대장 루돌프 브란트에게 레벤스보른 관리자들에게 편지를 보내 부모들의 코 형태를 기록하도록 지시하라고 했다.

> 친위대장은 그리스인 코를 갖고 있거나, 그런 코의 흔적이 보이는 모든 산모와 부친의 특별 카드 색인을 만들기를 원합니다. 요구되는 코 유형의 사례로 L6008, I. A. 양의 설문지를 참고하시면 됩니다.

힘러는 식단까지 직접 관리했다. 요리사들에게 채소를 찌는 올바른 방법을 지시하거나 감독자들에게 산모들에게 포리지•를 먹이도록 요구하는 등 소소한 지시 사항들을 끊임없이 내려보냈다. 그는 포리지가 영국 귀족의 인종적 우수 형질을 형성하는 핵심 요인이라고 생각했던 것 같다. 더 나아가 그는 산모들이 대구 간유를 표준 복용량만큼 섭취해야 한다고 주장했는데, 산모들에게는 분명 무척 역겨운 일이었을 것이다. 그는 레벤스보른 시설을 정기적으로 방문해 산모와 아이 들의 상황을 확인했다. 힘러가 레벤스보른에 얼마나 빈틈없이 관여했는지는 그의 생일날 태어난 아이들을 자신의 대자녀로 공식 등록한 것을 보면 알 수 있다. 이 아이들은 특별 기념품도 받았다. 힘러의 이름과 아기의 이름을 함께 새긴 은제 컵이었다.

나는 레벤스보른 시설의 이 기괴한 이야기들을 듣고 어리둥절했다. 어떻게 제3제국의 2인자가 출산 시설 스물다섯 곳의 일상을 관리할 만한 시간을 낼 수 있었을까?

그러나 그날 레벤스보른의 아이들이 들려준 이야기들은 이 프로

• 귀리에 물이나 우유를 넣어 걸쭉하게 죽처럼 끓인 음식.

젝트의 해괴한 면모뿐 아니라 어두운 면도 드러냈다. 루틸트는 그녀와 다른 아이들이 종교 제의 같은 명명식을 거쳐 친위대와 히틀러에게 바쳐졌다고 말했다. 제단에 하켄크로이츠 깃발을 드리우고 총통의 흉상이나 사진을 눈에 잘 띄게 배치한 이 명명식은 전통적인 기독교 세례식의 왜곡된 버전이었다. 레벤스보른 직원과 검정 제복의 친위대 장교 들로 구성된 회중 앞에서 루틸트의 어머니 같은 산모들이 아이들을 훌륭한 국가사회주의자로 키우겠다고 맹세했다. 그러고 나서 '축복의 기도'를 읊조리는 친위대원에게 아기를 건넸다. 이 기도문은 시설마다 버전이 조금씩 달랐지만 핵심은 같았다.

> 우리는 만물의 신을 믿고
> 어려서부터 독일 토양에서 자라난
> 독일 피에 대한 우리의 사명을 믿습니다.
> 우리는 그 피의 담지자인 인종을 믿고
> 신이 우리를 위해 선택한 총통을 믿습니다.

다음으로 친위대 장교가 아기 위에서 단검을 쥐고 친위대 형제단에 들어온 것을 환영하는 공식 환영사를 읽었다.

> 우리는 너를 우리의 수족처럼 우리 공동체에 받아들인다. 너는 우리의 보호 속에 자라 너의 이름에 명예를, 너의 형제들에게 자부심을, 너의 종족에게 꺼지지 않는 영광을 가져오라.

어떻게 엄마가 자신의 소중한 아기를 친위대 같은 조직의 보살핌에 맡길 수 있었을까? 그게 보살핌이기나 했는지는 모르겠지만 말이다. 어떤 부모가 그런 끔찍한 일을 할 수 있었을까? 내가 그 모임에서 처음 말했던 것처럼 내 태생에 대해 내가 아는 것이라고는 아기였을 때 코렌-잘리스의 레벤스보른 시설에 있었다는 것뿐이었다. 나도 나치에 봉헌된 아기였을까?

그러나 이보다 더 끔찍한 사실들도 있었다. 나는 힘러가 레벤스보른 프로젝트로 순수 혈통의 아리아인 세대를 키워내려 했다는 것은 이미 알고 있었다. 그러나 이 우수 인종에게서 모든 신체적 결함을 제거하기 위해 그의 조직이 어떤 일까지 저질렀는지는 깨닫지 못했다.

그들이 아동 병동(Kinderfachabteilung)이라 부르는 곳이 있었다. 무해한 장소처럼 들리지만 그렇지 않았다. 레벤스보른에서 태어난 아기 중 발달지체나 질병, 정신적 장애가 있는 아기들은 T4작전의 일환으로 이 아동 병동에서 살해되었다.

위르겐 바이즈는 1941년 6월 5일 바트폴진의 레벤스보른 시설에서 태어났다. 레벤스보른의 수장인 막스 솔만이라는 나치가 위르겐을 베를린 근처 브란덴부르크의 아동 병동으로 옮기라고 명령했다. 그곳에서 위르겐은 신경안정제를 맞으며 고의로 방치되고 굶주렸다. 1942년 2월 6일 이 어린 소년은 죽었다. 태어난 지 여덟 달째였다.

종족의 순수성과 강인함의 이름으로 살해된 장애 유아는 위르겐 바이즈만이 아니었다. 2002년 우리가 모였을 때 이 주제에 대한 연구는 아직 초기 단계였다. 공공 기록보관소 직원들이 나치 시대 문

레벤스보른 시설에서 열린 명명식

아돌프 히틀러에게 바치는 제단 앞에 아기가 누워 있고 한 친위대 장교가 명명식 기도문을 읊고 있다.

레벤스보른 시설에서 열린 명명식

레벤스보른 아기가 친위대원에게 건네지고 있다.

서들에 대한 접근을 허락하지 않는 탓에 연구가 지체되고 있었다.

그러나 브란덴부르크 아동 병동의 이야기는 몇 해 전에 폭로되었고, 그곳에서 레벤스보른 시설에서 태어난 (몇 명인지 모를) 아기들을 포함해 147명의 아동이 살해되었다는 믿을 만한 증거가 있었다.

나는 이 이야기를 감당하기 힘들었다. 나는 장애 아동을 치료하는 일을 평생 직업으로 삼은 사람이다. 내 노력의 결과로 아이와 부모들이 기뻐하는 모습을 보았다. 위르겐 같은 아이들을 도우면서 느끼는 사랑을 맛보았다. 어떤 무정한 인간이기에 소중한 생명을 그렇게 쉽게 꺼뜨릴 수 있었을까?

어쩌면 내 반응이 순진하다고 생각할지 모른다. 나치는 수백만의 유대인을 아우슈비츠와 베르겐벨젠을 비롯한 수용소에서 공개적으로 살해했다. 사람들의 눈에 띄지 않는 시설에서 비밀리에 태어난 아기 몇 명의 죽음이 히틀러와 힘러 같은 사람에게 왜 중요했겠는가? 그러나 그들의 뒤틀린 신념에 따르면 이 아이들은 특별한 아이들이었다. 그들의 부모가 검사를 통해 우수 인종에 적합한 혈통이라고 증명되었기 때문에 레벤스보른 시설에서 태어난 아이들이었다.

나는 나처럼 레벤스보른 프로젝트의 일부였던 사람들을 둘러보았다. 힘러의 실험에서 살아남은 이 사람들의 몸과 얼굴을 하나씩 들여다보며 이들이 진정 초인적 존재라는 증거가 있는지 찾았다. 그들은 다른 사람들보다 더 키가 크고, 더 강하고, 더 건강한가?

루틸트가 내 무언의 질문에 대답했다. 그녀는 안경을 벗고 눈을 비비며 말했다. "우리는 완벽하지 않아요. 다른 사람들과 똑같이 질병과 장애가 있지요."

그렇다면 이 모든 것이 무엇을 위한 것이었을까? 힘러의 위대한 꿈은 나치 독일과 나치가 지배하는 열등한 다른 모든 나라의 귀족계급으로 성장할, 강하고 완벽한 초인적 아리아인 세대를 키우는 것이었다. 하지만 그의 계획은 나와 함께 모인 너무나도 평범한 남자들과 여자들 이상의 주목할 만한 결과를 만들어내지 못한 듯했다.

하지만 이 레벤스보른 아이들이 공유하는 두 가지 두드러진 특징이 있다. 깊은 정서적 상처와 수치심이었다. 정서적 상처는 내가 무척 잘 아는 문제에서 나온다. 이 비밀스러운 프로젝트에서 삶을 시작한 우리는 출생의 진실을 모르는 고통과 함께 자랐다.

이런 비밀은 처음부터 의도적이고 신중하게 관리된 것이었다. 레벤스보른의 의사와 직원 들은 '혼전임신 여부에 관계없이 임산부들의 명예'를 존중해야 하는 침묵 서약이 필수였다. 그리고 1939년 6월 힘러는 레벤스보른에서 태어난 사생아들의 신분을 보호하라는 명령을 내렸다.

> 제국 내무부 계보청과 L조직 사이의 합의에 따라 레벤스보른 시설에서 태어난 사생아에 대한 비밀 유지가 무제한으로 가능해졌다. 제국 계보청은 아이의 아리아인 혈통을 확인할 증명서를 발급할 것이다. 이 증명서는 레벤스보른에서 태어난 아이가 학교와 히틀러유겐트, 고등교육기관에 들어갈 때 아무 어려움 없이 제출할 수 있을 것이다.

레벤스보른 아이들의 모든 정보를 비밀에 부친다는 결정은 그들의 출산 기록에도 적용됐다. 힘러의 조직은 이들의 출생 기록을 맡을 특별 등록소를 설립했다. 이 등록소는 제국의 다른 사무소와는 별도로 유지되었고 완전히 비밀리에 기능했다. 어머니의 이름이 문서에 기록될 수는 있었지만, 아버지의 신원은 대개 고의로 생략되었다.

이처럼 정보가 고의로 생략된 기록조차 많이 사라져버렸다. 전쟁 막바지에 연합군이 포위해 들어오자 레벤스보른 직원들은 조직의 많은 문서를 파괴했다. 따라서 레벤스보른에서 태어난 아이들 대부분은 아버지가 누구인지 모르고 자랐다. 어머니가 비밀의 봉인을 풀지 않는 이상 알아낼 수 없었다.

이런 상황은 특히 위탁부모에게 넘겨진 아이들에게 영향을 미쳤다. 하지만 루틸트처럼 친모가 키운 아이들도 어머니에게서 정보를 얻어내기가 불가능했다. 많은 어머니가 레벤스보른 출산 시설에서 보낸 시간에 대해 얼버무렸기 때문이다. 어떤 어머니들은 아예 말하기를 단호하게 거부했다.

나는 그게 어떤 느낌인지 알았다. 내가 레벤스보른 이야기에 어떻게 들어맞는지는 아직 제대로 몰랐지만, 부모가 두른 비밀의 장벽에 부딪히는 느낌은 잘 알고 있었다. 게오르크 릴리엔탈이 경고했던 것처럼 기젤라는 틀림없이 그녀가 알고 있는 정보의 많은 부분을 내내 알려주지 않았다.

왜 다른 어머니들도 그랬을까? 그 이유는 그날 하다마르에 모인 레벤스보른 아이들이 공유하는 두 번째 특징인 수치심 때문이었다. 수치심은 강력한 감정이다. 그리고 전후 독일의 정치적 분위기에서 친위대처럼 비난과 공포의 대상이던 조직에 연루되었다고 솔직하게 말하기는 쉽지 않았다.

함께 모인 사람들 중 하네스 돌링거라는 이름의 한 남자가 자신의 삶을 어둡게 만든 죄책감과 수치심을 솔직하게 털어놓았다. 그의 이야기를 들으며 나는 레벤스보른의 또 다른 측면을 볼 수 있었다. 그는 바이에른에서 자랐다. 그가 부모라고 알고 있던 부부는 여관을 운영했다. 그러나 학교에 들어간 뒤 그는 자신이 업둥이라는 소문을 들었다. 소문이 사실인지 묻는 그에게 부모는 대답하지 않았고 그가 끈질기게 묻자 벌을 주며 다시는 그 문제를 입에 올리지 말라고 했다.

그가 진실을 알게 된 것은 쉰 살이 되어서였다. 헤르만과 기젤라가 내 친부모가 아니라고 내게 처음 알려준 사람이 하르트 부인이었던 것처럼, 하네스 가족의 전 고용인이 임종을 앞두고 그가 입양되었다는 사실을 알려주었다. 그것만으로도 충격이었지만 그가 바이에른에 오게 된 경위는 더 충격적이었다.

노르웨이는 히틀러의 군대가 점령한 최북단 국가였다. 독일군이 1940년 4월 노르웨이를 침략했고, 그때부터 제2차 세계대전이 끝날 때까지 나치의 명령을 열성적으로 따르는 부역 정부가 노르웨이를 관리했다.

힘러는 금발에 파란 눈을 지닌 노르웨이 주민들을 사실상 아리아인이나 다름없다고 오랫동안 생각해왔다. 힘러와 그의 관료들은 친위대나 독일군에게 노르웨이 여성들과 혼외 관계를 맺으라고 적극적으로 권장했다. 그리고 노르웨이에 레벤스보른 시설을 세워 그곳에서 태어난 아기들을 다시 제3제국으로 데려와 적합한 부모에게 입양시키거나 위탁했다.

이런 부역의 유산은 오래도록 씁쓸하게 남았다. 독일 곳곳의 레벤스보른 시설 직원들이 다급하게 자료를 폐기한 것과 달리, 노르웨이에서 친위대는 문서를 파괴하지 못했다. 그 결과, 전쟁 후 레벤스보른 산모와 아이 수천 명의 신원이 드러났고 동포들의 분노를 샀다. 이 여성과 아이 들은 이웃과 친구 들에게 괴롭힘을 당했다. 경찰은 독일 병사와 관계한 여성 3,000~5,000명을 체포해 강제수용소까지 행진하게 했다. 노르웨이 최대의 정신병원장은 독일인과 관계한 여성들은 '정신적 하자가 있는 자들'이며, 그들의 자녀 가운데 80퍼센트가 발달 지체라고 공개적으로 발표했다.

하네스는 자신이 이 아이들 가운데 하나라는 사실을 알게 되었다. 자신의 진짜 이름이 오토 아커만이며, 1942년 9월 오슬로 근처 레벤스보른 시설에서 태어났다는 사실을 알았다. 태어난 뒤 그는 소포처럼 독일 여기저기로 보내졌다. 처음에는 베를린 근처 클로스터하이드의 레벤스보른 시설로, 그 다음에는 내가 있었던 코렌-잘리스로, 그리고 지금은 폴란드가 된 지역의 레벤스보른 시설로 이송된 다음 바이에른의 양부모에게 입양되었다.

이 길고 복잡한 경로를 추적하는 데 여러 해가 걸렸다. 마침내 그는 친어머니의 이름을 간신히 알아냈지만 이미 돌아가신 뒤였다. 독일군 병사였던 친아버지는 전쟁이 끝나기 몇 달 전에 전사했고, 그의 양부모도 세상을 떠났다.

여러 면에서 하네스는 우리 세대 독일인의 전형이었는데, 독일 태생이 아니라는 점에서 아이러니했다. 그는 당시 지방정부 공무원이었고 원칙대로 일을 처리하는 엄격한 사람이었다. 그는 연방정부에 자신의 진짜 이름과 자신이 원래 노르웨이인이라는 사실을 알렸고, 신원증명서를 정확하게 수정해달라고 요청했다. 그의 수고에 정부는 그를 무국적자로 선언하는 것으로 답했다. 그리고 법에 따르면 무국적자는 어떤 공직에도 임용될 수 없었다. 그는 독일 시민권을 다시 받기까지 2년이라는 길고 힘든 시간을 보냈다. 심지어 시민권을 얻기 위해 진짜 이름은 포기해야 했다.

하네스의 이야기는 너무 마음이 아팠다. 그의 이야기의 많은 부분이 내 삶과 비슷했다. 코렌-잘리스의 레벤스보른 시설에서 머문 점과 무국적자로 분류되는 문제 같은 것들이 그랬다. 하지만 그의 경험은 훨씬 더 힘들었던 듯했다. 내가 나의 태생에 대해 거의 몰랐던 것이 다행이라고, 어쩌면 고맙다고 느낄 정도였다.

하지만 동시에 여전히 떠나지 않는 질문이 있었다. 레벤스보른 프로젝트와 그곳에서의 삶에 대해 많은 것을 알게 되었지만, 내가 어떻게 이 역사의 일부가 되었는지는 알지 못했다. 기젤라의 방에서 찾아낸 문서에는 내가 '독일화'의 일환으로 위탁되었다고 쓰여 있었다. 루틸트의 이야기에도, 하네스의 이야기에도 이 수수께끼 같은 단어를 이해할 만한 실마리가 없었다.

그러던 중 또 다른 회원이 일어나 이야기를 시작했고, 나는 힘러의 소름 끼치는 실험의 또 다른 참상을 전해 들었다. 그리고 내가 어떻게 그 일부가 되었는지 알게 되었다.

폴커 하이네크는 나보다 여섯 달 먼저 태어났다. 그는 체구가 크고 옷을 잘 차려입었다. 함부르크와 런던에서 선적 중개업으로 재산을 꽤 모았다고 했다. 경제적으로는 부유했지만, 자신이 세 살이던 1943년에 입양되기 전까지 레벤스보른 시설에서 키워졌다는 사실이 오랫동안 그를 괴롭혔다.

첫 기억은 30명쯤 되는 다른 아이들과 함께 어떤 방에 있었다는 겁니다. 우리가 새로운 가정에 선택되길 기다리는 애완견처럼 줄지어 있을 때 사람들이 들어왔던 걸 기억합니다. 그 사람들이 제 부모가 될 운명이었던 거죠. 그들은 나가더니 하루 뒤에 다시 왔어요. 내 '어머니'는 딸을 원하는 것 같았지만 '아버지'는 장래에 가족 사업을 책임질 아들을 원했어요. 제가 그분 무릎에 머리를 기댔는데 그게 마음을 움직인 거죠. 그래서 그들의 아들이 되었습니다.

폴커의 새 가족은 경제적으로 안정됐고 인맥도 좋았다. 아달베르트와 민나 하이네크 부부는 광신적인 나치 당원이었고 함부르크선박회사를 소유하고 있었다. 아달베르트는 언어 장애가 있어서 규정에 따르면 레벤스보른의 소중한 아이를 입양은커녕 위탁양육하는 것조차 승인되지 않을 상황이었다.

하지만 아달베르트는 하인리히 힘러와 개인적 친분이 있었다. 힘러 친위대장과 마르틴 보르만(히틀러의 개인 비서이자 나치 정권의 노른자위에 속하는)이 하이네크 가족의 집을 방문했다. 다른 많은 독일인처럼 하이네크 부부도 암탉을 몇 마리 키우고 있었다. 힘러는 한때 닭 사육자였고 가금류 사육의 원칙을 인간에게도 적용해야 한다고 굳게 믿었기 때문에 그와 아달베르트가 함께 암탉들을 살펴보면서 이야기를 나누는 것은 너무나 당연한 일이었다. 두 사람이 대화를 끝낼 무렵 힘러는 폴커의 입양을 무조건 승인하기로 동의했다.

폴커는 어린 시절이 행복했다고 기억했다. 부유했기 때문에 배고픔이나 부족함을 모르고 컸다. 연합군의 독일 공격이 절정에 이르러 영국 공군의 폭격기가 대공포와 탐조등 사이로 지그재그 비행하며 공습하는 모습을 지켜볼 때조차 전쟁이 흥미진진하다고 생각했다. 자신이 입양되었다는 사실을 알게 된 것은 전쟁이 끝나고 난 뒤였다.

> 같이 놀던 동네 아이가 이렇게 말하더군요. "네가 사생아라는 거 알지? 몰라? 저 사람들은 진짜 네 엄마 아빠가 아니야." 당시에는 그게 무슨 말인지 잘 몰랐어요.

그의 부모는 그가 어디 출신이며 어떻게 입양되었는지를 결코 말하지 않았다. 아버지가 은퇴하자 그는 가족이 운영하는 선박 사업을 이어받았고 성공을 누렸다.

1975년 부모님이 돌아가신 뒤 그는 아버지의 문서 중 처음 보는 일련의 공문서를 발견했다. 그 문서에는 그가 북부 실레지아의 오더베르크에서 태어났다고 기록돼 있었다. 히틀러의 제국에 합병되었다가 전쟁이 끝난 뒤 다시 폴란드 영토로 편입된 지역이었다. 그 문서는 그의 친부모 모두 사망했으니(나중에 알고 보니 잘못된 기록이었다), 입양이 필요하다는 의견을 제시했다.

폴커는 자기 태생에 대해 조사해야겠다고 결심했다. 그는 독일 적십자와 영국 점령군, 미국 당국을 비롯해 서른 곳이 넘는 기관, 교회와 접촉했다. 그러나 그때 폴란드는 여전히 철의 장막으로 막혀 있었다. 그처럼 부유한 사람도 그곳의 기록보관소에는 접근하기 힘들었다. 1989년 공산주의가 붕괴하고 동유럽이 재편된 뒤에야 비로소 그는 진실을 파헤칠 수 있었다.

1941년이 되자 레벤스보른 프로젝트가 인종적으로 순수한 아기 수만 명을 생산할 것이라는 힘러의 원대한 포부는 빠르게 사그라지고 있었다. 부분적으로는 엄격한 선발 기준 때문이기도 했다. 레벤스보른 시설에서 출산을 희망한 임신부 가운데 절반 이상이 엄격한 선발 기준 때문에 거부당했다.

또한 친위대도 힘러의 기대에 부응하지 못했다. 최소 네 자녀를 두라는 의무를 이행하기는 고사하고 출산율이 1인당 평균 1.5명 정도에 머물렀다. 레벤스보른 수석 군의관 그레고르 에브너가 장담한 대로 레벤스보른 시설에서 태어난 아이들로 600개의 새로운 연대를 만들려면 갈 길이 멀었다. 가능하기나 한지도 불분명했다.

천년 제국은 살아남기 위해 미래의 전사들이 필요했다. 히틀러가 그리는 미래는 총력전과 세계대전을 통해 점령한 땅들을 영원히 지배하는 것이었다. 그러나 1941년 무렵 전쟁은 한 주에 독일인 수천 명의 생명을 앗아갔다. 레벤스보른 프로젝트로 그 공백을 메우길 기대할 수 없었다. 그래서 힘러는 새로운 전략을 세웠다. 군대와 관료들에게 그들이 지배하는 나라들에서 '인종적으로 가치 있는' 아이들을 납치하라고 비밀 지시를 내렸다.

어린이 대량 납치. 이게 사실일까? 충격적이지만 사실이었다. 힘러가 사석에서 친위대 장교들에게 이 계획의 타당성을 주장하는 연설이 녹음된 자료까지 있다.

> 이들 속에 우리 종족의 좋은 혈통이 조금이라도 있다면 거두어들일 것입니다. 필요하다면 아이들을 훔쳐 이곳으로 데려올 것입니다.

이 계획에 붙여진 이름이 '독일화'였다. 내 문서에 있었지만, 내가 결코 이해하지 못했던 바로 그 단어였다. 이제 나는 그 단어의 의미를 깨닫기 시작했다.

폴커의 비극은 그가 두 살 때 독일인처럼 보였다는 것이다. 그는 금발에 파란 눈을 지녔고, 아무리 봐도 순수 혈통의 아리아인 소년처럼 보였다. 그 때문에 친위대 장교들이 그를 부모에게서 빼앗아 종합 인종 평가를 위해 의료시설로 데리고 갔다.

> 제 모든 것을 측량했지요. 머리 크기, 몸 부위별 크기. 그리고 의사들이 제게 '유대인적 특징'이 전혀 없다고 확인해줬어요. 그 평가를 통과하자 나치들은 제가 독일화될 수 있다고 선언했고, 저를 고국에 있는 레벤스보른 시설로 데려갔어요.

폴커는 바트폴진에 잠시 머문 뒤 코렌-잘리스로 보내졌다. 그곳에 도착한 날짜와 관련해서는 믿을 만한 기록은 없지만, 그가 발견한 사실들로 보건대 우리는 같은 시기에 같은 시설에 있었던 게 틀림없었다. 그 가능성에 나는 흥분했고 내 마음속에서 어떤 기억이라

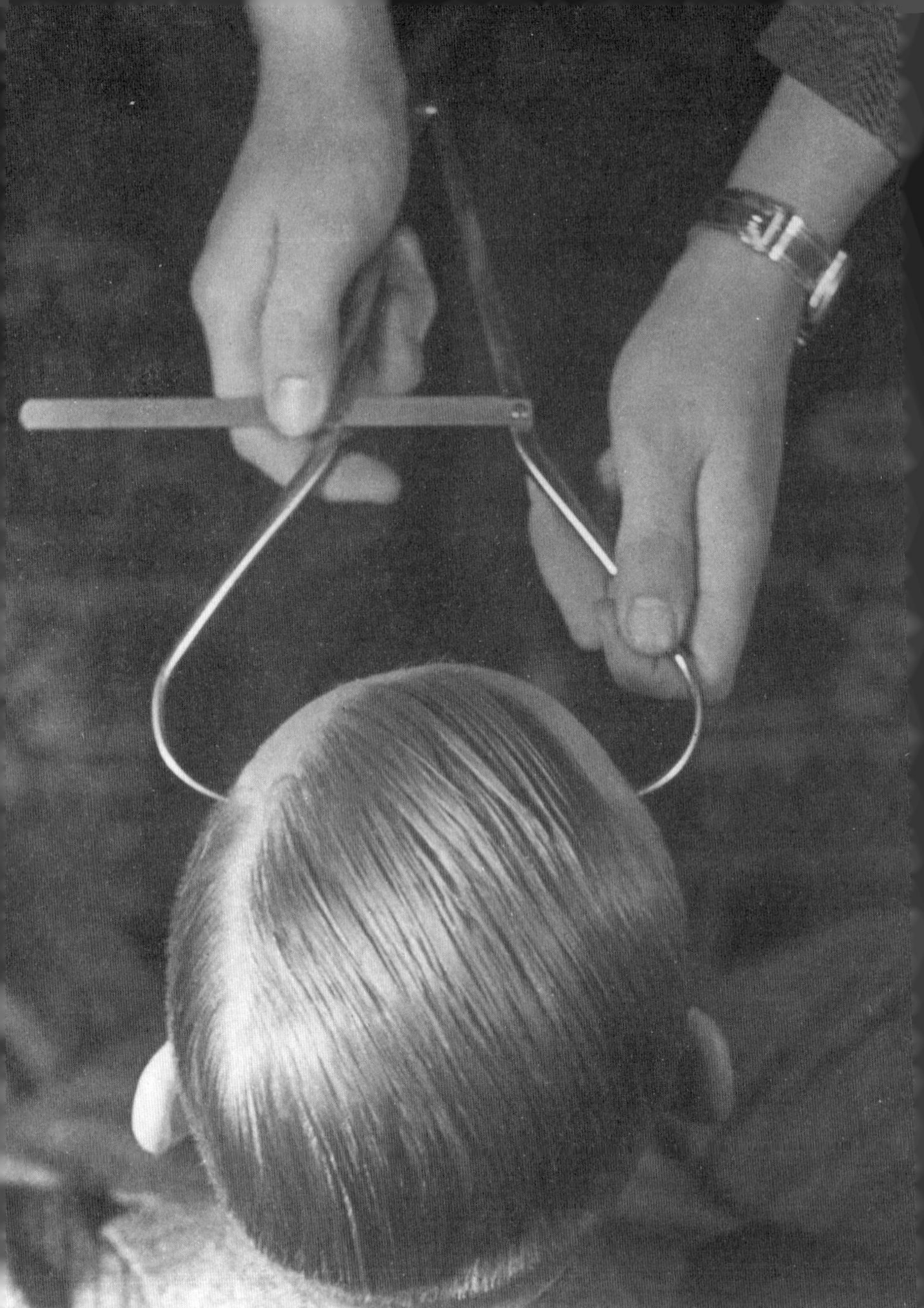

인종 검사

측경 양각기로 한 소년의 머리 크기를 재고 있다. 1937년.

도 끄집어내려 애썼지만 코렌-잘리스에 대해서는 아무것도 기억나지 않았다. 아주 어린 시절을 함께 보냈을지 모를 누군가를 만났는데, 그 장소나 사람에 대해 어떤 기억도 건져올릴 수 없어서 답답했다.

우리의 이야기에는 비슷한 점들이 또 있었다. 폴커의 서류는 그가 코렌-잘리스에서 하이네크 가족에게 입양되었다고 알려주었다. 그곳은 헤르만과 기젤라가 나를 데려온 곳이기도 했다. 나도 장래의 위탁부모들이 살펴볼 수 있도록 폴커의 표현대로 '애완견'처럼 줄서 있었을까?

폴커의 조사로 드러난 또 하나의 사실은 납치되어 레벤스보른 시설로 이송된 외국 아기들에게 레벤스보른이 새로운 정체성을 부여하고 그들이 독일 고아이거나 재외 거주 아리아인, 곧 민족독일인 아이라는 거짓 증명서를 발행하곤 했다는 것이다. 다시 내가 아는 단어가 등장했다. 내가 엄마의 방을 정리할 때 발견한 문서에 있던 단어였다.

여러 단서의 앞뒤가 맞기 시작했다. 내가 발견한 문서에 따르면 나는 민족독일인 소녀, 에리카 마트코로 태어났다. 나는 독일화를 위해 자우어브룬에서 코렌-잘리스의 레벤스보른 시설로 이송되었고, 그 후 '진짜' 독일 소녀로 키워지기 위해 폰 욀하펜 부부에게 건네졌다. 나는 '총통께 아이를 바치'는 계획의 일부였다. 나는 히틀러의 아이였다.

끔찍했다. 하지만 몇 년 만에 처음으로 나는 내 태생에 대한 수수께끼의 해답에 다가가고 있다고 느꼈다.

내가 씨름해온 가장 큰 문제는 내가 진짜 에리카 마트코인가(또는 에리카 마트코였는가)였다. 슬로베니아 정부가 보낸 답장은 내가 에리카 마트코일 리 없다고 했지만, 내가 구한 많지 않은 증거들은 모두 내가 에리카 마트코임을 보여주었다.

폴커 하이네크의 이야기는 이 풀기 힘든 수수께끼에 한 가지 해답을 제시했다. 그는 조사 결과 그의 레벤스보른 서류에 기록된 이름이 진짜가 아닐지 모르며, 출생지도 거짓일지 모른다고 믿게 되었다. 레벤스보른 본부는 제국의 점령지에서 훔쳐온 아이들의 진짜 정체성을 지우려고 대단히 애쓴 듯했다. 폴커는 뉘른베르크 재판소의 기록보관소에서 알렉산더 리타우라는 아기에 대한 기록들을 발견했다. 이 아기는 크림반도의 어느 부부에게서 훔쳐 온 아기였다. 이 아이가 폴커 자신일 거라고 추측할 만한 정보들이 있었다. 날짜도 같았고, 이 아이가 보내졌다는 레벤스보른 시설도 같았다. 나 역시 같은 운명을 겪었던 것일까?

폴커는 결국 나를 좌절시켰던 관료주의의 벽에 부딪혔다. 그의 추론이 맞거나 틀리다고 입증하는 데 필요한 서류들이 국제심인서비스 기록보관소의 문서철 어딘가에 있는 것이 틀림없었다. 하지만 그곳은 여전히 완전 개방되지 않았다. 그는 진실에 그렇게 가까이 다가갔는데도 여전히 멀리 떨어져 있는 것이 너무 고통스럽다고 말했다.

> 제가 원하는 것이라고는 친어머니와 친아버지의 무덤을 찾는 것입니다. 저는 그분들에게 무슨 일이 일어났을까 생각하며 비통하고 분노한 사람으로 살고 싶지 않습니다. 저는 단지 제가 누구였는지,

상황이 그렇게 전개되지 않았다면 어떤 사람이 됐을지 알고 싶을 뿐입니다.

저는 제 부모가 진짜 누구였고 그들이 어디에 묻혔는지를 알기 위해 계속 조사할 것입니다. 그때야 비로소 저는 아들로서 제 의무를 다하게 될 것입니다. 친부모님을 기리게 될 것입니다.

폴커의 말에 나도 계속 조사를 해서 언젠가는 내 진짜 가족을 찾아내겠다고 결심했다. 다른 레벤스보른 아이들, 그 끔찍한 실험의 동료 생존자들을 만나니 조사를 다시 시작할 힘이 솟았다. 이제 나는 어떻게, 어디서 시작해야 할지 알았다. 바로 뉘른베르크였다.

그리고 오스나브뤼크의 집까지 먼 길을 운전해 돌아오기 전 마지막으로 대화를 나눠야 할 사람이 있었다. 그날 그 방에는 레벤스보른 아이가 아닌 몇몇 사람이 있었는데, 그중 한 사람이 요제프 폭스라는 남자였다. 나는 그날 그에 대해 처음 알게 됐지만, 그는 전쟁 중이나 이후에 헤어진 가족에 대한 정보를 찾아내는 일로 명성이 높았다. 언론은 그의 노력을 칭송하며 그에게 '아버지 발견자'라는 별명을 붙여주었다.

나는 그와 잠시 이야기를 나누며 내 상황을 설명했다. 내가 기록보관소에서 정보를 구하려다 겪은 어려움을 털어놓았고, 내가 한때 자우어브룬의 에리카 마트코였다고 알리는 서류를 갖고 있으며, 이 서류가 처음에는 오스트리아 정부, 다음에는 슬로베니아 정부가 알려준 정보와 어떻게 상충하는지 이야기했다.

요제프는 내 말을 들으며 메모를 했다. 내가 이야기를 마치자 그는 나를 돕겠다고 했다. 나는 물론 고마웠지만 솔직히 말해 '아버지 발견자'가 발견하게 될 정보보다는 내가 뉘른베르크에 문의해야 할 것들에 대해 더 많이 생각하고 있었다.

12장

뉘른베르크

"레벤스보른은 무엇보다 독일화를 목적으로 외국 아이들을 납치한 책임이 있다. …… 체코, 폴란드, 유고슬라비아, 노르웨이의 수많은 아이를 부모에게서 빼앗아 왔다."

뉘른베르크 군사법정 기소장, 8번 소송

내가 뉘른베르크로 출발한 때는 2003년 봄이었다.

뉘른베르크는 국가사회주의의 어두운 심장이었다. 1927년부터 1938년 사이에 히틀러가 화려한 횃불 전당대회를 연 도시였다. 하켄크로이츠 깃발의 물결 아래 빽빽이 늘어선 지지자 수만 명이 '승리 만세(Sieg Heil)'를 외쳤고, 이 모든 장면이 나치 선전영화에 과장되게 담겼다. 또한 뉘른베르크는 홀로코스트의 서막을 연 1935년 뉘른베르크법을 공포한 곳이기도 했다.

나치당은 독일의 한가운데에 자리한 뉘른베르크를 힘러가 상상한 아리아인 초인과 제3제국의 관계를 상징하는 신비로운 곳으로 생각했다. 뉘른베르크는 견고한 요새이기도 했다. 그래서 제2차 세계대전이 끝나기 마지막 몇 주 전에야 비로소 연합군의 수중에 떨어진 도시 가운데 하나였다. 중세 옛 시가지의 90퍼센트가 폭격으로 파괴되었는데도 나흘에 걸친 격렬한 시가전 끝에 함락되었다.

주요 연합국 3국, 곧 소련과 영국, 미국은 전쟁이 끝나기 오래전부터 나치 지도자들을 공개재판에 회부할 계획을 세우고 있었다. 1943년 11월 1일 연합국은 〈점령지에서 독일의 잔학행위에 대한 선언문〉을 통해 나치를 무찌르고 '그들을 세상 끝까지 쫓아가 …… 정의를 실현하겠다'라는 '정식 경고'를 발표했다.

연합군이 조금씩 승리에 다가간 이후 여덟 달 동안 소련과 영국, 미국 출신 법률가와 정치가 들은 전쟁범죄와 반인도적범죄로 나치 지도자들을 고발할 새로운 법률 원칙을 짜내기 위해 부심했다. 전쟁이 끝나자 남은 문제는 재판을 어디에서 열 것이냐는 것이었다.

라이프치히와 룩셈부르크가 고려 대상에 올랐다가 탈락했다. 소련은 '파시스트 공모자들의 수도' 베를린을 상징적 장소로 선호했지만, 초토화된 그곳은 현실적인 선택지가 될 수 없었다. 뉘른베르크로 결정된 이유는 두 가지였다. 하나는 나치의 선전 기계에서 뉘른베르크의 역할을 고려했을 때 정의의 본보기를 보여줄 적절한 장소였고, 또 하나는 뉘른베르크의 법원 건물이 전쟁의 포화에도 고스란히 남아 있었기 때문이다. 게다가 건물에는 큰 감옥 시설도 있었다.

제3제국의 지도자 중 살아남은 이들은 1945년 11월 법원의 지하 감옥으로 이송되었다. 히틀러는 베를린이 불길과 폐허로 무너지는 와중에 총통 벙커에서 자살함으로써 정의의 심판을 모면했다. 힘러 역시 붙잡혀 있는 동안 청산가리 캡슐을 삼켜 비겁하게 심판을 빠져나갔다. 그러나 독일제국 부총통 헤르만 괴링과 총통 대리 루돌프 헤스를 비롯한 스물두 명은 국제군사재판에 소환되었고 나치 정권의 범죄로 기소되었다. 11개월 뒤 프랑스와 영국, 미국, 소련에서 한 사람씩 임명된 판사들이 판결을 내렸다. 피고인 가운데 열두 명이 사형을 선고받았고, 일곱 명은 10년형부터 종신형에 이르는 징역형을 받았다. 세 명은 무죄 선고를 받았다(두 건의 재판은 진행되지 못했는데, 한 피고인은 재판 전에 자살했고, 다른 피고인은 재판을 받을 만큼 건강이 좋지 않다고 판단되었기 때문이다). 1946년 10월 16일 법원 내 체육관에서 형이 집행되었다.

2003년 봄, 내 목적지는 바로 이 으스스한 법원 건물이었다. 내가 그곳을 찾은 이유는 그 유명한 재판 때문이 아니라 같은 건물에서 열렸던 훨씬 덜 알려진 소송 때문이었다.

연합국은 처음에 기나긴 합동 재판을 줄줄이 열기로 계획했지만 다가오는 냉전과 동서 유럽의 관계 악화로 불가능해졌다. 주요 재판이 여전히 진행되고 있을 때 미국은 이른바 '2등급 나치'의 후속 공판을 독자적으로 시작하겠다고 일방적으로 결정했다. 그 결과 1946년부터 1949년까지 열두 건의 기소가 있었고, 총 183명의 피고인이 기소되었다. 그들 중에 레벤스보른 프로젝트의 지도자들이 있었다.

하다마르에서 집으로 돌아온 지 며칠 지나지 않아 나는 뉘른베르크 재판 기록보관소에 편지를 썼다. 독일의 다른 기록보관소들과 접촉했던 내 경험으로 미루어 나는 큰 기대를 하지 않았다. 그래서 관련 문서가 가득한 상자가 있다고 알리며 직접 와서 검토할 의향이 있냐고 묻는 직원의 답장을 받았을 때 나는 놀랍고 기뻤다.

그 문서들은 후속 공판의 8번 소송과 관련된 자료들이었다. 공식 제목은 '미합중국 대 울리히 그라이펠트 외'였지만 그보다는 '인종과 정착 본부 재판'으로 불릴 때가 더 많았다. 열네 명의 피고인 모두 힘러가 친위대의 '인종적 순수성'을 지키기 위해 세웠으며 레벤스보른 관리를 맡았던 인종과 정착 본부의 고위 간부들이었기 때문이다.

나는 1948년 3월에 송달된 기소장부터 살펴보기 시작했다. 길고 자세했다. 촘촘하게 타이핑된 풀스캡 판형의 대형 인쇄용지 열네 쪽에 이들의 혐의가 세 개의 제목 아래 정리돼 있었다. 전쟁범죄와 반인도적범죄, 그리고 범죄조직으로 선언된 친위대 활동이었다. 기소장은 매섭고 단호한 주장으로 시작되었다.

> 1939년 9월과 1945년 4월 사이에 이곳의 모든 피고인은 반인도적범죄를 저질렀다. …… 이 프로그램의 목적은 독일 국가와 이른바 '아리아인' 종족을 강화하는 것이었다…….
>
> 친위대의 인종과 정착 본부는 무엇보다 인종 평가에 책임이 있다. 이 인종 평가는 이 기관의 지도자들 …… 또는 인종 검사관이라 불린 직원들이 …… 독일화를 위해 아이들을 납치 …… 레벤스보른은 무엇보다 독일화를 목적으로 외국 아이들을 납치한 책임이 있다.

으스스한 말들이었다. 여기에 재판의 냉정한 법률 용어로 어린 시절 나를 돌봤던 조직의 본질이 적혀 있었다. 그걸 '돌봄'이라고 표현할 수 있을지는 모르겠지만 말이다. 이어서 기소장은 이 프로젝트의 동기와 이 프로젝트가 작동된 나라들도 제시했다.

> '인종적으로 가치 있는' 외국 아이들을 납치할 대규모 계획이 시작되었다. 이 계획은 적국을 약화시키는 동시에 독일 인구를 늘리려는 이중 목적을 가졌다. 또한 점령국에 보복과 위협을 가하는 수단으로도 쓰였다. 전쟁 기간 중 수많은 체코와 폴란드, 유고슬라비아, 노르웨이 아이들을 부모나 보호자에게서 빼앗아 그들의 '인종적 가치'에 따라 분류했다.

나는 이 기소장에 언급된 나라들을 메모했다. 기젤라의 서류에서 찾아낸 문서에 내가 독일화를 위해 제3제국으로 이송됐다고 암시한 구절을 본 이래 내가 체코슬로바키아나 폴란드, 유고슬라비아, 심지어 노르웨이 출신일 가능성이 있는 듯했다. 어쩌면 8번 소송 서류철의 나머지 서류들에 더 확실한 증거가 있을지 몰랐다.

나머지 서류를 살펴보기 전에 피고인들의 명단이 눈에 들어왔다. 세 명의 남자와 한 명의 여자, 이 레벤스보른의 고위 간부 네 명이 뉘른베르크 피고석에 있었고 그들의 역할과 계급이 적혀 있었다.

> 막스 솔만: 친위대 대령. 레벤스보른 수장
> 그레고르 에브너: 친위대 상급대령. 레벤스보른 보건본부장
> 잉게 비어메츠: 레벤스보른 A 본부장 대리

나는 네 번째 이름을 보고 주춤했다.

권터 테슈: 친위대 소령. 레벤스보른 법률본부장

내가 아는 이름이었다. 권터 테슈는 나를 헤르만과 기젤라에게 건넨 계약 문서에 서명한 사람이었다. 내 위탁양육을 관리한 그 남자가 뉘른베르크 재판에 기소되었던 것이다.

나는 내 앞에 놓인 심란하게 큼직한 서류 상자를 다시 살펴봤다. 재판은 57일간 이어지며 2,000점에 가까운 증거를 검토하고 검찰과 피고 측 증인 116명의 증언을 들었다. 종이에 인쇄된 기록이 무려 4,780쪽에 달했다. 나는 뉘른베르크에 머물기로 계획한 사흘로 충분할지 의문이 들었다.

텔퍼드 테일러라는 미국 군사재판 변호사인 검사장이 기소의 배경을 설명했다. 내가 하다마르에서 알게 된 것처럼 처음부터 레벤스보른의 어린이 유괴와 독일화 프로그램은 그들이 '열등 종족'이라 간주하는 사람들을 절멸하기 위한 나치 계획에 꼭 필요한 일부였다.

제3제국은 침략전쟁을 착수하면서 이 해로운 사상을 현실로 옮길 수 있게 됐습니다. 1940년 중반에는 매우 확실한 계획이 수립되었습니다. 이는 힘러가 작성한 〈동유럽의 외국 종족 처우에 대한 고찰〉이라는 1급 기밀문서에 드러납니다.

내가 처음 듣는 문서였다. 하지만 테일러 검사장이 이어서 법정에

뉘른베르크 전범재판에 기소된 레벤스보른 간부

1947년 뉘른베르크 재판 전에 촬영되었다. 위 왼쪽부터 시계 방향으로 막스 솔만, 그레고르 에브너, 잉게 비어메츠, 권터 테슈.

서 진술한 대로 워낙 비밀스러운 문서였던 탓에 힘러가 히틀러의 최측근과 당 최고 간부들 말고는 아무에게도 보여주거나 복사해서는 안 된다는 지시를 내렸다. 테일러는 친위대장 힘러가 '유대인이라는 개념이 완전히 소멸할 것이다'라는 희망을 피력한 부분을 인용한 뒤, 순수 아리아인 혈통이라 여겨지는 아이들을 훔쳐 오겠다는 힘러의 청사진이 등장하는 부분을 낭독해 재판 기록으로 남겼다.

> 좋은 혈통을 가진 이 아이들의 부모들에게는 아이를 포기할 선택권이 주어질 것이다. 이후 그들은 아이를 더는 낳지 않을 테니 동쪽의 이 열등한 종족이 우리와 동등한 지도자 계층을 얻어 우리를 위협할 위험이 사라질 것이다…….
>
> 만약 우리가 이런 아이들을 우리 혈통으로 인정한다면 그 부모들은 아이가 독일의 학교로 보내지고 영원히 독일에 남게 되리라는 통보를 받을 것이다.

폴란드는 최초로 나치에 점령당한 나라였다. 따라서 레벤스보른 유괴의 첫 시험장이 되었다. 법원에 제출된 1941년 6월 18일자 편지에서 힘러는 이렇게 지시했다.

> 나는 폴란드 가족의 어린아이 중 특별히 좋은 인종적 특징을 보이는 아이가 있다면 우리가 빼앗아서 특별한 어린이 기관과 보육원에서 교육하는 것이 적절하다고 생각한다. 그리고 이런 기관과 보육원은 너무 커서는 안 된다.

받아들일 만하다고 증명된 아이들의 가계와 혈통에 대한 서류는 반년 안에 입수해야 한다. 전체적으로 1년 뒤에는 이 아이들을 좋은 인종의 자녀가 없는 가족에게 위탁아동으로 배정하는 것을 고려해야 한다.

6개월 뒤 그는 이 계획을 실제로 어떻게 집행할지 자세히 지시하는 새로운 칙령을 발표했다. 그리고 장래가 촉망되는 '인종적으로 소중한' 알곡 같은 아이들을 쭉정이 같은 부모들에게서 분리해내는 법도 지시했다. 그는 이들 부모 가운데 많은 이가 나치 점령에 적극적으로 반대할 것이라고 인식했다.

정치적 범죄와 깊이 연루된 사람들은 재정착 작전(어린이 납치를 가리키는 힘러의 완곡한 표현)에 포함되어서는 안 된다. 이들의 명단은 강제수용소 수감을 위해 고위 친위대와 경찰 간부 들이 관할 국가경찰본부에 제출할 것이다. …… 이 경우 아이들은 부모와 분리될 것이다…….

고위 친위대와 경찰 간부 들은 부모의 해로운 영향으로 아이들의 독일화에 문제가 생기지 않도록 특별한 주의를 기울여야 한다.

해로운 영향이 있다고 판단되거나 국가경찰의 강압적 조치에도 제거할 수 없다면, 정치적·사상적으로 나무랄 데 없으며 좋은 혈통에 대한 사랑으로 주저 없이 아이들을 피후견인으로 받아들이고 친자식처럼 대해줄 가정에 아이들의 거처를 마련해주어야 한다.

법정 기록에는 힘러가 나치의 인종적 '가치' 기준에 부합하지 않는 폴란드 가족들의 처리 방법을 지시한 내용도 있었다.

> 브룬힐드 무진스키는 보호감호에 취해질 것이다. 네 살, 일곱 살인 두 아이는 불임수술 뒤 어딘가의 위탁가정에 맡겨질 것이다.
>
> 잉게보르크 폰 아베나리우스도 보호감호에 취해질 것이다. 그녀의 자녀들도 불임수술 뒤 위탁가정에 맡겨질 것이다.

1943년 10월 힘러가 이처럼 끔찍한 명령들을 정당화했던 연설을 글로 옮긴 기록도 법정에 제출되었다.

> 나는 이 외국 사람들, 특히 몇몇 슬라브 민족을 다룰 때는 독일인의 관점에서 보아서는 안 된다고 생각합니다. 고귀한 독일적 사고와 논리적 추론 능력을 애초에 지니고 있지 않은 사람들에게 그런 능력이 있다고 생각해서는 안 됩니다. 그들을 실제 있는 그대로 보아야 합니다.
>
> 워낙 여러 민족이 뒤섞여 있다 보니 인종적으로 훌륭한 유형도 늘 섞여 있을 것입니다. 그러므로 필요하다면 그 아이들을 빼앗거나 훔쳐서 그들의 환경으로부터 떼어내 데려오는 것이 우리의 의무입니다. 우리를 위해 이용할 수 있고, 우리 민족에 포함시킬 수 있는 좋은 피는 우리가 가져오거나, 아니면 파괴해야 합니다

따라서 폴란드의 아이들, 적어도 나치의 '좋은 아리아인의 특성'에

부합하는 금발에 푸른 눈을 가진 아이들은 부모와 떨어져 임시수용소로 이송됐다. 이곳에서 이른바 '전문적인 인종 검사관'들이 사무실을 차려 놓고 친위대가 데려온 어린이 수천 명을 측정하고 찔러보고 평가했다. 인종과 정착 본부가 발표한 내용에 따르면 그들의 평가는 최종적이었고 이의 제기를 할 수 없었다.

> 전문가의 인종 판단이 통과되면 …… 어떤 관청도 바꾸지 못한다. 전문가의 판단은 의사의 진단과 마찬가지로 전문적이다.

선택된 아이들은 레벤스보른으로 보내졌다. 서류 상자에는 기록들이 있었다. 빽빽하게 타이핑된 서류 다발에 가족을 빼앗긴 채 독일 곳곳의 레벤스보른 시설로 보내진 아이들의 이름이 기록돼 있었다. 나는 눈을 감고 그 장면을 떠올렸다. 아이들로 가득한 기차역을, 돌봐줄 보호자 하나 없이 화차와 객차에 가축처럼 빼곡하게 실린 아이들을.

바로 그 순간 이상하게도 어떤 기억의 파편이 떠올랐다. 그때까지 한 번도 떠오른 적이 없었지만, 진짜라고 느껴지는 기억이었다. 나는 매우 어렸다. 기차에 있었는데 다른 작은 아이와 함께 바닥에 앉아 있었다. 우리는 담요 한 장을 같이 덮고 있었고 서로 담요를 빼앗으려 했다. 나는 싸움에서 졌고 기차가 길고 어두운 터널들을 지나가는 동안 지독히 추웠다. 이게 진짜 일어났던 일일까? 폴란드에서 일어났던 일의 기록을 읽는 동안 내 잠재의식에 60년 동안 잠자고 있던 기억이 깨어난 것일까?

뉘른베르크 재판 기록들을 읽을수록 나는 마음이 점점 불편하고 어수선해졌다. 내 머릿속에 재판이 그려졌다. 재판의 초점은 이제 폴란드에서 당시 체코슬로바키아에 있던 작은 마을로 이동했다.

1947년 증인석에 서서 5년 전 일어났던 일을 증언할 때 마리 돌레잘로바는 열다섯 살이었다. 1942년 6월 9일 아침 친위대와 게슈타포 대원들이 가득 탄 트럭 열 대가 프라하 근처 작은 농촌 마을 리디체로 들어왔다.

2주 전 유격대들이 친위대 보안방첩부장 라인하르트 하이드리히를 암살한 사건이 있었다. 그는 힘러의 총애를 받는 자로, 제3제국이 점령한 그 지역을 통치하고 있었다. 히틀러는 대규모 보복을 주문했다. 리디체를 콕 집어 급습한 이유는 이 마을이 하이드리히를 죽인 유격대원들과 관련 있다는 의혹을 받고 있었기 때문이다.

무장한 군인들이 트럭에서 뛰어내려 리디체 주민들을 모두 잡아들였다. 마리의 아버지를 포함해 모든 성인 남자 173명이 헛간 벽 앞에서 총살당했다. 군인들은 그들의 시신을 과수원에 열일곱 줄로 눕힌 뒤 마을과 함께 불태워버렸다.

리디체의 여성들은 라벤스브뤼크 강제수용소로 실려 갔다. 200명 정도였고 만삭인 임산부도 있었다. 군인들이 아이들을 낚아챘다. 184명의 아이가 버스에 실려 우치의 전 섬유공장 건물로 옮겨졌다. 힘러의 명령에 따라 아이들에게 먹을 것을 주지 않았고, 담요도 없이 차가운 흙바닥에서 자도록 했다.

인종과 정착 본부의 '인종 검사관'이 우치에 도착해서 아이들을 하나하나 평가하며 아리아인의 특징을 찾았다. 103명이 '불합격'됐다. 74명은 즉시 게슈타포에게 넘겨져 70킬로미터 떨어진 헤움노 절멸수용소로 이송되었다. 그곳에서 아이들은 특별히 개조된 가스 트럭에서 살해되었다. 일곱 명만 독일화에 적합한 후보로 선발되었다. 마리 돌레잘로바는 그중 하나였다.

보육원에 도착했을 때 마리는 다른 여러 나라에서 온 아이들과 함께 지내게 됐다. 독일어를 배워야 했고 체코어를 말하다가 걸리면 벌을 받았다. 레벤스보른은 그녀를 승인된 독일 위탁가정에 건네주었다. 위탁부모는 친절했다. 그녀가 함께 살게 된 것을 기념해 새 옷 두 벌을 선물했다. 단 그녀의 고향에 대해서는 잊으라고 충고했다.

전쟁이 끝난 뒤 학살과 강제수용소에서 살아남은 많지 않은 리디체 여성들이 잃어버린 아이들을 찾기 시작했다. 1년 뒤, 마리는 뉘른베르크에서 증언하기 직전 그녀의 친어머니와 재회했지만, 어머니는 그때쯤 죽어가고 있었다. 어머니의 병상 옆에 선 그녀는 자신이 모국어를 한마디도 기억하지 못한다는 사실을 깨달았다.

마리 돌레잘로바는 이 모든 것을 뉘른베르크 법정에서 증언했다. 그녀의 증언을 읽으며 나는 그녀의 입장이 되었다. 어쩌면 나도 힘러의 군대가 완전히 불태워버린 마을 출신인지도 모른다. 금발이나 파란 눈 덕택에 죽음의 수용소에서 구조된 이른바 '인종적으로 가치 있는', 운 좋은 아이 가운데 하나였는지 모른다. 하지만 그렇다면 친위대는 나를 정확히 어디에서 훔쳐 온 것일까? 그리고 마리처럼 나도 언젠가 친엄마가 돌아가시기 전에 만날 희망이 있을까?

그러고 나서 나는 명단을 발견했다. 1944년 레벤스보른 직원들이 작성한 너덜너덜해진 잿빛 인쇄용지들이었다. 거의 60년이 지난 활자는 간신히 알아볼 수 있을 만큼 희미해져 있었다. 각 페이지는 네 개의 세로 단으로 구분돼 있었다. 첫 번째 단에 알파벳순으로 정리한 이름이 있었다. 그다음 단에 적혀 있는 출생일이 모두 1940년대 초인 것으로 보아 아이들 명단임이 분명했다. 세 번째 단에는 '이송지'라는 제목이 달려 있었고, 마지막 단에는 날짜가 있었다.

서류에는 아이들 473명의 신원이 기록돼 있었다. 중간쯤 내려가자 익숙한 이름이 눈에 들어왔다.

> 에리카 마트코
>
> 〔출생〕 1941년 11월 11일
>
> 〔이송〕 뮌헨, 겐츠슈트라세 5번지. 육군 대령 헤르만 폰 욀하펜
>
> 〔날짜〕 1944년 3월 6일

내 진짜 이름을 찾았다.

진짜였다. 공식 법정 기록일 뿐 아니라 헤르만의 주소(와 내가 그에게 건네진 날짜)까지 정확했다. 나는 그 명단을 앞에 놓고 의자에 앉았다. 놀랍게도 별다른 감정이 느껴지지 않았다. 슬로베니아 정부로부터 에리카 마트코라는 인물이 여전히 로가슈카슬라티나 지역에 살고 있다는 편지를 받은 날부터 나는 길을 잃은 느낌이었다. 내가 누구인지 알 수 없었다. 그런데 이제 이 빛바랜 레벤스보른 명단을 들여다보며 내 목적과 진짜 정체성이 내게 다시 돌아오는 듯했다.

그 명단에는 전 레벤스보른 직원의 선서 진술서 두 개가 첨부돼 있었다. 그들은 뉘른베르크 검찰 측 조사관에게 심문을 받았다. 첫

번째 진술서는 레벤스보른 본부에서 일했던 마리아 마르타 하인츠 비세데라는 여자의 것이었다. 1948년 8월 9일 조사관은 그녀에게 서류들을 보여주며 몇몇 아이들의 출신지를 물었다. 에리카 마트코도 그중 하나였다.

> 제 앞에 놓인 명단에는 유고슬라비아 아이들의 이름도 있습니다. …… 에리카 마트코.
>
> 이 아이들에 대해 제가 아는 것은 문서 기록뿐입니다. 레벤스보른이 독일 가정으로 …… 이들을 보냈으니까요.
>
> 서류에서 쓰여 있듯이 이들은 '폭도의 아이들'이라 불렸습니다. 레벤스보른은 재외독일인연락소(Volksdeutsche Mittelstelle, VoMi)로부터 이 아이들을 넘겨받았습니다. …… 제가 기억하는 한 레벤스보른은 이들을 바이로이트 지구의 재외독일인연락소 수용소에서 데려왔습니다.

내 심장이 뛰었다. 여기 이렇게 문서에 있었다. 재외독일인연락소라는 조직이 나를 유고슬라비아에서 데려와 레벤스보른으로 넘겼다고 말이다.

재외독일인연락소는 힘러의 명령을 따르는 혼란스럽고 중첩되는 기관 중 하나였다. 전쟁 전에 설립되었는데 명목상으로는 재외 민족독일인, 곧 나치 독일 국경 밖에 사는 독일인의 이해관계를 다루는 것이 목적이었다. 그러나 일단 히틀러의 군대가 폴란드와 체코슬로바키아, 유고슬라비아를 점령하자 재외독일인연락소는 50만 명의 독일인 지원자들을 점령지에 정착시키는 동시에 그곳에 정당하게 거주할 권리가 있는 주민들을 추방하거나 투옥했다. 사실상 요즘 우리가 인종청소라 부르는 것의 효시였다. 따라서 재외독일인연락소가 내 출생지에 관여했다는 말은 내 친가족의 운명에는 좋지 않은 소식이었다.

내 가족은 누구였을까? 마리아의 진술서에 실마리와 흥미진진한 암시가 있었다. 나는 다른 유고슬라비아 아이들과 함께 '폭도의 아이들'로 분류됐다. 나치 용어로 폭도는 유격대원을 뜻한다. 나는 솟구치는 자부심을 느꼈다. 우리 아버지들은 반란군이었다. 나치의 점령에 저항했다. 그들은 분명 용감했을 것이다.

두 번째 선서 진술은 에밀리에 에델만이라는 레벤스보른 전 서기의 것이었다. 그녀는 1939년 레벤스보른에 들어갔고 거의 마지막까지 그곳에서 일하며 위탁가정 배정을 위해 대기 중인 아이들의 돌봄을 책임지는 지위까지 올라갔다. 1948년 4월 3일, 그녀 또한 미국인 조사관에게 아이들을 유고슬라비아에서 훔쳐 왔다고 진술했으며, 레벤스보른 시설에 이르기까지 내 여정의 자세한 사항을 몇 가지 언급했다. 그녀는 납치된 아이들을 '남동쪽 아이들(Südost-Kinder)'이라고 불렀다. 이는 독일이 점령한 남동부 영토에서 데려온 사람들을 일컫는 재외독일인연락소의 용어였다.

나는 모든 것을 확실히 해두려고 집착적으로 다시 읽었다. 분명했다. 여기 이 뉘른베르크 문서철에 내가 1942년에서 1943년 사이에 유고슬라비아에서 납치되어 독일로 이송된 적어도 25명의 유아 가운데 하나였다는 결정적인 증거가 있었다. 나는 남부 독일의 베르덴

펠스의 재외독일인연락소 임시수용소로 실려 갔다가, 다시 코렌-잘리스의 조넨비제 보육원으로 옮겨졌고, 결국 뮌헨의 폰 욀하펜 가족에게 위탁되었다.

뉘른베르크를 떠나기 전에 답해야 할 질문이 남았다. 재판은 어떻게 끝났는가? 재판을 받은 레벤스보른 고위 간부들은 어떤 처벌을 받았는가?

인종과 정착 본부의 최고 간부 대부분은 유죄 판결을 받고 긴 징역형을 선고받았지만, 충격적이게도 네 명의 레벤스보른 피고인들은 반인도적범죄와 전쟁범죄에 대해 무죄 판결을 받았다. 세 남자는 친위대원으로 유죄 판결을 받았지만 모두 철창에 하루도 갇히지 않았다. 여성은 그마저도 판결에서 제외되었다. 법정에 제시된 그 모든 증거를 보고도 판사들은 레벤스보른이 '복지 기관'일 뿐이라는 믿을 수 없는 결론을 내렸다.

나는 분노했다. 나는 뉘른베르크 재판의 증거들을 읽었고, 하다마르의 모임에서 나와 같은 생존자들의 참혹한 이야기를 들었다. 이제 진실을 알았으니 내가 어떻게 레벤스보른의 손아귀에 들어가게 됐는지 더 자세히 알아봐야겠다는 결심이 그 어느 때보다 굳어졌다.

슬로베니아 정부가 뭐라하든 나는 분명 그곳 태생이었다. 그걸 증명해야 했다.

13장

로가슈카슬라티나

"당신의 어린 시절에 대한 몇 가지 질문에 대답해주시면 정말, 정말 고맙겠습니다. 그냥 호기심에서 물어보는 것이 아닙니다."

잉그리트 폰 욀하펜이 에리카 마트코에게 보내는 편지, 2003년 6월

나는 독일에서 마트코라는 성을 가진 사람들을 찾아냈다. 일일이 편지를 보내 혹시 나나 헤르만과 기젤라 폰 욀하펜 부부에 대해 아는지 물었다. 별 기대 없이 혹시나 하고 보낸 편지에 놀랍게도 답장이 조금씩 도착했다. 그들은 내 행운을 빌어주었지만 조사에 도움을 주지는 못했다.

그러는 동안 요제프 폭스는 분주했다. 이 '아버지 발견자'는 독일의 마트코들에게 보낸 내 편지의 결과에 단념하지 않고 조사의 지리적 범위를 넓혔다.

요제프가 없었더라면 나는 내 과거의 진실을 밝히지 못했을 것이다. 그는 1980년대에 북대서양조약기구(NATO)에서 파견 근무를 한

퇴역 육군 장교였다. 노르웨이에 주둔하는 동안 그는 독일군 아버지에게서 태어난 아이들과 레벤스보른 아이들의 이야기를 처음 접했다. 그들의 삶을 피폐하게 만드는 수치심과 고통에 마음이 흔들린 요제프는 그들이 가족을 찾는 일을 돕기 시작했다.

그는 처음부터 레벤스보른이 많은 아버지의 이름을 고의로 감춘 탓에 생긴 문제에 부딪혔다. 인터넷 이전 시대의 가계를 추적하기가 현실적으로 어렵다 보니 그는 독창적인 해결책을 찾아냈다. 그는 지역의 인맥을 활용했고(택시 기사들은 좋은 정보원이었다), 잘 알려지지 않은 기록보관소와 오래된 신문을 보관하는 도서관을 찾아다녔다. 심지어 묘지를 방문해 묘비에 새겨진 이름까지 살펴봤다. 차츰 그는 수수께끼를 푸는 방법을 터득했다.

내가 요제프를 만났을 무렵 그는 1,000건이 넘는 사례를 맡아서 대체로 성공적으로 가족을 찾아냈다. 모두가 레벤스보른 아이들이었던 것은 아니다. 그는 조사를 위해 독일 곳곳과 멀리 미국과 호주까지 돌아다녔다. 본에 있는 그의 사무실에는 서류가 불룩하게 담긴 서류철들이 가득했다. 이 모든 일을 그는 돈 한 푼 받지 않고 했다. 그는 오래전 군에서 은퇴해 연금으로 생활하면서 나 같은 사람을 도우며 고통을 덜어주는 일로 보람을 느꼈다. 그에 대한 고마움은 이루 말할 수 없다.

내 친가족일 가능성이 큰 마트코 가족을 찾아낸 사람도 요제프였다. 그는 이번에도 인맥을 동원했다. 아는 사람 중에 어머니가 유고슬라비아에서 나치 손에 끌려와 노예 노동에 시달렸던 이가 있었다. 그녀의 도움으로 그는 로가슈카슬라티나와 그 근처에 사는 몇몇 마트코 가족의 연락처를 알아냈다. 그들은 하나의 확대가족인 듯했다. 몇몇은 내 또래이거나 나보다 나이가 조금 많았고 한 세대쯤 어린 사람들도 있었다. 무엇보다 그들 중 한 사람의 이름이 에리카였다.

요제프는 그녀의 주소를 찾아냈고, 그녀의 친척으로 보이는 마리아 마트코의 전화번호도 알아냈다. 마리아에게는 그가 전화를 걸고, 에리카에게는 내가 편지를 쓰기로 했다.

나는 컴퓨터 앞에 앉아 무엇이라고 쓸지 생각했다. 쓰기 쉬운 편지는 아니었다. 나는 이 여성이나 그녀가 사는 나라에 대해서 아무것도 몰랐다. 결국 나는 내 과거에 대한 진실을 알고 싶다고 솔직하게 쓰기로 마음먹었다. 내가 불쑥 연락한 독일의 마트코들이 나와 아무런 관계도 없고, 내게 도움을 주지도 못하는데도 애써 답장을 보내주었으니, 내가 태어났다고 알고 있는 곳에 내 이름으로 살아가는 이 사람도 도움을 호소하는 내 편지에 마음이 움직이리라 생각했다.

오스나브뤼크, 독일
2003년 2월 16일

마트코 씨께

당신의 도움을 바라며 매우 사적인 문제로 이렇게 편지를 씁니다. 문제는 제가 슬로베니아어를 하지 못하며 당신도 독일어를 하리라 기대할 수 없다는 것입니다. 하지만 제 편지를 해석하고 도와

줄 누군가가 당신 곁에 있기를 바랍니다.

저는 몇 년 동안 제 친부모를 찾고 있습니다. 그 과정에서 매우 이상한 일들을 발견했고, 그로 인해 무척 불안하고 혼란스럽습니다. 그래도 계속해야 한다는 것을 압니다.

저를 위탁양육한 부모는 레벤스보른 보육원 '조넨비제'에서 저를 데려오셨습니다. 그곳에서 발행한 두 장의 예방접종 서류에는 제 이름이 에리카 마트코로 되어 있고, 장트자우어브룬 출생으로 표시되어 있습니다. 제 어린 시절과 관련된 다른 서류는 갖고 있지 않습니다. 저는 제가 어떤 상황에서 위탁가정에 오게 되었는지 모릅니다. 제 위탁부모님은 제게 어떤 정보도 알려주지 않았습니다.

10년 전까지도 저는 제가 레벤스보른의 아이라는 사실조차 몰랐습니다. 적십자는 제 신원과 관련된 어떤 정보도 발견하지 못했습니다. 저는 레벤스보른을 연구하며 그 주제로 책을 발간한 게오르크 릴리엔탈 박사에게 문의했습니다. 그는 제가 아마 유고슬라비아에서 태어나 납치된 아이들 가운데 하나일 거라고 알려주었습니다.

그렇게 제 과거를 찾는 과정에서 당신을 발견하게 되었습니다. 저는 그냥 호기심에서 묻는 것이 아니라 어떻게 에리카 마트코가 두 사람이 되었는지 정말 알고 싶습니다. 당신은 혹시 레벤스보른 보육원에서 지내신 적이 있습니까? 아니면 다행히도 평생을 로가슈카슬라티나에서 보내셨습니까?

어린 시절에 대한 제 의문들에 답을 해주실 수 있다면 정말, 정말 감사하겠습니다.

행복을 기원하며,

잉그리트 폰 욀하펜

이제 내가 할 일은 없었다. 나는 이 다른 에리카 마트코의 마음에 가닿기를 바라며 편지를 부쳤다.

그동안 요제프의 조사에는 진전이 있었다. 그는 마리아 마트코와 연락이 닿았고 대화가 잘 진행됐다. 그는 슬로베니아어를 못하고 그녀는 독일어를 못하기 때문에 통역사의 도움을 받았다. 그녀는 내 또래인 듯했고 평생을 로가슈카슬라티나에서 보냈다.

마리아가 요제프에게 말한 내용으로 보건대 그녀는 마트코 집안의 가장이었다. 마트코 집안은 한때 반나치 운동에 참여했는데 그녀는 그리 자세히는 알지 못했고 가족 한 사람이 나치에 처형되었으며 1940년대에 세 아이가 납치되었다는 이야기를 오래전에 들은 듯하다고 기억할 뿐이었다. 그녀의 기억은 내가 찾고 있는 마트코 가족과 가까운 듯했다. 게다가 더 좋은 소식은 그녀가 이 수수께끼 같은 에리카를 매우 잘 알고 있다는 것이었다.

그러나 나를 깜짝 놀라게 한 것은 마지막 정보였다. 요제프가 마리아에게 나를 만나봐야 한다고, 그리고 에리카도 함께 데려오라고 설득했다는 것이다. 나는 그 소식을 듣자마자 긴장했다. 정말 가고 싶었지만 그들을 만날 생각을 하니 겁이 났다. 그들이 내가 찾는 마트코가 '아니고', 그냥 헛걸음만 치고 오는 게 아닐까? 그러면 아마 나는 절망할 것이다. 그리고 그들이 내 친족이라 할지라도 만남이 잘 되리란 법이 없다. 어쩌면 그들은 내게 적대적이거나 이유 없이 화를 낼지도 모른다. 그건 더 절망적인 일일 것이다.

요제프는 그런 걱정을 전혀 하지 않았다. 그는 동의할 때까지 나를 설득했다. 그곳에 가려면 우선 비행기로 뮌헨까지 간 다음, 슬로베니아의 수도인 류블랴나로 가서 택시를 타고 80킬로미터를 달려 그 지역의 주요 도시인 첼예까지 가야 했다.

그곳에 가야 할 또 다른 이유가 있었다. 매해 가을이면 나치에 납치되어 끌려갔다가 살아남은 소수의 생존자들이 첼예에서 모였다. 요제프는 내가 로가슈카슬라티나로 가기 전날에 그들을 만날 수 있도록 주선해주었다. 로가슈카슬라티나에 가면 카페에서 마리아를 만날 예정이었다. 요제프는 슬로베니아어를 할 줄 아는 친구에게 내 통역사로 같이 가달라고 부탁했다.

나는 그 무렵 슬로베니아와 그곳의 역사에 대해 거의 알지 못했다. 유고슬로비아 해체 이후 어떻게 슬로베니아가 생겼는지조차 몰랐다. 출발일이 다가오자 나는 열심히 자료를 찾아 읽으며 내가 레벤스보른 프로젝트로 납치되지 않았더라면 내 삶이 어땠을지 조금이라도 감을 잡아보려 했다.

유고슬라비아는 독일 점령자들을 처음으로 타도한 나라들 가운데 하나였다. 요시프 티토가 지휘한 유격대원들은 나치에 점령된 유럽에서 가장 강력한 반나치 저항 세력이었다. 1943년 중반 이들의 활동은 산발적인 유격전을 넘어 히틀러의 군대에 감당하기 힘든 큰 패

배와 막대한 사상자를 안기기 시작했다. 1944년 초에 그들은 독일 국방군을 세르비아 지역에서 밀어내는 데 성공했고, 1년 뒤에는 모든 독일 군대를 쫓아냈다.

티토의 유격대는 소련으로부터 아주 약간의 지원만 받고 그 모든 것을 이루었다. 전후 티토 정권은 확실한 공산주의 정권이었고, 반대파나 민주주의에 대한 관용이 없는 일당제 국가였지만, 이후 25년간 철의 장막에 둘러싸인 소련의 위성국 중 가장 독립적인 나라였다. 1948년 유고슬라비아는 소련과 거리를 두기 시작했다. 그리고 독자 노선의 사회주의를 구축하기로 마음먹었다. 유고슬라비아는 '비동맹운동'의 창립국 중 하나로, 소련과 서방 모두를 자유롭게 비판했다. 비동맹운동은 냉전의 어느 쪽도 지지하기를 거부했던 국가들의 조직이었다.

그러나 표면 아래에 늘 긴장이 맴돌았다. 신생국 유고슬라비아는 서로 독립적이고 종종 적대적인 여섯 개의 공화국인 세르비아와 크로아티아, 보스니아-헤르체고비나, 마케도니아, 몬테네그로, 슬로베니아를 뭉친 나라였다. 이들 각각은 매우 다른 민족과 종교, 정치적 역사를 갖고 있었다. 이들을 한데 뭉친 것은 티토였지만, 1980년 그가 사망하자 유고슬라비아는 해체되기 시작했다.

세르비아인들은 유고슬라비아에서 가장 큰 민족 집단이었고 제2차 세계대전 이전에는 유고슬라비아 왕국에서 가장 지배적인 세력이었다. 티토가 사라지자 세르비아 공산주의자연맹 지도자 슬로보단 밀로셰비치는 세르비아인의 옛 패권을 되찾으려 했다. 다른 공화국들, 특히 슬로베니아와 크로아티아는 이런 권력 강탈을 맹렬히 비난했지만 막을 수 없었다.

1989년 코소보에서 알바니아계 광부들이 일으킨 노동쟁의가 폭발 직전의 갈등에 불을 붙였다. 슬로베니아인과 크로아티아인 들은 알바니아 광부들을 지지했고, 파업은 코소보 독립을 요구하는 광범위한 시위로 커졌다. 권력을 잡은 세르비아인들은 이에 분노하며 경찰을 동원해 시위를 진압했고 결국 질서 회복이라는 명분 아래 군대를 들여보냈다.

1990년 1월 유고슬라비아 공산주의자동맹 특별대회가 소집되었다. 일당제 국가인 유고슬라비아에서 공산주의자동맹은 사실상 통치기구였다. 대회는 유고슬라비아의 미래에 대해 슬로베니아 측과 세르비아 측이 논쟁을 벌이며 분위기가 험악해졌다. 결국 유고슬라비아 공산주의자동맹이 해체되었다. 유고슬라비아의 미래에 불길한 조짐이 드리워졌다.

즉각적인 결과는 헌정 위기였다. 자민족 중심의 국수주의가 위태롭게 부상하고 나머지 동구권의 공산주의가 몰락하면서 공화국 다섯 곳이 독립과 세르비아 지배 종식을 요구했다. 전쟁을 위한 무대가 준비되었다.

결국 제2차 세계대전 이래 유럽 최악의 충돌이 벌어졌다. 반인도적범죄의 유령이 다시 깨어났다. 이후 10년에 걸쳐 최소 14만 명이 전투에서 숨졌다. 그 밖에도 수십만 명, 어쩌면 수백만 명이 인종청소와 전쟁 무기로 이용된 강간과 강제수용소 감금, 대규모 폭격의 피해를 입었다.

이 추잡한 전쟁이 처음 일어난 곳이 지금의 슬로베니아였다. 1990

년 12월 슬로베니아인의 88퍼센트가 해체되고 있는 유고슬라비아로부터의 완전한 독립에 찬성표를 던졌다. 물론 이 투표 결과가 세르비아인들이 장악한 유고슬라비아 인민군의 침략으로 이어질 수밖에 없다는 것을 잘 알고 있었다. 신생 슬로베니아 정부는 자신들의 구식 영토방위군을 비밀리에 재조직해 잘 훈련된 무장 유격부대로 변신시켰다. 한때 히틀러의 군대를 몰아냈던 빨치산 저항이 효과적으로 부활했다.

슬로베니아인들은 정규 전투에서는 승산이 없다는 것을 알았다. 유고슬라비아 인민군은 너무 크고 강력했다. 그래서 게릴라전을 준비했다. 다리를 폭파하고 그들이 세운 신생국가의 도시와 마을에서 소규모 근접전을 벌이는 저항 전술을 부활시켰다.

슬로베니아는 유럽 공동체와 미국에도 도움을 요청했다. 하지만 둘 다 슬로베니아의 독립을 인정할 준비가 되어 있지 않았다. 그들에게는 여러 개의 작은 국가보다는 단일한 연방국가를 상대하는 것이 더 편했다. 이들의 침묵에 세르비아인들은 대담해졌고, 전면적인 내전이 불가피했다.

1990년 6월 27일 유고슬라비아 인민군이 류블랴나에서 75킬로미터밖에 떨어지지 않은 작은 마을 디바차에서 첫 총성을 울렸다. 그 날 오후 슬로베니아 병사들이 유고슬라비아 인민군 헬리콥터 두 대를 쏘아 떨어뜨렸다.

이후 열흘에 걸쳐 전투는 서쪽으로 수도 류블랴나를 향해 이어졌고, 그러고 나서는 수도를 지나 첼예와 로가슈카슬라티나 둘레의 동부 중심지로 이어졌다. 7월 6일 정전이 선언되었다. 슬로베니아는 독립을 쟁취했지만, 최소 62명이 사망하고 330명 정도가 부상을 입는 대가를 치렀다. 이후 크로아티아와 보스니아, 코소보에서 일어난 충돌과 비교하면 작은 전쟁이었다. 하지만 나치를 쫓아낸 이래 슬로베니아인들은 처음으로 자유를 누렸다. 뭐라고 설명할 수는 없지만 나는 이 사실에 자부심을 느꼈다.

2003년 9월 말 나는 비행기를 타고 뮌헨으로 갔다. 요제프 폭스는 내가 뮌헨 공항에서 통역사를 만나 함께 비행기를 타고 류블랴나로 갈 수 있게 주선했다. 그러나 우리가 탈 비행기의 탑승 안내가 나올 때까지 통역사는 도착하지 않았고, 나는 혼자 비행기에 탈 수밖에 없었다. 안 그래도 슬로베니아에서 누구를, 또는 무엇을 발견하게 될지 긴장하고 있었는데, 독일어밖에 할 줄 모르는 나 혼자 가게 되어 더 불안했다. 다행히도 통역사는 가까스로 승무원을 통해 메시지를 전달해왔다. 교통 체증으로 꼼짝 못 하고 있으며 다음 비행기로 갈테니 류블랴나에서 만나자고 했다.

나는 류블랴나 공항에서 종일 기다렸다. 휴대전화는 신호가 잡히지 않았고, 독일어를 할 것처럼 보이는 사람도 없었으며, 슬로베니아 공중전화는 어떻게 작동하는지 알아낼 수 없었다. 그냥 앉아서 통역사를 기다리는 수밖에 없었다.

통역사는 저녁이 되어서야 도착했고 나는 무척 초조한 상태였다. 그러나 내 감정에 사로잡힐 여유가 없었다. 납치되었던 슬로베니아 아이들의 모임이 열릴 첼예의 초등학교로 서둘러 이동해야 했다. 내가 알기로 그 마을은 독일 점령기에 '칠리'라는 이름으로 불리던 빨치산 저항의 중심지로, 나치가 무자비한 보복 공격을 자행했던 곳이다.

나는 차창밖으로 스치는 풍경을, 내가 태어난 땅을 잘 보아두려 했다. 거의 70년 만에 보는 그곳에서 새로운 기억이 떠오르지 않을까 기대했지만, 실망스럽게도 그렇지는 않았다.

나는 그날 첼예에서 열린 행사가 내가 처음 참가했던 레벤스보른 아이들의 모임과는 무척 다르다는 사실에 놀랐다. 그들은 1962년부터 서로를 찾기 시작했고, 그들의 이야기를 (당시) 유고슬라비아에 알리려고 애썼다.

그날 저녁 내가 만난 사람들은 모두 80대였다. 나보다 열 살에서 열다섯 살이 더 많았다. 그들은 공식 지원을 받게 된 생존자 집단의 지도자들이었고, 그들의 이야기는 내 지식의 빈틈 몇 군데를 채워주었다.

1942년 내내 나치는 젖먹이부터 열여덟 살 청소년까지 654명을 부모들에게서 빼앗아 제3제국 곳곳의 수용소로 보냈다. 나이가 많은 아이들은 대부분 전쟁이 끝난 뒤 집으로 돌아왔다. 적어도 노예 노동이나 독일화의 냉혹함에서 살아남은 아이들이었다. 내가 첼예에 갔을 때에도 200명 정도가 살아 있었다.

그들은 고령인데도 기억이 또렷했고, 자신들이 겪은 일을 세상이 잊지 않도록 해야 한다는 의지가 굳었다. 그날 모임에서 두 사람이 증언을 했다. 나는 조용히 앉아 있었다. 신뢰할 만한 통역사가 옆에 있으므로 그를 통해 말할 수는 있었지만, 무언가를 말하기에는 내가 아는 것이 너무 적었다. 모임이 끝난 뒤 세 사람이 내게 다가와 말을 걸어왔다. 모두 1942년 8월 첼예에서 납치되었던 사람들인데, 놀랍게도 나를 알아본다고 말했다.

처음 말을 걸어온 사람은 여자였다. 친위대가 그 마을 아이들을 이곳 초등학교에 이틀간 붙들어두었을 때 그녀는 열일곱 살이었다. 큰 아이들에게 아기들을 돌보라는 명령이 떨어졌다. 이 다정다감한 노파는 아기들이 계속 울었다고 내게 말했다. 그녀의 임무는 아기들을 씻기는 것이었다. 그리고 그녀는 나를 씻겼던 일을 소상히 기억하고 있었다.

나는 믿을 수 없었다. 납치되었을 때 나는 한 살도 채 되지 않았을 것이다. 그런데 60년도 더 지나서 어떻게 나를 알아볼 수 있단 말인가? 하지만 어찌 된 일인지 그녀는 그렇다고 믿었다. 놀라운 일이었다. 나는 슬로베니아로 오면서 나를 이 나라와 연결해줄 증거 같은 것을 찾기를 바랐다. 대신에 나는 첼예에서 납치되던 날 밤의 나를 알아보는 사람을 만났다. 그리고 그녀는 아기였던 나를 돌봐주었다고 말했다.

돌이켜보면 아마 그녀는 내가 온다는 이야기를 미리 들었을 테고, 그래서 나에 대한 기억이 떠올랐는지도 모른다. 어쨌든 이 역시 인연이었다.

내게 말을 걸어온 두 번째 사람은 내 또래의 남자였다. 그는 납치될 때 열네 살이었는데, 그날 납치된 아이들에게 일어났던 일을 조금 더 자세히 알려주었다. 그는 우리가 북쪽으로 150킬로미터 떨어진, 오스트리아 프론라이텐의 임시수용소로 이송되었다고 말했다. 그도 그곳에서 나를 봤고, 에리카 마트코라는 이름으로 나를 알고 있다고 단언했다.

또 다른 나이 든 여성이 그의 이야기에 맞장구쳤다. 그녀도 첼예에서 납치되어 프론라이텐으로 이송되었다. 그녀 역시 그곳에서 나를 본 일을 기억했고 내 이름을 에리카 마트코로 기억하고 있었다.

갑자기 나는 무척 행복해졌다. 그토록 오랜 시간이 흐른 뒤에, 그토록 여러 번의 실망을 맛본 뒤에 내가 한때 누구였으며, 어디서 왔는지를 직접 말해주는 사람들을 만났으니 말이다. 그 느낌은 특별했다.

나는 그날 밤 새로 만난 사람들에게 그날의 납치에 대해 더 자세히 물을 시간이 없었다. 1942년 8월의 그 사건에 대해, 어떻게 내가 그 사건에 연루되었는지에 대해 더 알려면 조금 더 기다려야 했다.

이튿날 우리는 마리보르 지역으로 이동했다. 요제프 폭스는 내가 마리아 마트코를 만나기 전에 성이 마트코인 다른 두 사람을 만날 수 있게 주선했다. 그는 마트코 씨들이 허락한다면 타액 샘플을 채취할 수 있도록 살균 시험관과 면봉도 준비해주었다. 타액 샘플을 얻는다면 유전적 유사성이 있는지 분석해볼 생각이었다. 그 방법으로 우리가 친척관계인지 알아낼 수 있을 터였다.

우리가 처음 들른 곳은 로가슈카슬라티나 근처의 마을이었다. 마을에 가까워지자 나는 친숙한 모습을 발견하기를 바라며 푸른 숲이 우거진 풍경을 내다보았지만 아무것도 알아볼 수 없었다. 마을은 매우 가난한 듯했다. 내가 만난 첫 번째 마트코 씨는 여든 살의 여인이었는데 마흔 살 아들과 함께 살고 있었다. 두 사람 모두 내 방문에 어리둥절해 했지만, 여인은 타액 샘플을 채취하도록 허락했다. 나를 더 경계하던 아들은 거부했다. 둘 다 자신들의 가족에 대해 해줄 이야기가 거의 없었고, 나는 우리가 친척이라고 해도 아마 먼 친척일 거라고 생각했다.

그다음에 만난 마트코 씨는 서른 살의 미용사였다. 그녀는 DNA 분석을 위한 샘플 채취에 기꺼이 동의했지만 내 과거를 찾는 여정에 도움이 될 정보는 갖고 있지 않았다.

마지막으로 마리아 마트코를 만날 차례였다. 요제프는 로가슈카 슬라티나의 작은 카페에서 만남을 잡아두었고, 마리아는 그 수수께끼 같은 다른 에리카와 함께 오겠다고 약속했다. 그러나 내가 카페에 들어갔을 때 마리아는 혼자였다. 나는 크게 실망했다.

알고 보니 마리아는 다른 사람을 기꺼이 도와주려는 정이 많은 사람이었고, 내 과거의 사슬을 푸는 핵심 고리였다. 그녀는 일흔세 살이었고 마트코 가문에서 태어난 것이 아니라 결혼으로 마트코가 되었다. 그녀의 남편은 루드비그 마트코였고, 루드비그에게는 여자 형제가 둘 있었다. 누나인 타냐와 여동생 에리카였다. 루드비그와 타냐는 죽었고, 에리카는 아직 살아 있었지만 다소 병약한 상태였다. 마리아는 어쨌든 에리카가 나를 만나고 싶어 하지 않았다고 전했다.

우리가 나눈 대화로 보건대 마트코 가족 누구도 내가 그들과 관련 있다고 생각하지 않는 것이 분명했다. 마리아가 가장 마음이 열린 편이었지만 그녀도 내가 그들과 혈연관계라고는 믿지 않았다. 그쯤 되자 나도 내가 그들과 아무 관계가 없는 게 아닌가 하는 생각이 들기 시작했다.

그러나 그때 마리아가 다시 내 희망을 되살릴 만한 이야기를 꺼냈다. 루드비그와 타냐, 에리카의 부모님 이름이 요한과 헬레나라는 것이었다. 3년 전 마리보르의 기록보관소 직원이 내게 알려준 이름이었다. 게다가 요한은 반나치 저항운동을 하다가 나치에 붙들려 투옥됐던 경력이 있었다. 그것도 게오르크 릴리엔탈이 내게 들려준 이야기와 맞아떨어졌다.

지난 몇 년 동안 진실을 알아내려는 내 모든 시도에는 한 가지 패턴이 있었다. 새로운 정보가 등장해 내가 구하는 답을 찾을 수 있을 거라는 믿음을 주며 내 사기를 북돋운 바로 다음 순간, 그 희망을 짓밟는 편지나 대화가 등장해 나를 다시 절망에 빠트렸다. 그날 로가슈카슬라티나에서도 그랬다. 내 기대는 한껏 부풀었다가 다시 꺼져버렸다. 마리아가 사진 두 장을 꺼냈다. 하나는 1964년에 찍은 헬레나의 사진이었다. 카메라를 똑바로 응시하는 그녀는 짙은 머리카락에 강인하면서도 친절한 인상을 하고 있었다. 두 번째 사진은 에리카였다. 나는 사진을 보자마자 그녀가 헬레나를 쏙 빼닮았다고 생각했다. 그러니까 그녀는 헬레나의 딸이었다. 그렇다면 나는 헬레나의 딸일 리가 없다는 뜻이다.

마리아와 헤어질 때 나는 다소 우울했다. 그나마 내게 기운을 준

것은 마리아가 나를 다시 만나는 데 동의했고 마트코 가족의 다른 구성원들에게도 내게 도움을 줄 수 있는지 물어보겠다고 약속했다는 것이다.

이튿날 나는 그녀의 아파트로 갔다. 그녀는 손녀를 돌보면서 가족사를 솔직하게 말해주었다. 루드비그와 타냐, 에리카는 부모와 함께 살았는데 아버지 요한이 저항 활동을 하다가 나치에 붙들려 강제수용소에 끌려갔다. 그는 1942년 초여름에 석방되어서 가족에게로 돌아왔다. 거기까지가 그녀가 알고 있는 전부였다. 요한의 남자 형제 이그나즈는 그다지 운이 좋지 않았다. 그 역시 유격대원이었는데 나치에 붙잡혀 총살당했다.

우리가 대화하는 동안 마리아의 아들 라파엘, 조카인 마르코와 피에테르가 들어왔다. 라파엘은 건장한 체격의 40대였고 머리가 벗겨지기 시작했다. 그와 그의 사촌들은 정중했지만 분명 내가 그들의 친척이라 믿지 않는 눈치였다. 그들은 서로 돈독했고 서로를 보호하려는 듯했다.

한 가지 예외는 에리카인 듯했다. 마리아는 그녀의 시누이가 아들을 하나 두긴 했지만 결혼한 적이 없고 병약해서 평생 일을 할 수 없었다고 말했다. 가족 간의 관계가 돈독했지만 마리아와 에리카는 딱히 가깝게 지내지는 않는 듯했다. 그래도 마리아는 대개 일요일 점심 식사에 에리카를 초대했다.

그 집을 떠날 때쯤 나는 이 가족이 내가 찾는 마트코 가족과 놀랄 만한 유사성이 있긴 해도 내 혈육은 아닐 것이라고 확신하게 됐다. 그래도 떠나기 전 DNA 검사에 대해 언급했다. 라파엘은 샘플 채취에 기꺼이 동의했고, 그의 사촌 마르코는 조금 망설이긴 했지만 동의했다.

내 마지막 방문지는 마리보르에 있었다. 나는 슬로베니아에서 나치가 저지른 일을 기억하기 위해 마련된 전시실이 있는 박물관으로 향했다. 나치는 '폭도', 곧 이그나즈와 요한 마트코 같은 유격대 전사들을 체포하고 처형했을 뿐 아니라, 슬로베니아어로 쓰인 모든 책을 불태우고 언어 사용을 금지했으며, 슬로베니아어를 쓰다 걸리면 누구든 중벌에 처했다. 지역 주민들을 철저히 지배하고 통제하려는 힘러의 계획은 잔혹하고 효과적이었다.

예전의 나였다면 그날 전시실을 관람하며 충격 받았을 테지만 지난 3년간 레벤스보른에 대해 공부하다 보니 나치의 일상적 잔혹 행위에 단련이 되었다. 오히려 나는 슬로베니아에 머문 나흘 동안 내가 발견한 것들을 머릿속으로 정리하느라 정신이 없었다.

슬로베니아에 도착했을 때 나는 어떻게 내가 이 나라의 역사에, 그리고 더 구체적으로는 마트코 가족의 이야기에 들어맞을지 확신할 수 없었다. 차례로 주어진 상반된 소식들은 내가 로가슈카슬라티나의 에리카 마트코라고 확신하게 했다가, 절대 그녀일 리 없다고 다시 확신하게 만들었다. 류블랴나에서 비행기에 오를 무렵 나는 혼란스러운 상태였다.

나는 오스나브뤼크의 물리치료실을 너무 오래 비워두었다. 환자들에게는 내가 필요했고, 내게는 그들이 필요했다. 집으로 돌아가야 할 시간이었다. 다시 잉그리트 폰 욀하펜이 될 시간이었다.

14장

피

'과학적 분석 결과 93.3퍼센트의 확실성으로……'

DNA 분석 결과, 2003년 10월

삶의 퍼즐을 맞추는 일은 쉽지 않다. 잃어버린 조각이 하나도 없고, 퍼즐 상자의 그림을 참고할 수 있을 때에도 말이다. 출발점이 될 만한 명확하고 분명한 테두리조차 없을 때는 훨씬 더 어렵다.

슬로베니아에서 집으로 돌아왔을 때 내 어린 시절 이야기는 맞추기 힘든 퍼즐 같았다. 내게는 수십 개의 퍼즐 조각이 있었지만, 형태가 어긋났고 종종 겹치거나 상반됐다. 이 조각들을 한데 맞춰 그림 전체를 완성할 길이 없는 듯했다.

나는 첼에 납치 생존자들의 말을 어디까지 믿어야 할지 판단할 수 없었다. 그들은 내가 그들의 기억 속 에리카 마트코라고 너무나 확신했다. 그들에게 정신적 트라우마를 남길 만한 순간에 잠깐 스쳐간

9개월 아기의 모습을 예순두 살 여자의 얼굴에서 알아보는 게 가능한 일일까? 게다가 그들의 이야기는 마리아 마트코 가족의 이야기와 맞지 않았다. 마리아와 그녀의 아들은 내가 그들의 가족이라고 믿지 않았다. 그리고 그 배경에는 다른 에리카라는 어슴푸레한 형상이 있었다. 다른 에리카는 내 편지에 여전히 답장하지 않았고, 로가슈카슬라티나에서 나와의 만남을 피했다. 어떻게 나는 이처럼 상충하는 조각들로 그럴듯한 그림을 완성할 수 있을까?

나는 그에 대한 답이 내가 가져온 면봉과 시험관에 있기를 바랐다. 타액 분석은 가족관계를 판단하는 데 혈액검사만큼이나 믿을 만한 유전자지문을 제공한다. 아이러니한 상황이었다. 레벤스보른 실험은 피가 인간의 가치를 결정한다는 나치 신념의 토대였다. 피와 혈통에 대한 힘러의 집착은 내가 유고슬라비아의 가족(그들이 누구든지)에게서 뽑혀 나와 독일 아이로 재탄생하게 된 이유였다. 그날부터 내 인생의 경로가 달라졌다. 그런데 이제 나는 피를 이용해 레벤스보른이 남긴 뒤엉킨 실타래를 풀려고 한다.

내가 마트코 가족에게서 타액 샘플을 얻을 때 그들은 우려했다. 마트코 가족도 그 문제를 놓고 의견이 갈렸다. 몇몇 젊은 사람들은 과학적 분석을 통해 내가 가족인지 확인하는 방법에 반대했다. 건강이 좋지 않은 에리카가 이 문제로 스트레스를 받을까 걱정하는 것 같았다. 한편 어느 쪽이든 진실을 알아내는 것이 중요하다고 믿는 사람도 있었다. 많은 토론 끝에 나는 마트코 가족에게 타액 샘플 분석을 허락받았다. 집으로 돌아온 나는 분석을 맡길 실험실을 찾기 시작했다.

그 시점에서 나는 그것이 쉬운 일이 아님을 깨달았다. 그리고 비용이 만만찮다는 것도. DNA 검사는 1985년 시작되었지만 기초적인 수준이었고 법 집행기관에서만 활용할 수 있었다. 그 뒤 검사 방식이 더 정교해졌고, 상업화되어 개인도 검사를 의뢰할 수 있게 됐다. 하지만 여전히 비용이 많이 들었다.

나는 저축해둔 돈으로 검사 비용을 지불했다. 당분간 허리띠를 졸라매고 휴가를 갈 수 없겠지만 대안이 없었다. 나는 면봉들을 신중하게 포장해 뮌헨의 실험실로 보냈다. 결과가 나오기까지 여러 달이 걸렸다. 그리고 그 결과는 퍼즐에 대한 해답이자 새로운 수수께끼였다.

나는 처음 만났던 노파와 미용사가 제공한 타액 샘플의 분석 결과를 보았다. 내가 생각한 대로 두 사람 모두 나와 유전적 관계가 없었다. 미안하게도 안도감이 들었다. 노파는 분명 힘들게 사는 듯했고, 보기만 해도 슬퍼졌다. 그동안 나는 내 친가족이 고통스럽게 살지 않기를 바라고 있었다. 친엄마가 그렇게 힘든 삶을 살았을지도 모른다고 생각하면 고통스러울 것이다.

다음 결과는 루드비그와 마리아의 아들, 라파엘 마트코의 결과였다. 그 결과를 읽는 동안 미안함이 뒤섞인 안도감이 순수한 행복으로 바뀌었다.

과학적 분석 결과 잉그리트 폰 욀하펜과 라파엘 마트코는 2차 혈족입니다. …… 93.3퍼센트의 확실성으로 잉그리트 폰 욀하펜은 라파엘 마트코의 고모입니다.

바로 이것이었다. 내가 그토록 오래 찾아 헤매던 증거였다. 내가 라파엘의 고모라면 루드비그의 여동생이라는 말이고, 따라서 요한과 헬레나 마트코의 딸이라는 뜻이다. 나는 퍼즐의 핵심 조각을 찾아냈다. 나는 자우어브룬(로가슈카슬라티나) 출신의 에리카 마트코가 분명했다.

이 소식이 내게 어떤 의미였는지 말로 다 할 수 없다. 나처럼 자신이 누구인지, 어디서 왔는지를 모르는 채 살아본 적이 없다면 그 주체할 수 없는 기쁨을 완전히 이해하기란 불가능할 것이다. 그건 마치 해방된 느낌이었다. 60년 동안 나를 짓누르던 짐이 사라진 것 같았다.

하지만 언제나 그렇듯 또 다른 검사 결과가 나를 불확실성의 수렁으로 또다시 밀어 넣었다. 라파엘의 사촌인 마르코 마트코의 타액 샘플 분석은 상반된 결과를 드러냈다. 그와 나는 98.9퍼센트의 확실성으로 혈연관계가 아니었다.

말이 되지 않았다. 나는 이미 알고 있는 사실을 떠올리며 마트코 가족의 가계도를 다시 들여다보았다. 요한과 헬레나에게는 세 자녀가 있었다. 타냐, 루드비그, 에리카. 루드비그의 아들은 라파엘이었고, 검사 결과 나는 그의 고모였다. 그러므로 나는 에리카가 틀림없다. 하지만 같은 검사 결과 타냐의 아들 마르코는 생물학적으로 내 친척이 아니다. 이 퍼즐 조각들은 아무리 배열해도 맞아떨어지지 않았다. 내가 루드비그와 타냐의 동생이라면 왜 나는 마르코의 이모가 아닐까? 마트코 가족은 비밀에 둘러싸인 것처럼 보였다.

해답을 알고 있을 만한 사람은 수수께끼 같은 다른 에리카였다.

그녀는 살아남은 마지막 1차 혈족이었다. 적어도 이론상으로는 그랬다. 그녀는 헬레나와 요한의 손에 키워졌고, 타냐와 루드비그와 함께 자랐다. 그러나 그녀는 여전히 내게 답장을 하지 않았으므로 그 무렵 나는 그녀가 나를 도울 마음이 없다고 가정할 수밖에 없었다. 답답했다. 그녀의 비협조적인 태도를 이해할 수 없었다.

결국 나는 긍정적인 것만 보기로 결정했다. 내가 요한과 헬레나의 딸인 에리카 마트코이고(또는 에리카 마트코였고) 루드비그는 적어도 내 오빠라는 것은 확실하다. 이 그림에 타냐와 또 다른 에리카가 어떻게 들어오는지는 여전히 수수께끼였지만 적어도 내 친부모가 누구인지는 확신할 수 있었다. 그건 무척 큰 위로였다. 하지만 어떻게 내가 그들과 떨어졌는지는 여전히 확실치 않았다. 그 퍼즐 조각이 제자리를 찾기까지 또 4년이 걸렸다.

15장

순수

"어쩌면 뿌리내림은 가장 중요하면서 간과되는 인간 영혼의 욕구이다."

시몬 베유, 《뿌리내림》(1949)

베르니게로데는 독일의 심장부 작센의 하르츠산맥 동쪽 가장자리에 자리하고 있다. 조용하고 그림 같은 마을로, 목재 골조가 드러나는 집들이 홀테메강 양옆에 늘어서 있고 말이 끄는 수레가 여전히 자갈길을 덜커덩거리며 지나간다. 그림 형제의 동화에나 나올 법한 곳이다.

그러나 베르니게로데는 평온해 보이는 모습과 다른 불편한 역사를 가지고 있다. 마을 외곽 가파른 언덕 꼭대기에 이제는 폐허가 된 하르츠 보육원 건물이 있다. 레벤스보른 시설이었던 곳이다.

2005년 늦여름, 나는 새로운 단체의 창립 행사에 참가하려고 차를 몰고 베르니게로데로 향했다. '생명의 흔적'을 뜻하는 '레벤스푸렌

(Lebensspuren)'은 힘러의 우수 인종 프로그램 밑에서 태어나거나 양육된 사람들이 함께하는 최초의 공식적인 시도였다. 우리의 목표는 우리 같은 사람들에게 필요한 도움을 제공하고 대중에게 '레벤스보른'을 알리는 것이었다. 대중의 이해를 가로막는 편견과 수치를 넘어 레벤스보른 프로젝트가 우리에게 저지른 일의 실상을 알리고 싶었다.

긴 여행이었다. 길은 중부 독일의 숲과 들판을 지나 260킬로미터 이상 이어졌다. 운전하면서 나는 어떻게 내가 여기까지 왔는지 돌아봤다. 뿌리를 찾는 여정을 시작한 이래 5년이 흘렀다. 그동안 나는 많은 것을 알게 됐지만, 여전히 모르는 것이 더 많았다.

내가 누구인지를 증명한 유전자 검사 결과를 받은 뒤 열 달 동안 어떻게 내가 레벤스보른 프로젝트에 들어오게 됐는지를 조사했지만 진전이 없었다. 이 프로젝트의 규모조차 제대로 알지 못하고 있었다. 나만 그런 게 아니었다. 하다마르에서 가진 첫 모임은 소수의 레벤스보른 아이들이 모여 서로의 이야기를 공유한 첫걸음이었다. 한 사람 한 사람이 퍼즐 조각을 갖고 있었지만, 다 합쳐도 그 퍼즐을 완성할 수 없었다.

'레벤스푸렌'이라는 모임의 이름은 '레벤스보른'을 의도적으로 비튼 것이다. 힘러의 레벤스보른은 '생명의 원천'이라는 뜻이다. 반면에 '생명의 흔적'이라는 뜻의 레벤스푸렌은 말 그대로 생존자들이 자신들의 흔적을 찾아간다는 의미를 담고 있다. 모임의 이름에는 미묘한 말장난도 들어 있다. 가운데 음절, '푸르(pur)'는 우리의 모든 문제의 근원인 인종적 순수성(purity)에 대한 나치의 집착을 암시한다.

우리는 단체의 정관 머리글로 특별한 글을 인용했다.

> 단연코 뿌리뽑힘은 인간 사회가 경험하는 가장 위험한 병폐다. 뿌리뽑힌 사람은 누구든 다른 사람의 뿌리를 뽑는다. 뿌리내린 사람은 다른 사람의 뿌리를 뽑지 않는다. 어쩌면 뿌리내림은 가장 중요하면서 간과되는 인간 영혼의 욕구이다.

이 인용문은 프랑스 철학자이자 활동가 시몬 베유의 글이다. 그녀는 1930년대 초 독일에서 파시즘과 싸웠고 나중에 스페인 내전에서는 공화국 편에서 싸웠다. 1943년 그녀는《뿌리내림》이라는 책을 써서 서구 사회를 약화시키는 사회적·문화적·정신적 문제를 들여다봤다. 우리가 선택한 이 인용문은 우리 삶의 이야기를 완벽하게 요약한 것이었다.

나는 레벤스푸렌 모임에서 군트람 베버를 처음 만났을 때부터 그가 마음에 들었다. 우리는 같은 게스트하우스에 머물렀고 청소년들을 만나는 일에 관심을 공유했다. 군트람은 장애 청소년들에게 문예 창작을 가르치는 교사였다. 나보다 두 살 어렸지만, 얼굴에서 그가 평생 얼마나 큰 고통을 겪었는지 느껴졌다. 그가 자신의 태생에 얽힌 진실을 찾아내는 과정에서 겪은 어려움과, 그 진실을 찾아내고 나서는 그것으로부터 달아나고 싶은 주체할 수 없는 욕망에 대해 말할 때마다 그의 눈에는 눈물이 고였다.

그는 겉보기에 평범한 전후 독일 가정에서 성장했다. 부모님과 누나, 남동생과 함께 살았다. 하지만 닫힌 문 뒤의 이야기는 달랐다.

어린 시절 제가 평범하지 않다고 느꼈던 걸 기억합니다. 친척들이 저를 어색하게 대했어요. 제가 아버지라 부르는 사람이 실은 의붓아버지라는 것이 차츰 분명해졌습니다. 물론 저는 친아버지가 누군지 알고 싶었지만, 우리 집에서 그 이야기는 금기였어요.

친척들은 엄마한테 귀에 못이 박히도록 경고를 들어서 말을 얼버무렸죠. "전쟁 통이었잖니"라고 말하곤 했어요. "상황이 너무 혼란스러웠어. 서로 잘 만나지도 못했단다. 네 어머니한테 물어보렴" 하고 말이죠.

그가 열세 살이 되어서야 비로소 군트람의 어머니는 그 문제에 대해 입을 열었다.

어머니가 말씀하셨죠. "군트람, 네가 이제 아버지에 대해 알 나이가 됐구나." 그러더니 아버지의 이름과 생일을 알려주셨어요. 그리고 1938년 아름답고 화창한 날에 그와 결혼을 했다고, 두 사람이 함께 마차를 타고 교회에 갔다고 이야기해주셨어요.

전쟁 때 아버지는 독일 공군의 트럭 운전사로 후방에서 근무했는데 유고슬라비아에서 트럭을 몰고 가다 지뢰가 터져 목숨을 잃었대요. 어머니는 아버지가 사람을 죽이는 일과는 아무 관계가 없었다고 덧붙였어요.

하지만 아버지라는 사람에 대한 서류도, 사진도 없었어요. 제가 계속 캐묻자 어머니는 아버지에 대해 말하는 게 너무 고통스러워서 더는 말하고 싶지 않다고 했어요.

그럴듯한 이야기였다. 군트람은 의심스러웠지만 1950년대 독일 사회의 분위기는 불편한 질문을 적극적으로 막는 분위기였다. 많은 부모가 전쟁 중에 무슨 일을 했는지 아이들에게 거짓말을 했고, 내 경험으로 보건대 부모의 말에 토를 다는 것은 용납되지 않았다.

호기심과 의혹이 군트람을 좀먹었다. 어머니에게 직접 물어볼까 생각도 했지만 그렇게 하지 못했다. 아무런 사진이나 서류가 없는 것으로 보아 그는 독일 공군의 비전투원 운전사였다는 아버지의 이야기가 사실이 아닐지 모른다고 의심했다. 그는 친아버지가 혹시 나치가 아니었을지, 그래서 친척들이 쉬쉬하는 게 아닌지 걱정하기 시작했다. 거울에 비친 자신의 얼굴을 뜯어보고 학교 도서관에서 역사책을 들여다보며 친아버지였을 수도 있는 병사나 어머니처럼 보이는 여자 강제수용소 경비대원들을 꼼꼼히 살폈다. 제3제국 선전부 장관이자 히틀러의 가장 헌신적인 추종자였던 요제프 괴벨스가 아버지일 거라고 확신했던 끔찍한 시간도 있었다. 1년쯤 뒤 그는 충격적인 사실과 맞닥뜨렸다.

어머니는 옷장 오른쪽 구석에 귀중품 상자를 보관하셨어요. 어느 날 오후 어머니가 외출했을 때 그 상자를 열어보기로 했어요. 지독한 양심의 가책을 느꼈죠. 제가 스스로 어머니의 신뢰를 깨고 있다는 걸 알았고, 어머니는 세상에서 제가 기댈 수 있는 유일한 사람이었으니까요. 하지만 선택의 여지가 없다고 느꼈어요.

군트람은 상자 안에서 그가 누구인지 알려줄 첫 번째 실마리를 발견했다. 작은 은잔이었다. 거기에는 군트람을 깊은 혼란에 빠트릴 만한 문구가 새겨져 있었다.

우리 가족은 무척 가난했어요. 다른 많은 가족처럼 어머니는 전쟁 중에 모든 것을 잃었죠. 그래서 집에 은제 물건이 있다는 건 대단히 이상한 일이었어요. 저는 그 잔을 들고 꼼꼼하게 살펴봤죠. 제 세례명이 있었어요. 두 번째 이름이 '하인리히'라고 새겨져 있긴 했지만요. 그리고 컵을 돌려보니 반대편에도 글씨가 있었어요. 이렇게 적혀 있었죠. '너의 대부, 하인리히 힘러로부터.'

군트람은 그 잔에 대해 어머니에게 물어보고 싶은 마음이 굴뚝같았다. 하지만 기젤라가 내게 그랬듯 그녀도 비밀스러웠다. 그리고 어머니의 소지품을 뒤졌다고 말하면 어머니가 불쾌해할 게 뻔했다. 결국 군트람은 아무 말도 하지 않았고, 그 문제는 심란한 수수께끼로 남았다.

1966년 그는 처음으로 레벤스보른이라는 단어를 들었다. 누나가 결혼을 하려면 출생증명서가 필요했는데 놀랍게도 출생증명서가 없었다. 누나는 어머니에게 출생증명서가 어디에 있는지 물었고, 어머니는 모른다고만 했다.

출생증명서를 발급받으려고 누나의 출생지를 조사하던 중 예상치 못한 사실이 드러났다. 누나가 독일군 장교의 사생아라는 것이었다. 그녀가 레벤스보른 시설에서 태어났다는 기록이 온전히 남아 있었다. 이와 더불어 군트람도 레벤스보른의 아이라는 사실이 드러났다. 하지만 그는 어머니에게 캐묻느니 떠나기로 결정했다. 미국으로 건너간 그는 과거에 대한 질문들을 구석으로 치워둔 채 8년을 머무르며 가정을 꾸렸다.

그러나 배우자가 자동차 사고로 세상을 떠나자 그는 아들과 함께 독일로 돌아왔다. 오래지 않아 자신의 뿌리에 대한 궁금증이 다시 그를 괴롭히기 시작했다. 1982년 그는 어머니와 장거리 자동차 여행을 하던 중 직접 묻기로 결심했다. 그의 표현에 따르면 '어머니가 도망갈 수 없는' 상황이었다. 그는 길가에 차를 세우고 어머니에게 진실을 말해달라고 요구했다.

어머니는 화를 내면서 제가 영원히 잊지 못할 말을 하셨어요. "그 문제에 대해 말하고 싶지 않다"였죠. 그리고 과거를 파헤치려 하지 말라며 절 말렸어요. 사람들이 저를 비난할 거라고 말씀하시면서요. 하지만 결국에는 제가 물러서지 않으리라는 걸 아시고는 그 이야기를 전부 글로 써서 주겠다고 약속하셨어요. 저는 어머니 말을 듣고 기분이 나아졌어요. 어머니가 제게 진실을 알려주리라 믿었죠.

슬프게도 그녀는 약속을 지키지 않았다. 군트람의 어머니에게 진실은 너무나도 말하기 힘든 것이었다. 그녀는 2년 뒤 세상을 떠났다. 군트람에게 좌절과 분노를 남긴 채 비밀을 무덤까지 안고 갔다. 군트람은 어머니가 한때 별생각 없이 그에게 했던 말을 떠올렸다. "어머니와 자식의 관계는 힘겨루기다." 군트람은 그 힘겨루기에서 자신이 무력했다고 느꼈다.

2001년 쉰여덟 살이 되어서야 군트람은 친아버지가 어머니의 주장처럼 명예롭게 죽은 젊은 군인이 아니라 친위대 소장이었다는 사실을 알았다. 지금의 폴란드 서부에 주둔해 있었고, 그 기간에 수만 명의 죽음을 감독한 사람이었다. 그는 1949년에 전쟁범죄로 재판에 넘겨져 폴란드 법정에서 사형을 선고받았지만, 아르헨티나로 달아나서 1970년에 그곳에서 죽었다.

> 제 아버지는 전쟁범죄자였습니다. 자기 마음대로 모든 걸 할 수 있는 사람이었죠. 친위대는 그에게 그런 권한을 줬고요. 아마 어머니는 권력 있는 군인을 사랑했던 것 같아요. 그는 평화롭게 죽었고 장례식 때는 옛 동지들이 그의 무덤가에서 오른팔을 올리고 나치식 경례를 했죠. 한 번 인종주의자는 영원한 인종주의자인가 봐요.

군트람의 이야기에는 씁쓸한 아이러니가 있었다. 레벤스보른 시설에서 태어난 그는 '인종적으로 순수한' 유전자 덕택에 강하고 자신감 있는 사람으로 자랐어야 했다. 우수 인종의 미래 지도자로 말이다. 그런데 그는 60년 넘게 낮은 자존감과 외로움과 의혹에 시달렸다. 유일한 위안이라곤 다른 레벤스보른 아이들을 찾은 것이라고 말했다.

> 제게는 정말 큰 위안이었습니다. 제가 세상에 있어서는 안 될 사람이라는 이 느낌을 떨쳐버릴 수는 없지만요. 한 10년쯤 지나면 그 느낌이 사라질까요? 독일과 해외의 다른 레벤스보른 아이들에게도 이 모임을 알리는 것이 중요합니다. 이 모임이 우리 모두에게 힘이 될 테니까요.

나는 군트람의 의견에 진심으로 동의했다. 레벤스푸렌은 사람들에게 알려져야 한다. 그래야 레벤스보른을 거쳐간 다른 사람들도 우리와 연락을 할 수 있을 테고 위로받을 수 있을 것이다. 그러나 2005년에 우리 모임은 그럴 준비가 되어 있지 않았다. 우리는 여전히 과거를 서성대는 수치심 때문에 몰래 만나야 했다.

헬가 카흐라우는 우리가 겪는 딜레마를 잘 보여주는 예다. 우리는 도움과 인정을 필요로 하지만 우리 출생에 얽힌 고통스러운 현실 때문에 갈등한다. 헬가는 매력적인 빨간색으로 염색한 머리에 키가 크고 건강한 여성이었다. 그녀는 나치 정권의 심장부에서 태어났다. 그녀의 어머니 마르가레테는 전쟁 중에 히틀러의 수석 보좌관인 마르틴 보어만과 요제프 괴벨스의 사무실에서 비서로 일했다. 헬가는 빳빳한 제복을 입은 주요 인사들에 둘러싸여 특권과 안락함을 누리며 자랐던 어린 시절을 기억한다.

제3제국의 몰락 이후 몇십 년간 마르가레테는 헬가에게 전쟁에 대해서는 물론, 헬가가 한 번도 본 적 없는 아버지에 대해 말하지 않으려 했다. 1993년 마르가레테가 죽고 나서야 헬가는 가족의 과거를 조사하기 시작했다. 그리고 자신이 발견한 사실에 경악했다.

마르가레테는 열렬한 나치 당원이었고 헬가의 아버지와는 거의 모르는 사이였다. 아버지는 독일군 장교였다. 두 사람은 1940년 6월 히틀러의 프랑스 정복을 축하하는 어느 파티에서 만나 하룻밤의 정사를 즐겼고, 마르가레테는 임신을 했다. 그녀는 힘러의 우수 인종 프로그램에 완벽한 후보였다. 정치적으로 헌신적인 나치 당원에 인종적으로 순수했으며, 아리아인 독일 군인의 사생아를 출산할 예정이었다. 9개월 뒤 뮌헨 외곽 스타인회링의 레벤스보른 시설에서 헬가가 태어났다.

헬가가 태어난 지 3개월이 되었을 때 마르가레테는 출산 시설을 떠나 괴벨스의 선전부로 복귀했다. 헬가는 위탁부모에게 건네졌다. 그녀의 양아버지는 점령된 폴란드 도시 우치에 주둔하는 나치 고위 장교였다. 헬가는 양아버지가 근처의 헤움노 수용소에서 유대인 수천 명을 가스로 살해하는 데 조력했을 것이라고 믿었다.

> 제 인생의 첫 4년 동안 저는 나치 지도층의 손에서 자라고 교육받았어요. 살인자들과 근본적으로 관계를 맺었던 거지요.

전쟁이 끝났을 때 많은 레벤스보른 아이들과 달리 헬가는 뮌헨에 살고 있던 마르가레테에게 다시 보내졌다. 뮌헨에서 그녀는 북유럽 인종의 특징에 대한 힘러의 집착이 얼마나 아이러니한지 경험했다.

뮌헨과 그 주변 바이에른 지역은 나치즘의 탄생지였지만, 그곳 주민들은 대체로 머리색이 짙었다. 레벤스보른이 가치 있게 평가했던 바로 그 인종 특성 때문에 헬가는 그곳에서 무척 도드라지는 존재였다.

> 저는 남부 독일인들과 달리 체격이 좋고 금발에 아리아인의 특징을 가지고 있었어요. 다들 저한테 어디 출신이냐고 물었죠. 저는 대답할 수 없었어요.

헬가가 가진 유일한 서류는 '친위대 모성 쉼터'라는 곳에서 발행한 수수께끼 같은 출생증명서였다. 어머니의 이름은 적혀 있었지만, 아버지의 이름은 없었다. 마르가레테는 일부러 진실을 숨겼고 헬가의 아버지가 전사한 군인이었다고만 말했다. 그녀 자신이 히틀러의 제3제국에서 무슨 일을 했는지도 말하지 않으려 했다. 그녀 세대의 많은 독일인처럼 마르가레테도 나치에 대해 잊고 싶었다.

1993년 마르가레테가 사망한 후 조사를 시작한 헬가는 양아버지에 대한 정보와 그가 최종 해결에 조력하며 저지른 범죄에 대한 정보가 자세히 기록된 나치 문서를 찾아냈다. 하지만 친아버지에 대한 정보는 없었다. 그러던 중 1994년 전화를 한 통 받았다. 전화를 건 남자는 자신이 파리에 주둔하던 독일 국방군 장교였는데 마르가레테와 하룻밤 사랑을 나누었다고 말했다. 그는 말기암을 앓고 있었고 딸을 만나고 싶어 했다. 헬가에게는 달콤하면서도 씁쓸한 순간이었다. 마침내 친아버지를 찾았는데 그는 죽어가고 있었다. 헬가는 남은 시간 동안 최선을 다해 그를 간호했다.

그녀의 아버지는 전후 부동산 사업으로 성공해서 백만장자가 되었다. 그의 장녀였던 헬가는 유산을 조금이라도 물려받으리라 기대했을 것이다. 하지만 아버지는 유언장을 남기지 않고 죽었다. 장례식 직후 헬가는 아버지의 변호사들에게 사생아이기 때문에 법적으로 아무것도 상속할 수 없다는 편지를 받았다.

그때부터 헬가는 자신이 태어난 스타인회링의 레벤스보른 시설을 방문하는 일로 위안을 얻었다. 그러나 자신의 정체성과 결코 화해할 수 없었고, 그녀도 어머니와 양아버지처럼 나치일 거라고 다른 사람들이 생각할까봐 늘 불안했다.

> 저는 살해자들의 편에서 자랐어요. 레벤스보른 아이라는 것은 여전히 수치심의 원천이죠.

수치심, 새로운 우수 인종을 창조한다는 힘러의 계획에 포함되었던 많은 사람의 삶에 그늘을 드리우는 단어였다. 레벤스보른 프로젝트를 보강하려고 외국에서 납치된 사람들이 아니라 레벤스보른 프로젝트로 태어난 사람들의 이야기를 들으면 들을수록 나는 내가 '폭도의 아이'라서, 나치의 지배에 저항했던 용감한 유격대의 딸이어서 다행이라고 느꼈다.

기젤라 하이덴라이히는 바이에른 출신의 키가 크고 눈에 띄게 아리아인다운 용모를 지닌 여성이었다. 그녀가 수치심을 처음 마주한 것은 네 살 때였다. 삼촌이 그녀를 두고 '친위대의 사생아'라고 말하는 것을 엿들은 것이다. 그녀는 가족 상담 치료사였다. 나는 그 점이 흥미로웠다. 우연인지 필연인지 레벤스보른의 아이들 가운데 많은 이가 자신의 문제와 씨름하는 와중에 다른 사람들이 어려움을 극복하도록 돕는 직업을 선택했다.

기젤라는 자신이 평생 겪었던 혼란과 어린 시절을 어둡게 한 거짓들을 생생하게 묘사했다. 기젤라의 어머니 에밀리에 에델만은 점령국에서 훔쳐 온 아이들을 위탁부모와 연결하는 업무를 책임졌던 레벤스보른 서기였고, 뉘른베르크 재판에서 증언도 했다.

레벤스보른과 관련된 많은 이들처럼 에밀리에도 비밀과 거짓으로 일관했다. 처음에는 기젤라의 친엄마가 아니라 이모인 양 행세했다. 나중에야 엄마라고 인정하면서 유부남과의 불륜으로 임신했다고 털어놓았다. 친위대가 그녀를 점령국 노르웨이로 보내 오슬로 근교의 레벤스보른 시설에서 출산하도록 했다. 몇 달 뒤 에밀리에는 기젤라를 데리고 독일로 왔다.

어린 시절 내내 기젤라의 어머니는 전쟁에 대한 어떤 질문에도 대답하지 않으려 했다. 어머니가 죽은 뒤에야 기젤라는 그녀가 나치에 얼마나 깊숙이 관여했는지 알게 되었다. 기젤라는 제3제국 외교부의 '유대인 문제' 책임자이자 친위대와 외교부 사이의 연락을 담당했던 호르스트 바그너가 어머니에게 보낸 연애편지 묶음을 찾아냈다. 그는 독일과 해외의 유대인들을 체포하고 추방하고 절멸하는 일에 조력했다. 두 사람의 연애는 바그너가 공식적으로 기젤라의 새아버지가 되는 것을 고려할 정도로 발전했다. 관계는 제3제국이 몰락할 때까지 이어졌다. 바그너는 미군에게 잡혀 뉘른베르크에서 재판을 받기 위해 수감되었다. 그러나 재판정에 서기 전에 그는 나치 전범들을 위한 비밀 탈출 경로로 악명 높은 '랫라인(Ratline)'을 통해 남아메리카로 도주했다.

충격적인 정보이긴 했지만 기젤라의 친아버지가 누군지에 대해서는 조금도 알 수 없었다. 그녀는 계속 친아버지를 찾았고 여러 해 뒤 결국 그를 추적해냈다. 그는 바이에른의 바트퇼츠에 있던 친위대 장교학교의 교장이었다. 기젤라는 친아버지와 재회했을 때 자신이 느낀 감정에 놀랐고, 어떻게 그토록 많은 독일인이 나치가 저지른 범죄를 알면서도 살아갈 수 있었는지 이해하게 됐다.

> 기차역 플랫폼에서 처음 만났어요. 아버지의 품으로 달려갈 때는 '내게 아빠가 생겼다'는 생각밖에 없었어요. 그 순간 저는 아빠라고 알고 있는 그 사람에게서 용납할 수 없는 부분을 지워버렸던 거예요. 그리고 무슨 일을 저질렀는지 그에게 묻지 않았어요. 레벤스보른에 대해 잘 아는 저 같은 사람도 그렇게 반응했으니 그 당시에 사람들이 어떻게 눈가리개를 하고 현실에서 벌어지는 끔찍한 일들을 무시했는지 알겠더라고요.

기젤라는 우리로 하여금 레벤스보른 아이들의 이미지를 회복하자는 결심을 하게 했다. 그녀가 노르웨이의 레벤스보른 시설에서 태어난 아이들이 전후에 어떤 취급을 받았는지 경험했기 때문이기도 했다. 노르웨이는 점령 독일군에 대한 증오심으로 레벤스보른 시설에서 태어난 아이 8,000여 명을 차별했다. 노르웨이 정부는 이 아이들을 모두 독일로 보내려 했으나, 그 계획이 실패하자 아이들을 정신

병원이나 보육원에 감금했다.

기젤라는 레벤스보른 아이들을 이처럼 증오하고 박해한 원인이 나치에 점령당했던 노르웨이 사람들의 죄책감과 지도자들이 나치에 부역했다는 수치심, 그리고 무엇보다 레벤스보른이 '친위대 종축장'이라는 터무니없는 소문 때문이었다고 생각했다. 2000년대 초 노르웨이 정부는 이 같은 정책 실패로 인한 레벤스보른 출신의 희생자들에게 1인당 2만 4,000유로씩 조용히 배상했다. 이제 기젤라는 이런 거짓과 차별을 끝내야 할 때가 왔다고 주장했다.

> 진실을 말해야 할 때입니다. 나치 아이들이라는 둥, 친위대의 창녀들이 낳았다는 둥, 키 큰 금발 머리 인간들로 번식되었다는 둥 하는 이야기가 너무 많습니다. 홀로코스트는 이른바 열등 인종을 절멸한다는 발상입니다. 레벤스보른은 이 동전의 뒷면입니다. 온갖 수단을 동원해 아리아인 인종을 늘리겠다는 발상이지요.
>
> 제가 그동안 깨달은 점은 저를 비롯한 다른 모든 레벤스보른 태생들이 자신의 정체성에 깊은 불안을 느낀다는 겁니다. 그것을 끝낼 때가 왔습니다.

이 '순수' 아리아인들의 이야기는 참담했다. 하지만 그들의 이야기는 퍼즐의 일부일 뿐이었다. 레벤스푸렌 창립 모임에는 나처럼 점령국에서 납치되어 온 다른 사람들도 있었다. 그들의 이야기를 들으며 나는 그 납치 과정을 이해할 수 있었다.

바르바라 파치오르키비츠에게 일어난 일이 대표적이다. 바르바라는 1938년 폴란드의 그단스크 근처인 그디니아에서 태어났다. 원래 가족의 성은 가질레르였다. 그러나 어머니가 죽고 아버지가 사라졌기 때문에 양가 조부모가 그녀와 언니를 각각 데리고 살았다.

그단스크는 독일에 점령된 지역이었고 나치는 이 지역을 단치히라 이름 붙였다. 1942년 바르바라가 네 살이었을 때 아동복지국이 아이들을 모두 우치의 아동복지청으로 데리고 오라고 지시했다. 그녀의 할머니는 바르바라를 데리고 갔고, 강제로 그녀를 그곳에 두고 와야 했다.

아동복지청에는 많은 아이가 있었다. 한 사람씩 머리와 가슴, 엉덩이 둘레를 재고 몸무게를 측정했다. 세 각도에서 얼굴 사진을 찍었다. 이렇게 아이들을 평가한 사람들은 힘러의 인종 검사관들이었다. 그들은 독일화하기에 인종적으로 적합한 아이들을 물색하고 있었다. 바르바라는 금발에 북유럽 인종의 외모를 지녔다. 그녀는 우치의 보육원 여러 곳을 옮겨 다녔다.

> 그곳에서 저는 더 많은 검사를 받아야 했어요. 늘 더 많은 검사가 기다리고 있었죠. 폴란드어 사용이 금지됐고, 폴란드어를 쓰면 고통스러운 벌을 받았어요. 아이들은 하나같이 울고 있었어요.

바르바라의 납치 이야기는 내가 들은 다른 사람들의 이야기와 비슷했다. 그러나 바트폴진의 레벤스보른 시설에서 보낸 그녀의 기억에서 내 과거에 대한 새로운 정보를 얻었다.

거기에서 제 기억이 시작돼요. 우리를 어디에 가뒀고 그곳 상태가 어땠는지, 우리를 어떻게 대우했는지 정확히 기억할 수 있어요. 우리처럼 훔쳐 온 아이들과 그곳에서 태어난 아이들은 분리되어 있었어요.

훔쳐 온 아이들은 건물 1층에 있었죠. 그곳에서 태어난 아이들은 위층에 있었는데 우리는 그 애들과 어울리는 게 허락되지 않았어요. 위층 아이들을 돌보는 직원들도 우리를 담당하는 직원들과 어울릴 수 없었고요. 마치 가치의 위계가 있는 것 같았어요. 분명 나치는 독일화를 위해 데려온 우리보다 그곳에서 태어난 아이들을 더 중요하게 여겼죠.

보육원에서 우리는 끊임없이 건강 검진을 받았어요. 매일 받았던 것 같아요. 우리는 1층에 커다란 반원형 유리창이 달린 큰 방에서 지냈어요. 나중에 가보니 그 방이 여전히 있더라고요. 거의 똑같았어요. 그 방에는 뭔가 음침한 분위기가 있었죠. 한 사람씩 옆방으로 끌려가서 의사에게 주사를 맞았어요. 진정제가 아니었을까 생각해요. 그렇게 주사를 맞혀야 할 다른 이유가 있었을까요? 우리는 주사를 몹시 무서워했어요. 그 방에 있던 아이들은 모두 울고 있었어요. 아무도 웃지 않았어요.

군트람 베버 같은 소중한 아리아인 아기들에게도 레벤스보른 보육원은 혹독할 만큼 냉혹했다. 아기들은 출생 직후 24시간 동안 어머니와 떨어져 있어야 했다. 그다음부터는 네 시간마다 20분씩만 같이 있는 게 허용됐다. 그 짧은 만남의 순간조차 친위대 직원들은 어머니가 아이를 쓰다듬거나 말을 걸지 못하도록 강력하게 제지했다.

더 큰 아이들은 끊임없이 감시를 받았고 행동 보고서가 작성되었다. 불결함, 이불에 오줌 싸기, 방귀 뀌기, 손톱 물어뜯기, 자위(큰 남자아이들은 보육원에 도착하자마자 자위를 금지한다는 규칙을 들었다)는 분명 축출되어야 할 행동이었다. 이런 행동들 때문에 불합격된 아이들은 강제교육수용소로 실려가 학대당하거나 노예 노동에 시달렸다.

이런 스파르타식 생활 규제는 우수 인종을 이끌 강인하고 무자비한 미래 지도자들을 키우기 위한 것이었다. 그러나 아이들에게는 무자비한 훈육이 아니라 사랑이 필요하다. 바르바라는 이 규칙들이 어떻게 힘러의 목표와는 정반대 효과를 내곤 했는지 똑똑히 기억했다.

> 아이들은 이런 무자비한 훈육 때문에 밤에 침대에 오줌을 싸곤 했어요. 아침에 발각되면 매를 맞았죠. 한 명만 침대를 적셔도 모두 벌을 받았어요.

힘러는 이 두 유형의 레벤스보른 아이들에게 동일하게 적용될 큰 계획을 세우고 있었다. 전쟁하는 동안에 아이들을 모범적인 아리아인으로 키워줄 위탁부모를 신중한 심사를 거쳐 선정한 다음 아이들을 건넬 것이다. 독일의 궁극적 승리로 전쟁이 끝나고 나면 소년들은 친위대가 운영하는 엘리트 학교인 국립정치교육원으로 보내져 강도 높은 신체와 정치 교육을 받을 것이다. 소녀들은 독일소녀연맹(히틀러유겐트의 여성 청소년 버전)이 운영하는 학교로 보내져 주부와 어머니가 되도록 훈련을 받을 예정이었다.

바르바라는 또한 레벤스보른이 점령지에서 훔쳐 온 아이들의 정체성을 어떻게 지웠는지도 알아냈다. 우선 아이들의 모국어 사용을 금지해 모국과의 근본적인 연결고리를 끊었다. 또 아이들이 독일의 몰락한 군인 집안에서 태어난 고아라고 위탁부모에게 말했다. 레벤스보른 프로그램을 운영했고, 이후 뉘른베르크 재판에 기소되고 사면된 사람들은 그게 거짓이라는 것을 알았지만 힘러는 명령을 통해 바르바라와 나 같은 아이들이 폴란드나 유고슬라비아에서 살았던 삶의 흔적을 모조리 지우라고 확실히 전달했다.

바르바라의 위탁부모는 노르트라인베스트팔렌의 렘고 출신인 로스만 부부였다. 부부는 50대였고 독일 국방군으로 복무 중인 다 자란 아들이 둘 있었다. 딸도 하나 있었지만 아홉 살에 성홍열로 죽었다. 바르바라가 확인할 수 있는 한 둘 다 나치 당원은 아니었다. 로스만 씨는 학교 교장이었고 아내는 가정주부였다.

두 사람은 잃어버린 딸 대신 바르바라를 키우려는 선량하고 친절한 사람들이었지만, 그래도 바르바라는 어린 시절부터 겉돌았다. 특히, 모르는 남자들이 열린 창문으로 들어와 그녀를 훔쳐 가는 악몽에 시달렸다.

> 집 안 분위기는 늘 불편했어요. 제가 방에 들어가면 모두 하던 말을 중단하곤 했죠. "나의 어떤 점 때문에 이런 일이 일어나는 걸까?" 하고 혼자 묻곤 했어요.

한편 폴란드에서 바르바라의 할머니는 그녀를 찾겠다는 희망을 버리지 않았다. 전쟁이 끝나자 할머니는 적십자사와 접촉했고, 적십자사는 바르바라가 어디에 사는지 찾아냈다. 오래지 않아 그녀는 위탁부모와 떨어져 영국군이 운영하는 임시 보육원으로 들어갔다. 그때 바르바라는 열한 살이었고 친부모에 대해서는 이야기를 듣지 못했다. 자신이 평범한 독일 아이가 아니라는 것도 몰랐다.

저는 겁에 질리고 혼란스러웠어요. 저는 그때까지도 로스만 부부가 저의 친부모라고 생각했고 폴란드에 대해서는 아는 게 하나도 없었어요. 폴란드는 제게 아무 의미가 없었어요. 폴란드어도 할 줄 몰랐고 제게 할머니가 있다는 것조차 알지 못했죠. 그 모든 게 그저 미지의 세계로 들어가는 무시무시한 여행 같았어요.

나는 납치된 다른 아이들에게 전쟁이 끝난 뒤 무슨 일이 일어났는지는 미처 생각해보지 못했다. 누군가 그들을 찾아내서, 그들이 기억하지 못하는 나라로 돌려보냈을 수도 있다고 생각하지 못했다. 바르바라의 이야기를 들으며 만약 내게 기회가 주어졌더라면 유고슬라비아로 돌아가길 원했을지 궁금해졌다.

폴란드로 가는 길은 지독하게 멀었어요. 기차는 며칠씩 대피선에 정차해 있었죠. 그러더니 갑자기 주위 사람들이 "폴란드, 폴란드"라고 외쳤어요. 모두가 행복해했어요. 저는 그곳에 도착했을 때 아무런 기쁨도 느끼지 못했어요.

우리는 카토비체의 적십자 수용소로 보내졌어요. 뛰어다니며 이름을 소리쳐 부르는 사람들로 아수라장이었어요. 할머니는 삼촌을 보냈는데 삼촌도 소리를 지르고 있었죠. 하지만 저는 그가 누구인지, 무슨 말을 하는지 조금도 이해하지 못했어요. 폴란드어로 말했으니까요. 삼촌이 '가질레르, 로스만'이라고 외쳤을 때야 비로소 알았죠. 그리고 바로 그 순간 저는 제 정체성을 완전히 잃어버렸다는 것도 깨달았어요.

폐허가 된 전후 폴란드는 독일을 미워할 이유가 충분한 나라였다. 그곳에서 바르바라는 혼란스럽고 외로웠다. 삼촌 부부는, 그디니아에서 끌려왔지만 인종적으로 가치가 없다고 여겨진 아이들과 함께 나치 강제노동수용소에 있다가 돌아왔다.

삼촌은 바르바라를 그단스크 근처에 슈투트호프 수용소가 있던 곳으로 데리고 갔다. 아이들의 신발 더미와 가스실을 보여줬다. 8만 5,000여 명이 그곳에서 죽었다. 삼촌은 바르바라가 독일이 저지른 만행을 깨닫길 바랐다. 하지만 그녀는 여전히 자신을 독일인으로 여겼다. 삼촌이 하는 말을 믿을 수 없었다.

저는 독일 사람은 다 착하다고 생각했어요. 그렇게 배우며 자랐으니까요. 학교에 가면 상황은 더 나빴어요. 운동장에서 아이들은 히틀러가 나쁜 놈으로 나오는 놀이를 했어요. 저는 독일인이었으니까 늘 히틀러로 뽑혔죠. 하지만 신경 쓰지 않았어요. 사실, 뭘 몰랐으니까요. 히틀러가 우리 삼촌이라고 자랑스럽게 소리쳤죠.

저는 늘 뭔가 끔찍한 실수가 있다고 생각했어요. 사람들이 나를 다른 사람으로 착각하고 있다고요. 그래서 나처럼 착한 독일 소녀가 이 이상한 장소에 있다고 말이죠.

바르바라 파치오르키비츠는 차분하면서도 품위 있게 말했다. 하지만 그녀의 이야기를 들으며 나는 레벤스푸렌 정관 머리글의 인용문에 담긴 진실을 보았다. 시몬 베유가 깨달았던 것처럼, 우리는 모두 뿌리를 찾고 뿌리와 이어지기를 간절히 바라고 있었다. 그러나 레벤스보른으로 파괴된 정체성과 위탁부모가 둘러친 비밀의 벽 때문에 그러지 못했다. 그것이 우리 삶을 수십 년 동안 좀먹었다. 바르바라는 우리 모두를 대신해 이런 상황이 그녀에게 어떤 영향을 미쳤는지, 우리의 새 모임이 얼마나 중요한지 말했다.

저는 평생 제가 부족하다고 느끼며 살았습니다. 제가 진짜 누구인지, 정말 어디에서 왔는지 알지 못했지요. 그것은 제 안에 큰 상처를 남겼습니다. 늘 묻고 싶은 것이 있었지만, 최근까지도 물어볼 사람이 없었죠. 하지만 이제 저는 인종 검사를 해서 사람을 선별하고, 국가가 조직적으로 아이들을 훔친 끔찍한 일이 있었다는 걸 세상이 잊지 않도록 모든 것을 말하고 싶습니다. 비록 고통스럽더라도 말입니다. 그런 일이 다시 일어나서는 안 되니까요.

문제는 어떻게 할 것인가였다. 레벤스푸렌 첫 모임에 참석한 사람은 고작 수십 명이었다. 레벤스보른에서 태어나거나 납치된 아이들의 전체 수에 비하면 매우 소수였다. 그리고 벌써부터 의견 차이가 드러났다. 몇몇 사람은 환한 곳으로 나가야 한다고, 기자회견을 열어야 한다고 생각했다. 또 다른 사람들은 오래된 레벤스보른 보육원이 있던 베로니게로데에 기념비를 세우는 일에 집중하길 바랐다. 나는 앞으로의 나날들이 쉽지 않으리라 직감했다.

16장

납치

"오전 6시 30분 한 살에서 열여덟 살 사이의 아이 430명이 차를 타고 철로에 도착했다. 아이들은 스스로 들 수 있을 만큼의 작은 짐만 들고 있었다."

독일 적십자 비망록
1942년 8월

2007년 10월, 마지막 퍼즐 조각이 들어맞았다. 지난 2년은 바쁜 시간이었다. 나는 물리치료실을 계속 운영했고 여가 시간 대부분을 레벤스푸렌 일로 보냈다.

2006년 우리는 외부에 우리 모임을 알렸다. 40명 정도의 레벤스보른 아이들이 베르니게로데에서 열린 두 번째 모임에 참여했고, 그 자리에는 독일과 해외 언론사에서 온 기자들도 함께했다. 우리 이야기를 다룬 기사가 유명 신문들에 실리기 시작했고, BBC는 이른바 '히틀러의 아이들'에 대한 이야기를 방영했다. 나와 규트람 베버, 기젤라 하이덴라이히 세 사람이 끝없이 이어지는 질문에 대답했다. 우리는 힘러의 우수 인종 실험의 진실을 대중에게 알리려면 숨김없이 말하는 것이 중요하다고 믿었다.

언론의 관심은 효과가 있는 듯했다. 레벤스보른에 대해 공개적으로 말하는 것이 차츰 가능해졌고 더 많이 말할수록 자신도 그 프로젝트의 일부였던 것 같다는 사람들에게서 더 많은 문의를 받았다. 이듬해 베르니게로데에서 열린 연례 모임에는 60명 이상이 참석했다.

예전에 정보를 보여주길 꺼리던 기록보관소들이 기록을 공개했다. 우리의 솔직한 이야기 덕분이라고 믿는 건 어쩌면 순진한 생각이겠지만 그래도 기분 좋은 일이었다. 이유가 무엇이든 예전에는 비협조적이던 조직들이 마침내 서류함을 열기 시작했다. 무엇보다 바트아롤젠의 국제심인서비스가 자료를 공개했다.

국제심인서비스는 수백만 개의 서류철을 완전히 공개하길 거부해서 오랫동안 비난을 받아왔다. 그들은 독일 정부의 지지를 등에 업고 독일연방법에 따라 기록이 생성된 지 100년이 지나야 대중에게 공개할 수 있다고 주장해왔다. 이상한 주장이었다. 국제심인서비스는 다국적 재정 지원과 감독을 받기 때문에 독일법의 적용 대상이 아니었다. 비판자들은 독일이 홀로코스트 관련 정보를 통제한다고 주장했다.

이런 비판 때문이었는지 2000년 1월 국제심인서비스 국제위원회에 참가한 11개국 모두 기록보관소를 전 세계에 개방하라는 요구를 지지했다. 2006년 3월 미국 홀로코스트기념관은 국제심인서비스와 국제적십자위원회가 "협조를 끊임없이 거부했고 …… 기록보관소를 걸어 잠그고 있다"라며, 그들이 정보 공개를 가로막고 있다고 비난했다. 두 달 뒤 국제심인서비스는 바트아롤젠의 기록보관소를 2007

년 8월에 개방하겠다고 발표했다.

나는 그곳에 보관된 나와 내 가족에 대한 기록을 보기까지 7년을 기다렸다. 두 번의 정보 요청에 기록보관소가 내게 준 대답이라고는 관련 문서철이 있지만 그 문서를 '평가'하는 데 시간이 필요하다는 내용이었다. 그리고 2003년에는 내게 직접 알아낸 정보가 있는지 묻는 편지를 보내왔다.

마침내 나는 국제심인서비스 기록보관소가 공개한 문서들로 친부모와 양어머니 기젤라 폰 욀하펜에 대해 많은 것을 알게 됐다. 첫 번째 서류는 요한 마트코에게 무슨 일이 일어났는지 자세히 알려주었다. 그가 유격대 활동을 하다가 체포된 날짜와 마우트하우젠 수용소에 수감된 날짜가 기록돼 있었다. 그의 이름은 나치가 작성한 정치범 명단 몇 곳에 등장했다. 나는 왜 국제심인서비스가 이 서류들을 그렇게 오랫동안 보여주지 않으려 했는지 이해할 수 없었다.

두 번째 서류 뭉치는 레벤스보른 서류철에서 나온 것이었다. 이 서류들은 잉그리트 폰 욀하펜이 한때 유고슬라비아 장트자우어브룬 태생의 에리카 마트코였음을 보여주었다. 심지어 레벤스보른이 내 이름으로 발급받았던 보험증권의 사본까지 첨부되어 있었다. 내가 오스트리아의 장트자우어브룬을 찾아내느라 귀중한 시간을 허비하는 동안 국제심인서비스는 내가 유고슬라비아 출신임을 알려주는 서류를 내내 붙들고 있던 것이다.

세 번째 서류 뭉치는 전쟁이 끝난 직후부터 적십자의 다양한 지부에서 보낸 편지들이었다. 편지를 통해 1949년에 두 개의 서로 다른 기관이 친부모에게 돌려보내려고 나를 찾고 있었다는 걸 알 수 있었다. 첫 번째 기관은 카리타스(Caritas)였다. 국제 가톨릭 자선단체인 카리타스는 국제연합에서 인가한 모든 복지단체의 업무를 감독하고 있었다. 카리타스 관리들은 나치 점령국, 특히 유고슬라비아에서 납치된 아이들을 추적했는데 이송 명단에서 내 이름을 발견했던 모양이다. 그들은 유고슬라비아 적십자에 나를 찾도록 협조를 부탁하는 편지를 보냈다.

그와 동시에 난민을 찾아내 본국으로 송환하는 일을 책임지고 있던 적십자사 국제분과에서도 나를 찾고 있었다. 이들 역시 내 진짜 신원을 확인하기 위해 유고슬라비아 적십자에 편지를 보냈다.

놀랍게도 유고슬라비아 정부는 냉전과 새로운 통일국가를 만드는 어려움 속에서도 응답했다. 그들은 서류라 할 만한 것을 별로 갖고 있지 않았다. 나치 문서 대부분은 전투로 파손되거나 전쟁 막바지에 소각돼버렸다. 유고슬라비아 정부는 국제심인서비스의 함부르크 지국에 긴급 요청을 했다. 국제심인서비스는 독일 적십자에 함부르크의 폰 욀하펜 가족을 방문해 내가 그들과 함께 살고 있는지, 내가 에리카 마트코인지 확인해달라고 요청했다.

되짚어보니 1949년에 나는 함부르크가 아니라 랑에옥의 보육원에 있었다. 엄마가 나와 동생을 데리고 영국 점령지로 탈출한 날, 엄마는 나를 보육원에 맡겼다. 내 위탁부모가 협조하기로 마음먹지 않는 한 적십자 직원들이 나를 찾아내거나 만날 기회가 없었을 것이다. 마지막 서류를 보면 엄마가 솔직하게 털어놓지는 않았다는 것을 알 수 있었다.

독일 적십자

중부, 함부르크

1950년 10월 25일

수신: 국제심인서비스. 아동수색국, 아롤젠

제목: 에리카 마트코. 1941년 11월 11일 장트자우어브룬 출생

폰 욀하펜 부인을 방문했습니다. 남편은 현재 함부르크에 살고 있지 않아서 남편에게서는 정보를 얻을 수 없었습니다.

욀하펜 양은 당분간 여행을 떠나 집에 없었습니다. 폰 욀하펜 부인은 라이프치히의 코렌-잘리스 보육원에서 상기 아동을 직접 데려왔으므로 최선의 정보를 제공할 수 있을 것으로 여겨졌습니다.

그러나 그녀가 갖고 있는 유일한 서류는 코렌-잘리스에서 발급한 예방접종 서류뿐입니다. 사본을 동봉합니다. 폰 욀하펜 부인은 뮌헨 레벤스보른 협회의 부추김에 코렌-잘리스를 방문했습니다. 그곳에서 부인은 에리카 마트코가 민족독일인 아이라고 들었습니다.

그 무렵 디트마어 홀츠아펠이 이미 폰 욀하펜 부부와 반년째 살고 있었습니다. 그는 뮌헨의 시립 보육원에서 데려왔습니다. 아이의 아버지는 스탈린그라드(지금의 볼고그라드)에서 실종됐습니다.

에리카 마트코는 폰 욀하펜 부인의 위탁아동으로 계속 지낼 것입니다. 아이의 입양은 고려되지 않고 있습니다. 부인은 언제든 필요한 정보를 제공하기로 했습니다. 그녀 또한 아이의 질문에 답해

줄 수 있도록 아이의 태생에 관심을 기울이고 있습니다. 그러나 그녀는 아이에 대한 서류를 갖고 있지 않아서 자세한 정보를 더는 알려줄 수 없었습니다.

폰 욀하펜 가족은 소련 점령지에서 탈출하는 과정에서 소지품을 잃어버렸습니다. 폰 욀하펜 부인은 자신이 코렌-잘리스의 보육원에서 〔에리카 마트코의〕 전출 서류를 받았던 것 같다고 기억합니다. 이 서류는 탈출 과정에서 사라졌습니다.

지금으로서는 더 이상의 정보를 알려드릴 수 없어 유감입니다. 장트자우어브룬에서 귀하가 진행한 조사의 결과를 저희에게 알려주시면 대단히 감사하겠습니다.

엄마의 협조 없이는 내 친부모를 알아낼 희망이 없었고 나를 그들에게 돌려보낼 희망은 더욱이 없었다. 레벤스보른이 내 진짜 신원을 알려주는 모든 기록을 없애버렸기 때문이다. 이 시점에서 모든 관련 단체는 나를 찾는 노력을 중단했다.

더욱 충격이었던 것은 엄마가 나에게 이 이야기를 한 번도 한 적이 없다는 사실이었다. 내가 독일 정부로부터 공식 서류를 얻기 위해 애쓰던 동안에도 말이다. 또 내 신원을 안다고 귀띔조차 한 적이 없었다. 최악은 엄마가 적십자사에 잘못된 정보를 알려줬다는 것이다. 엄마는 레벤스보른으로부터 나를 위탁받을 때 받은 '전출 서류'를 1947년 소련 점령지를 탈출할 때 잃어버렸다고 했지만, 나는 1990년대에 엄마의 방을 정리하다가 그 서류를 발견했다.

나는 지금도 엄마에 대해 나쁘게 말하기가 힘들다. 마음 깊은 곳에서는 여전히 그녀에게 사랑받고 싶은 소망이 있기 때문이다. 그녀가 이미 오래전에 세상을 떠났는데도 말이다. 하지만 상황을 있는 그대로 보려면 그런 감정을 내려놓아야 했다. 그건 말 그대로 배신이었다. 그녀는 진실을 알면서도 내게 숨겼다. 그토록 오래전에 누군가가 나를 찾고 있었다는 사실에 기뻤다. 행복하기조차 했다. 하지만 내가 엄마라고 불렀던 사람이 그 수색을 방해했다는 사실에 마음이 상했다.

그달에 나는 슬로베니아를 두 번째로 방문했다. 첼예에서 납치된 아이들의 연례 모임에 맞춰 여행을 계획했고, 그다음 로가슈카슬라티나로 가서 마리아 마트코와 그녀의 가족을 다시 만날 예정이었다. 독일의 텔레비전 프로그램을 위한 촬영도 잡혀 있었다. 리포터는 내가 마리보르에서 슬로베니아 역사학자들과 하루를 보낼 수 있도록 준비해두었다.

카메라와 함께 다닌 덕택인지, 슬로베니아 당국이 더 많은 정보를 찾아낸 덕택인지 2년 전보다 더 환대를 받았고 모임은 훨씬 생산적이었다. 나는 첼예에서 무슨 일이 일어났는지 정확히 알게 됐다. 그리고 에리카 마트코의 진실에 대해서도.

1941년 봄 유고슬라비아 점령은 초반에 독일에 유리했다. 독일 군대는 신속하게 유고슬라비아 곳곳으로 진군했고 유고슬라비아 고위 사령부는 열흘 만에 항복했다. 항복일인 4월 16일 게슈타포가 첼예로 들어와 반나치 유격대원들을 체포하기 시작했다. 사흘 뒤 힘러가 직접 도착해 마을의 오래된 스타리피스케르 형무소를 살펴봤다. 이후 몇 달간 그곳은 수백 명의 저항 투사들을 고문하고 처형하는 장소로 쓰일 터였다.

그러나 독일의 전격전에 점령된 다른 나라들과 달리 유고슬라비아는 결코 완전히 정복되지 않았다. 카리스마 넘치는 요시프 티토가 저항운동을 조직했다. 1941년 7월 4일 그는 나치 점령군에 맞서 봉기를 호소하는 전단을 비밀리에 인쇄해 배포했다.

> 유고슬라비아의 인민들이여, 세르비아인, 크로아티아인, 슬로베니아인, 몬테네그로인, 마케도니아인을 비롯한 인민들이여! 이제 때가 왔습니다. 침략자들과 부역자들, 유고슬라비아인들을 살해한 자들에 맞서 한마음으로 들고일어날 때가 왔습니다. 적의 겁박 앞에 머뭇거리지 맙시다. 파시스트 도적 떼의 급소에 거침없는 일격을 가하며 적들에 맞섭시다. 모든 것을 파괴합시다. 파시스트 침략자들에게 이용될 모든 것을. 우리의 철도가 파시스트 무리에 전해질 물자와 자원을 실어 나르게 하지 맙시다. …… 유고슬라비아의 노동자, 농민, 시민, 청년 여러분 …… 전 세계를 지배하려는 파시스트 무리와 싸웁시다.

이 호소는 독일에 맞선 강도 높은 게릴라 작전으로 이어졌다. 1941년 9월 무렵에는 유고슬라비아에서 활동하는 유격대원이 줄잡아 7만 명이 넘었다. 티토의 유격대는 치고 빠지는 전형적인 유격 전술을 구사했고, 독일이 대규모 역공을 시작하자 산으로 물러났다. 히틀러는 유고슬라비아 유격대(와 다른 모든 점령국의 유격대 활동)에 대해 '밤과 안개(Nacht und Nebel)'• 명령을 내렸다. 나치 통치에 반대하는 사람은 사실상 모두 살해하라는 명령이었다. 12월 7일 야전 사령관들에게 지시가 전달되었다.

> 점령지 내에서 공산 세력을 비롯해 독일에 적대적인 집단들이 독일 정부와 점령 부대에 대항하는 활동을 증가시키고 있다…….
>
> 저항 세력의 활동 증가와 위험을 제지하려면 우리는 몇 가지 조치를 취해야 한다. 무엇보다 다음 지시들이 적용되어야 한다.
>
> 1. 점령지 내에서 독일 정부나 점령군의 안전이나 대기 태세를 위태롭게 하는 범법 행위에 대한 적절한 처벌은 원칙적으로 사형이다.
> 2. 1항에 열거된 범죄에 대해 범죄자, 적어도 주범들에게 원칙적으로 사형이 언도될 수 있다. 재판과 형 집행이 빨리 마무리될 수 있는 경우에만 점령국 내에서 다룬다. 그 밖의 범죄자, 적어도 주범들은 독일로 이송될 것이다.
> 3. 독일로 이송된 죄수들은 특별한 군사적 이해관계에 연루되었

• 1941년 12월 7일 히틀러가 내린 명령으로, 점령지에서 독일의 안보를 위협하는 자들을 납치해 '밤과 안개' 속으로 흔적도 없이 사라지게 만든다는 의미다. 납치된 사람들은 대개 독일로 끌려가 사형당하거나 징역형을 받고 수감된 이후 강제수용소에서 생을 마감했다.

을 때에만 군사재판을 받는다. 독일이나 외국의 기관들이 이 죄수들에 대해 문의할 경우 체포 사실은 알리되 법적 절차에 관한 정보는 제공하지 않음을 통보한다.

4. 점령지 사령관들과 그들이 관할하는 사법당국은 이 명령이 준수되도록 직접 책임진다.

같은 날 힘러는 게슈타포와 친위대에 지시를 내렸다.

긴 숙고 끝에 총통은 제국과 점령 지역의 점령군을 상대로 범죄를 저지른 자들에 대한 조치가 달라져야 한다고 결정하셨다. 총통의 의견은 이런 경우 징역형은 물론 종신 강제노동형도 약하다는 것이다. 이런 범죄를 장기적으로 실효성 있게 근절하려면 사형을 내리거나 가족과 지역 주민 들이 이들의 운명을 확실히 알 수 없도록 만들어야 한다. 독일 이송은 그런 목적에 도움이 된다.

이는 전쟁 원칙을 의도적으로 거부하는 행태였다. 제네바 협약이나 다른 어떤 규정도 점령지의 민간인들을 더는 보호하지 못했다. 12월 12일 국방부 원수 빌헬름 카이텔은 확장된 제3제국 영토 전역의 독일군에 히틀러의 명령을 더욱 강화한 내용의 지시를 내렸다.

범인을 사형하거나 범인의 친족들이 그의 운명을 알지 못하게 했을 때에만 점령지 주민을 위협하는 효과가 오래 남는다.

무질서의 싹을 잘라내려면 봉기의 첫 징조가 보일 때 엄격히 대응해야 한다. 또 문제의 나라들에서는 인간의 목숨이 종종 가치가 없다는 것도 고려해야 한다. 독일 군인 한 사람의 목숨에 대해 보복하려면 공산주의자를 50~100명쯤 사형시키는 것이 일반적 규칙으로 자리 잡아야 한다. 처형 방식은 겁을 줄 수 있어야 한다.

그러나 유고슬라비아 주민들은 이런 작전에 굴복하지 않았다. 티토의 유격대는 수와 효능 면에서 성장했다. 1942년 중반 힘러는 저항운동을 대대적으로 박멸하기 위한 명령을 내렸다. 6월 25일 그는 해당 지역의 친위대 수장 에르빈 뢰제너 상급집단지도자에게 저항운동 소탕작전을 맡겼고 반란자들과 관련 있다고 의심되는 가족을 모두 죽이거나 투옥하라고 명령했다.

뢰제너는 마리보르를 중심으로 슈타예르스카 지역에서 여섯 건의 작전을 계획했다. 그 가운데 첫 작전으로 1942년 7월 22일에 주민 1,000명을 체포해 첼예로 보냈다. 남자들을 가족과 떨어뜨린 뒤 그 중 100명을 스타리피스케르 형무소 벽 앞에 줄 세워 즉결 총살했다. 유고슬라비아 유격대에 경고하기 위해 나치 사진사들이 총살형 장면을 사진으로 찍었다. 이 사진들은 동네 사진관에서 인화되었는데, 사진관 주인이 몰래 여분의 사진을 인화해서 전쟁이 끝날 때까지 숨겨두었다.

그 사진들을 내 손에 직접 놓고 보니 마음이 무거워졌다. 그날 살해된 남자 중에 이그나즈 마트코도 있을 것이다. 형무소 벽 앞에 나란히 누워 있는 시신 중 하나일까? 아니면 그다음에 총살당할 사람들이 운반하는 들것에 실린 시신 중 하나일까?

어른 몇 명은 인질로 붙잡혔다. 이후 작전에서 주변 소도시와 마을 들을 굴복시키기 위해서였다. 나머지는 아우슈비츠 같은 강제수용소로 이송되었고, 그곳에서 이런저런 이유로 살해되거나 강제 노동에 시달리거나 굶주림으로 죽어갔다. 그들의 아이들은 인종 검사를 위해 오스트리아의 프론라이텐으로 보내졌다. 아리아인으로 적합하다고 판정된 소수는 독일화를 위해 이송되었다. 나머지는 재교육수용소로 보내져 굶주림과 질병 속에 학대받았다.

두 번째 작전은 다음 달 초로 계획되었다. 근처 마을의 모든 가족은 8월 3일 첼예의 한 학교로 모이라는 명령을 받았다. 요한과 헬레나 마트코는 그날 아침 세 자녀 타냐와 루드비그, 에리카를 데리고 학교로 갔다. 그들은 운동장에 모인 수백 명 속에 있었다. 중무장한 군인들이 그들을 세 집단으로 신속하게 분류했다. 남자, 여자, 아이들. 군인들은 아이들을 부모들에게서 잡아채 학교 건물 안으로 데리고 들어갔다.

이번에도 사진사가 그 사건을 기록했다. 한 사진은 건물 외벽 앞에 줄지어 선 가족들을 보여줬다. 다른 사진은 군인들이 가족들을 서로 떨어뜨리는 장면을 포착했다. 한 독일 국방군 장교가 머릿수건을 두른 여자를 제지하는 동안 어깨에 소총을 둘러멘 다른 병사가 아기를 안고 있는 한 어머니 앞으로 다가간다. 그녀는 병사에게 사정하는 것 같다. 세 번째 사진은 학교 건물 내부를 찍었다. 밀짚을 깐 조악한 나무 구조물 안에서 신원을 알 수 없는 보조원들이 아이들의 옷을 벗기는 사진이었다. 한 어린 소년은 몸부림을 치고 있지만 다른 아이들은 무표정하다.

아이들을 빼앗아가는 독일군

1942년 8월, 첼예의 한 학교 운동장. 인종 검사를 하려고 아기들을 빼앗아가는 군인들에게 어머니들이 호소하지만 소용이 없다.

인종 검사를 기다리는 아이들

1942년 8월, 첼예. 부모에게서 빼앗은 아이들은 인종 검사를 받기 전 학교 안에서 대기하게 했다. 짚을 깔아 만든 임시 우리가 눈에 띈다.

사진들을 보면서 나는 두 가지 서로 다른 감정을 느꼈다. 사람 많은 운동장이나 교실의 아기들 사이 어딘가에 에리카 마트코가 있었다. 이 흐릿한 흑백사진들은 나치가 내 가족에게서 나를 훔쳐 간 날의 기록이다. 내가 처음 느낀 감정은 두려움이었다. 과장하는 것처럼 들리긴 싫지만 정말 으스스한 떨림이 온몸을 훑고 지나갔다. 지독한 외로움과 무력함이 나를 덮쳤다. 하지만 한편으로 아이들을 이렇게 다룬 자들에게 분노도 느꼈다. 이 병사들은 아기들을 엄마들에게서 낚아챈 다음 동물 우리나 다름없는 곳에 가두었다.

나는 평생 내 감정을 억누르려 애썼다. 버림 받았다는 느낌, 무력하다는 느낌이 차올라 나를 집어삼키지 않도록 그 감정을 깊이 묻어두려 했다. 이 사진들 앞에서 내 감정을 감추고 있던 보호막이 벗겨졌다. 나는 다시 에리카 마트코가 되었다.

다른 아이들과 나는 교실에 이틀 동안 갇혀 있었다. 우리는 약식으로 인종 검사를 받았다. 금발과 흰 피부, 푸른 눈은 아리아인 혈통의 표시인 반면, 갈색 머리와 어두운 피부나 눈은 가치 없는 슬라브 혈통의 표시였다. 나는 귀중한 혈통으로 지목되었지만 타냐와 루드비그는 탈락했다. 두 사람은 다시 부모에게 돌려보내졌다.

모두 합해 430명의 아이가 아리아인 혈통으로 평가받았다. 우리는 교실에서 기차역으로 이송되었다. 큰 아이들이 나 같은 아기들을 바구니에 넣어 안고 갔다. 독일 적십자가 직접 이 아이들의 이송을 감독했다. 독일 적십자 지도부는 나치 제복과 의식용 단검을 착용할 정도로 열성적인 나치 당원들이었지만, 그 밑에서 일하는 사람들은 민간인 자원봉사자들이었다. 나는 이 자원봉사자 중 아나 라스라는 여성이 쓴 보고서를 읽었다.

오전 6시 30분 한 살에서 열여덟 살 사이의 아이 430명이 차를 타고 철로에 도착했다. 아이들은 스스로 들 수 있을 만큼의 작은 짐만 들고 있었다. 아침 식사로 블랙커피와 작은 빵 한 조각을 받았다.

승차는 순조로웠다. 오전 10시 30분에 열차가 한 시간 지연된다고 알려줬다. 그러나 열차가 출발한 것은 오후 2시 45분이 되어서였다. 그때까지 아이들은 네 시간을 기다려야 했다. 이 시간 동안 적십자도, 국가사회주의 인민복지회• 관료들도 아이들에게 먹을 것을 전혀 주지 않았다. 기차에 함께 탑승한 한 독일 적십자 자원봉사자가 물만 갖다줬을 뿐이다.

프론라이텐에 도착하자 적십자 자원봉사자들과 어린아이들(2~5세)은 가방과 짐 꾸러미를 들고 난민수용소까지 걸어가야 했다. 아이들은 반쯤 벌거벗었고 배가 고팠으며 몇몇은 기저귀도 갈지 못했다. 갈아입힐 게 없었다. 아이들은 비명을 지르고 울었다.

우리가 도착했을 때 아이들을 위한 음식이 준비되지 않아 기다려야 했다. 안으로 들어가지 못하고 마당과 풀밭에서 기다렸다. 오후 5시가 되어서야 아이들은 식당으로 들어갈 수 있었다. 수용소 직원들이 네 명 빼고 모두 휴가 중이었기 때문에 함께 따라간 독일

• 독일노동전선 다음으로 규모가 큰 나치 단체였다. 히틀러는 모든 사설 자선단체를 국가사회주의 인민복지회로 흡수하거나 해산시켜 자선 활동을 일원화하여 통제했다.

적십자 보조원 열여섯 명이 피곤하고 기진맥진한 상태에서(그들은 새벽 4시 30분부터 근무했다) 아이들을 돌봤다.

나치는 자신들이 훔친 아이들을 이렇게 다루었다. 이게 나치의 손에서 내 삶이 시작된 날의 풍경이었다. 그러니 내가 평생 사랑받기를 갈망하며 힘들어할 만도 했다.

프론라이텐에서 검사가 또 있었다. 힘러의 인종 검사관들이 우리를 찔러보고 쑤셔보며 모든 적 특성을 평가하고 기록한 다음 우리를 네 등급 중 하나로 분류했다. 상위 두 등급은 레벤스보른 시설로 배정되었다. 나머지는 재교육수용소로 이송될 운명이었다. 납치된 유고슬라비아 아이들을 평가하던 사람 중에 나중에 뉘른베르크에서 재판받고 사면된 여성 관료인 잉게 비어메츠도 있었다. 그녀는 '취학 연령 미만의 아이들만 데리고 오라'는 서면 지시에 따라 움직였다.

하지만 우리를 원한 단체는 레벤스보른만이 아니었던 모양이다. 힘러가 옛 독일제국 외부의 영토에 살던 재외 민족독일인을 '보호'하려고 세운 기관인 재외독일인연락소 관료들도 장차 우수 인종의 지도자가 될 아이 중 일부를 데려가길 원했다. 뉘른베르크 재판에서의 증언에 따르면 '이 아이들을 두고 재외독일인연락소와 레벤스보른 사이에 경쟁이 치열했지만 비어메츠 씨의 노력으로 결국 레벤스보른이 이겼다.'

나는 이 모든 증거를 보면서 비어메츠와 다른 레벤스보른 고위 간부들을 사면한 뉘른베르크 판사들의 결정에 다시 놀랐다. 비어메츠는 말 그대로 장물을 다룬 셈이었다. 점령국 곳곳에서 실려 온 아이 수백 명의 운명을 결정했다. 몇몇은 그들의 정체성을 완전히 지워버릴 계획에 몰아넣었고, 나머지는 수용소로 보내 죽음에 이르게 만들었다. 어떻게 이 여자가 무죄를 선고받을 수 있었을까?

나는 프론라이텐에서 바이에른의 레겐스부르크 근처 베르덴펠스의 또 다른 수용소로 옮겨졌다. 1942년 말 레벤스보른은 에밀리에 에델만(기젤라 하이덴라이히의 어머니)에게 심화 인종 선발 검사 감독을 맡겼다. 그녀는 내가 검사를 통과할 만하다고 판단했던 모양이다. 서류에 서명이 이루어졌고, 나는 코렌-잘리스로 이송되었다.

납치된 유고슬라비아 아이들은 우리가 마지막이 아니었다. 내가 마리보르에서 본 문서에 따르면 네 번의 '작전'이 더 있었고, 또 다른 수백 가족이 첼예로 더 소집되어 인종 검사를 받고, 분류되고, 분리되었다. 그 아이들 또한 레벤스보른 보육원과 재교육수용소로 나뉘어 보내졌다.

내게 이 서류를 보여준 직원들은 한 가지 사실을 더 알려주었다. 그날 요한과 헬레나는 아이 셋을 데리고 학교 운동장에 도착했다. 그리고 기록에 따르면 떠나도 좋다는 허락을 받았을 때 그들은 아이 셋을 그대로 데리고 돌아갔다. 타냐와 루드비그, 에리카라 불리는 여자 아기. 나는 오빠와 언니가 부모에게 되돌아갔다는 사실은 알았지만, 에리카라는 이 다른 아이는 누구였을까? 어찌 된 일인지 에리카 마트코는 프론라이텐으로 가는 기차에도 있었고 요한과 헬레나 부부와 함께 로가슈카슬라티나로 돌아가는 길에도 있었다. 말이 되지 않았다.

내게 답을 넌지시 알려준 사람은 마리아 마트코였다. 우리는 내가 마리보르를 방문한 다음 날 그녀의 집에서 만났다. 마리아는 처음에 DNA 검사 결과에 충격을 받았지만 내가 자기 시누이라는 사실을 받아들였다. 그녀의 도움으로 나는 마침내 그날 일어났던 일을 조각조각 맞춰볼 수 있었다.

아이들이 요한과 헬레나에게 다시 돌아온 그날, 나치는 유격대원으로 의심되는 몇 사람을 첼예 감옥에서 처형했다. 증인들은 교실 밖에서 기다리던 가족들이 사격 총성을 들었다고 회상했다. 이날 살해된 남자와 여자 들의 아이들도 나와 함께 교실에 갇혀 있었다. 몇 명은 고아가 되었다.

타냐와 루드비그를 돌려받았을 때 헬레나는 아마 셋째 아이가 사라졌다고 호소했을 것이다. 독일인들은 어쩌면 그녀를 달래려고, 아니면 그들도 남겨진 아기를 어떻게 해야 할지 몰라서 부모 없는 아기를 그녀에게 건네줬는지 모른다. 그 여자 아기가 에리카 마트코로 자랐다.

나는 고통과 분노, 혼란을 동시에 느꼈다. 어머니는 분명 그녀의 팔에 떠맡겨진 아기가 자기 아이가 아니라는 걸 알았을 것이다. 생김새도, 냄새도 달랐을 것이다. 어떻게 그녀는 그 터무니없는 대체물을 받아들일 수 있었을까?

내가 상상할 수 있는 유일한 설명은 그녀가 겁에 질려서 독일군에 따지지 못했을 거라는 것이다. 총살형을 집행하는 소리가 들리는 그 곳에서 그녀는 자신과 남편과 아이들의 목숨을 걱정했을 것이다. 하지만 이성적으로는 이해한다고 해도 감정은 별개였다. 나는 거의 60

년 동안 내가 진짜 누구인지 알지 못해 허우적거렸다. 지난 7년 동안 나는 과거의 수수께끼를 푸는 길고도 끔찍한 여행을 했고, 어떻게 내가 에리카 마트코에서 잉그리트 폰 욀하펜으로 변신했는지 알아냈다.

이제 나는 안다. 하지만 그게 전혀 도움이 되지 않았다.

17장

찾기

"우리는 무엇을 하고 있나? 나는 스스로에게 물었다.
우리는 대체 무엇을 하고 있는 걸까?"

지타 세레니, 전 연합국 구제부흥기관 아동복지 관료

나는 모두에게 화가 났다. 애초에 나를 납치하라고 명령한 히틀러와 힘러에게, 내 진짜 정체성을 감추고 나를 독일 아이로 바꿔버린 잉게 비어메츠와 레벤스보른 관료들에게 화가 났다. 부모에게 나 대신 다른 아이를 건네준 군인들에게 화가 났다. 나치가 순수 혈통과 아리아인 우수 인종에 대한 집착으로 나를 비롯한 모든 희생자에게 저지른 짓에 분노했다. 지난 세월 동안 억눌렀던 모든 분노와 상처가 표면으로 떠올랐다.

내 분노는 가까이 있는 사람들에게도 향했다. 기젤라와 헤르만 폰 욀하펜은 이 끔찍한 계획의 자발적 공범자였다. 그들은 레벤스보른이 믿을 만한 조직이 아니라는 것을 똑똑히 알았어야 했다. 전시 독일에서도 레벤스보른에 대한 정보는(그리고 사실상 소문도) 충분했다. 레벤스보른이 위탁양육을 맡기는 아기들이 어디서 왔는지에 대해 충분히 의혹을 품을 만했다.

그리고 기젤라는 이상한 양면성으로 나를 대했다. 나를 보육원에 보낸 그녀가 사랑이 가득한 따뜻한 가정에서 아이를 키우겠다고 약속한 사람으로 보기는 힘들다. 무엇보다 그녀는 회피와 기만으로 진짜 정체성을 찾으려는 나의 탐색을 방해했다. 그녀가 내 태생에 대해 알려만 줬어도 내 삶이 얼마나 순탄했을까? 레벤스푸렌에서 만난 친구들을 보면 레벤스보른 아이를 위탁양육한 어머니 중에는 아이의 태생을 터놓고 정직하게 말한 사람도 있었다. 이런 정직함은 아이의 불안을 더러 달래주기도 했다. 왜 엄마는 내게 아무 말도 하지 않으려 했을까?

내게 가장 큰 상처는 친부모의 행동이었다. 헬레나와 요한이 나치에게 건네받은 아기를 왜 받아들였는지는 대충 이해할 수 있었다. 소문난 유격대원의 가족이던 그들에게는 다른 선택의 여지가 없었을 것이다. 특히 동지들이 처형된 바로 그날에는 말이다. 나는 그들의 입장에서 이해해보려 애썼다. 문 두드리는 소리가 들리고, 게슈타포나 친위대 장교가 문밖에 있다는 것을 알았을 때의 공포를 상상해보려 했다. 그러나 내 것이었어야 할 삶을 다른 에리카가 어머니의 사랑 속에서 안전하게 살았다는 생각이 머리를 떠나지 않았다. 하지만 그들을 비난할 수는 없었다. 내가 받아들이기 힘들었던 것은 친어머니 헬레나가 전쟁이 끝난 뒤에도 오래도록 그 거짓을 안고 살았다는 것이다. 바르바라 파치오르키비츠의 경우에서 알 수 있듯이, 납치된 아이들의 가족 중에는 잃어버린 아이를 되찾겠다고 결심한 사람들도 있었다. 하지만 헬레나는 친자식이 독일 어딘가에 있다는 것을 알면서도 한 번도 나를 찾으려 하지 않았다.

그녀에게 직접 물어보고 싶었다. 하지만 헬레나는 1994년에 세상을 떠났다. 기젤라가 감춰둔 서류조차 몰랐던 때였다. 내 뿌리가 슬로베니아에 있다는 것은 더욱이 알지 못했다. 내 친어머니와 위탁어머니가 공모해 내게서 답을 찾을 기회를 앗아간 느낌이었다.

나는 내 감정을 퍼부을 대상이 필요했다. 내 처지에 책임을 질, 살아 있는 누군가가 필요했다. 에리카 마트코, 이 다른 에리카가 내 분노와 고통을 쏟아낼 대상이 되었다. 나를 만나려 하지 않고, 내 편지에 답장조차 거부하는 그녀의 태도에 분개했다. 어쩌면 사람이 그렇게 냉담할 수 있는지 이해할 수 없었다. 그녀가 내 삶을 훔쳐갔다는 생각이 나를 좀먹어 들어갔다. 마리아는 그녀가 아플 때가 많았다고, 그래서 일을 하지 않았다고 말했다. 나는 물리치료실을 운영하며 겪었던 어려움을, 독일의 관료적 행정과 부딪혔던 여러 문제를 떠올렸다. 그에 비하면 에리카는 분명 정부의 지원으로 편하게 사는 것처럼 보였다. 내 분노는 더욱 커졌다.

내 친구들은 나를 설득하려 애썼다. 에리카가 나로 살아가게 된 것은 그녀의 잘못이 아니라고 말이다. 그들 말이 옳았다. 어린 그녀는 우리의 삶이 어떻게 뒤바뀌었는지 알지도 못했을 테고, 알았다 해도 무얼 어쩔 수 있었겠는가. 그리고 전후 티토가 통치하던 유고슬라비아에서 독일 점령군과 어떤 식으로든 접촉했던 이력을 털어놓는 일은 헬레나와 요한에게 안전하지 않았을 것이다. 공산주의자들은 어떤 식으로든 나치와 연루된 사람들의 진짜 의도 따위는 신경 쓰지 않았다. 아마 에리카는 자신의 태생에 대한 진실을 몰랐을 가능성이 컸다. 어쩌면 내 친부모 말고는 아무도 몰랐을 것이다.

또 다른 사람들은 내가 에리카에게 처음 연락했을 때 그녀의 기분이 어땠을지 상상해보라고도 했다. 그때 그녀는 예순 살이 넘었고 심각한 심장질환을 앓고 있었다. 생면부지의 이방인이 갑자기 나타나 그녀가 자기 가족에 대해 알고 있는 모든 것에 의문을 제기했으니 분명 엄청난 충격이었을 것이라고 말이다. 그녀를 측은하게 여길 수는 없는가?

나는 그럴 수 없었다. 나는 그동안 내게 일어났던 그 모든 부당한 일들에 너무 지쳐 있었다. 내 삶을 뒤흔들어놓았을지 모를 이 여자를 측은하게 여길 여력이 없었다.

화가 가라앉기까지 한참이 걸렸다. 여러 달과 여러 해가 흘렀다. 그동안 나는 차츰 거리를 두고 상황을 더 명료하게 분석할 수 있었다. 과거가 다르게 진행됐더라면 어땠을지 생각해보기 시작했다. 나는 바르바라의 이야기를 떠올렸다. 어린 그녀가 실제로 기억할 수 있는 유일한 가족인 독일 위탁가족과 떨어졌을 때 그녀가 어떤 느낌이었을지 생각해봤다. 그녀와 함께 폴란드로 가는 기차에 탔다고 상상해보고 그녀의 혼란을 느끼려 해봤다.

나는 첼예에서 납치된 아이들의 모임에서 유고슬라비아에서 납치됐던 아이 중 몇은 가족에게 돌아왔다는 것을 알게 되었다. 귀환의 선례가 된 법정 소송이 있었다. 이반 페트로치크는 1943년 두 살이 되기 전에 친위대 파견대에 납치됐다. 그의 아버지는 게슈타포의 총에 맞아 죽었고 어머니는 강제수용소로 보내졌다. 그에게는 '폭도의 아이'라는 딱지가 붙었고 레벤스보른이 그를 어느 독일 가정에 위탁했다.

이반의 어머니는 전쟁에서 살아남아 7년간 아들을 찾아다녔다. 1952년 법정은 이반을 유고슬라비아로 돌려보낼 것을 명령했다. 그는 열한 살이었고, 그가 살아온 11년의 대부분을 독일 아이로 자랐다.

이반과 바르바라의 사례를 보며 나는 이렇게 본국으로 돌아오는 과정이 어떠했을지, 관련된 사람들에게 어떤 영향을 미쳤을지 궁금했다. 2014년 나는 그 대답을 일부 찾았다.

지타 세레니는 명망 있는 언론인이자 작가였다. 그녀는 1921년 빈에서 오스트리아 귀족과 함부르크 출신의 전직 여배우 사이에서 태어났다. 열세 살이 되자 부모는 그녀를 영국의 기숙학교로 보냈는데, 기차가 뉘른베르크에서 지연되는 바람에 나치의 대규모 집회를 목격하게 됐다. 그 장면은 지울 수 없는 인상을 남겼고, 그녀는 학교를 마친 뒤 프랑스로 가서 독일 점령하에서 고통받는 고아들을 도왔다. 프랑스 레지스탕스와도 일했다.

전쟁이 끝나자 세레니는 연합국 구제부흥기관에 합류해서 전 독일제국 곳곳에 흩어져 있는 난민 수백만 명의 본국 송환을 도왔다. 나중에는 아동 심인국에 배치되었다. 53년 뒤 그녀는 지금은 폐간된 어느 잡지에 자신의 경험담을 기고했다. 그 글에서 그녀는 한 어린 소년과 소녀를 독일에서 폴란드로 돌려보낸 일을 회상했다. 그 글을 읽으며 나는 유고슬라비아로 돌아간다는 게 내게 어떤 의미였을지 진심으로 처음 이해하게 됐다.

송환 과정은 세레니가 위탁가정을 방문하는 것으로 시작되었다. 가족은 바이에른의 전통적인 단층 농가에 살고 있었다. 창문에는 커튼이 없었고 오직 희미한 불빛 두 개만 새어 나와 현관으로 가는 길을 비췄다.

세레니는 지역 관청에서 인구 기록을 찾아보면서 방문을 미리 준비했다. 그 농가에는 여섯 사람이 거주한다고 등록돼 있었다. 40대 중반인 농부와 그의 아내, 농부의 나이 든 부모. 그리고 두 명의 아이, 남자아이와 여자아이 하나씩이었다.

그녀는 자신의 방문과 자신이 던져야 할 불편한 질문들이 가족을 고통스럽게 할지 모른다는 것을 잘 알고 있었다. 가정환경에서 아이들을 보는 것이 필수적이었지만 면담이 깊이 진행되기 전에 아이들이 잠자리에 들기를 바랐다.

가족은 눈에 띄게 차가운 태도로 그녀를 맞았다. 식탁에 둘러앉아 있었고, 그녀가 집 안에 들어갔을 때 애써 일어나지도 않았다. 그녀가 손을 내밀자 부부와 두 아이는 악수를 했다. 소년은 불안해하고, 소녀는 신나서 손을 잡았다. 하지만 할아버지는 등 뒤로 손을 숨기며 악수를 거부했고, 이 침입자가 무얼 원하는 거냐고 무뚝뚝하게 물었다.

아이들의 이름은 요한과 마리였다. 둘 다 서류상 여섯 살이었고 금발에 파란 눈이었다. 소년은 머리를 짧고 투박하게 잘랐고, 소녀는 긴 머리를 단정하게 땋고 있었다.

세레니는 가족과 잠깐 이야기만 나누겠다고 설명했다. 싸늘한 분위기를 누그러뜨리려고 아이들에게 초콜릿 바를 하나씩 주었다. 전후 독일의 궁핍한 상황에서는 소중한 선물이었다. 하지만 반응이 엇갈렸다.

어린 소녀가 환하게 웃으며 "고맙습니다"라고 말하자 나는 아이의 얼굴을 어루만졌다. 바로 그때 농부의 아내가 "어서 가서 자야지"라고 단호하게 말했다. 두 아이는 자리에서 벌떡 일어나 엄마의 말을 따랐다.

소녀는 어머니를 끌어안으면서 손을 뻗어 아버지의 손을 잡았다. 소년은 정중하지만 의례적으로 부모에게 안녕히 주무시라고 인사를 하고는 세레니를 수상쩍게 쳐다보며 할아버지에게 뽀뽀했다. 그러자 농부가 두 아이를 꼭 끌어안고 잠자리로 데리고 갔다.

1945년 아동 심인국에는 '연합국 난민과 동화된 국적의 보호자 없는 아동' 8,500여 명이 등록되어 있었다. 몇 달 사이에 수만 명의 이름이 새로 추가되었다. 때로는 사진이나 신체 특징 묘사가 보태졌다. 모두 힘러의 독일화를 위해 동유럽에서 납치된 아이들이었다. 마리와 요한도 그들 속에 있었다.

세레니는 이 상황이 믿기지 않는다고 했다.

누가 아기나 아장아장 걷는 아이들을 어머니에게서 빼앗아 오려 했을까? …… 대체 누가, 아무리 정신 나간 광신도라 해도 다 자라지 않은 아이들의 '인종적 가치'를 평가하는 게 가능하다고 믿을 수 있었을까? 무엇보다 현실적으로 어떻게 이 많은 외국 아이가 독일에서 정체가 감춰진 채 살아갈 수 있었을까? 적어도 몇몇은 기억할 정도의 나이였을 것이다.

세레니가 질문을 시작하자 농부는 적대감을 보였다. 그는 아들이 스탈린그라드 봉쇄 때 붉은 군대에 살해되었다고 말했다. 딸은 그보다 4년 전에 길에서 사고로 죽었다. 부부는 잃어버린 아이들 대신 요한과 마리를 키웠다고 했다.

이 가족이 아이들을 사랑한다는 것은 분명했다. 세레니는 자신도 그 점을 알고 있다고 농부를 안심시키는 한편 아이들의 태생에 대해 알고 있는 것이 있다면 모두 밝혀야 한다고 말했다. 아이들의 친부모가 누구냐고 묻자 농부의 아내가 죽었다고 대답했다. 하지만 누구에게 그 정보를 들었느냐고 묻자 그녀는 얼버무렸다. 세레니는 꼬치꼬치 캐물으며, 동유럽의 많은 부모가 빼앗긴 아이들을 찾고 있다고 설명했다.

"동쪽이라고?" 할아버지가 말했다. 혐오스러운 단어를 내뱉듯 그 말을 반복했다. "동쪽? 우리 아이들은 '동쪽'과는 아무 관계가 없소. 이 아이들은 독일인이요. 독일 고아들이지. 딱 보면 알 거요." 그래 바로 그 말이 또 나왔다. '딱 보면 알 거요.'

사실 예전에도 누군가 그들을 딱 보기만 해도 알았다. 체예에서처럼 우치 주변의 마을 사람들도 아이들을 아동복지청으로 데리고 오라는 지시를 받았다. 그곳에서 인종 검사관들이 평가했고 선택된 아이들을 레벤스보른으로 이송했다. 요한과 마리의 부모는 그 이후로 아이들을 찾았고, 그들의 주장을 뒷받침할 사진들이 있었다. 연합국 구제부흥기관은 아이들을 돌려보내야 한다고 결정했다.

지타 세레니는 그 직후에 다른 곳으로 전출되었다. 그 뒤 1946년 여름 그녀는 바이에른의 아동 센터에 배치되었다. 놀랍고도 실망스럽게 요한과 마리가 그곳에 있었다. 둘은 농부 부부와 헤어진 것을 받아들이지 못해 힘겨워하고 있었다. 둘 다 눈 밑에 깊은 그늘이 졌고 피부도 창백하고 병약해 보였다. 세레니는 두 아이의 상태에 충격을 받았다.

> 마리는 의자에 몸을 말고 앉아 엄지를 입에 물고 투명한 눈꺼풀을 내린 채 눈을 감고 있었다. 하지만 요한은 나를 보자마자 쏜살같이 달려와 "너! 너! 너!"라고 악을 쓰며 발길질과 주먹질을 했다.

아동 센터 직원들은 이 모든 일을 이미 겪었다. 모국으로 돌려보내기 전에 독일 위탁가족과 떨어진 다른 아이들에게도 이런 안타까운 상태가 나타났다고 했다. 요한과 마리를 비롯해 많은 아이가 공식적인 귀환 일자를 넘긴 뒤에도 센터에 남아 있어야 했다. 그렇게 해야만 이들의 어린 삶에서 두 번째로 겪는 분리의 고통을 진정시키고, 친부모의 지나친 기대에 아이들을 대비시킬 수 있을 것처럼 보였다. 경험에 따르면 이미 트라우마가 있는 아이들에게 친부모와의 재회는 어마어마한 정신적 부담을 더하는 듯했다.

배려에서 나온 신중한 선택이었지만 요한과 마리에게는 분명 실패한 방법이었다. 요한은 벌써 공격성의 징후를 보였다. 마리는 유아기로 되돌아갔다. 침대에 자주 오줌을 쌌고 우유병으로만 음식을 먹으려 했다.

그날 밤 정신과 수련의는 세레니에게 마리의 식사를 우유병으로 먹여보라고 제안했다.

> 마리는 누워서 눈을 감았다. 아이는 우유를 빠는 입술과 그것을 넘기는 목구멍만 움직였다. 나는 아이가 잠들 때까지 안고 있었다. 내게는 도움이 됐지만 유감스럽게도 아이에게는 아니었다.
>
> 우리는 무엇을 하고 있나? 나는 스스로에게 물었다. 우리는 대체 무엇을 하고 있는 걸까?

그제야 나는 이해했다. 내가 로가슈카슬라티나로 돌려보내졌다면 이 이야기가 내 운명이었을 수도 있었다. 요한과 마리가 자신들이 기억하는 유일한 가족과 왜 떨어져야 하는지 이해하지 못했던 것처럼 나도 내게 무슨 일이 일어났는지 이해하지 못했을 것이다. 그런 생각을 하고 나자 더는 화가 나지 않았다.

18장

평화

"내 정체성은 내 인종의 현실과 더불어 시작됐을지 몰라도
거기에서 끝나지 않았으며 끝날 수도 없었다."

– 버락 오바마, 《내 아버지로부터의 꿈》(2004)

정체성은 무엇이고 어떻게 형성되는가? 정체성이 사람을 형성하는가? 아니면 그 반대인가? 추상적인 철학적 질문 같지만 그렇지 않다. 나를 찾는 여정이 끝났을 때 내가 마주해야 했던 질문들이다. 이제 나는 내가 누구인지, 또는 누구였는지 안다. 하지만 그게 무엇을 뜻하는지는 그만큼 확실히 알지 못했다.

정체성은 '나는 누구인가?'라는 질문에 답하는 것에서 끝나지 않는다. 그보다 훨씬 많은 것을 뜻한다. 그건 사람됨의 문제이기도 했다. 나는 어떻게 내가 지금의 '나'라는 사람이 되었는지 이해하려고 애썼다. 지금의 나는 레벤스보른의 아이로 살았던 내 어린 시절의 산물일 뿐인가? 수줍어하고 자신감이 부족하며 다른 사람, 특히 아

이들의 요구를 나 자신보다 우선시하려는 성향은 내 과거의 산물인가? 달리 말해 내 삶의 행로는 힘러에 의해 정해진 것인가? 따지고 보면 그것이 힘러의 의도였다. 레벤스보른의 아이들은 독일 우수 인종을 이끌, 균질하고 새로운 세대를 창조하려는 그의 구상에 부합해야 했다.

하지만 분명 나는 스스로 내린 선택들의 산물이다. 유전법칙은 머리카락이나 피부색을 결정할지는 몰라도 정체성은 틀림없이 자유의지의 요소들을 포함한다. 나는 장애 아동을 돌보는 일을 선택했고, 결혼해서 가족을 만들지 않기로 결정했다. 그건 내 결정이었다. 피할 수 없는 레벤스보른 프로젝트의 결과가 아니었다.

어쩌면 자신이 진짜 누구인지 모르는 불안을 견뎌보지 않은 사람은 이런 실존적 질문으로 괴로워하는 일이 드물 것이다. 그렇다 해도 누군들 힘든 시기에는 삶의 어느 특정 순간으로 거듭 되돌아가 그때 상황이 달랐더라면 어떻게 됐을까 생각해보지 않을까?

셰익스피어의 《햄릿》에서 오필리아는 이렇게 말한다. "우리는 지금의 우리는 알지만 우리가 무엇이 될지는 모른다." 나는 내가 무엇이 될 수 있었을지 곱씹어보았다. 내가 그날 첼예의 인종 검사에서 탈락했더라면 어떻게 됐을까? 에리카 마트코로 자랐더라면 내 삶이 어땠을까? 보람 있는 직업을 가질 기회를 누릴 수 있었을까? 아니면 다른 에리카의 삶이 그래 보이는 것처럼 환경 때문에 내 삶의 지평이 좁아졌을까? 기젤라가 더 솔직했더라면, 냉전이 끼어들지 않았더라면 나는 친부모와 다시 살았을지 모른다. 나치가 나를 가족과 살게 내버려뒀더라면 내가 더 잘 살았을지, 아니면 묘한 모순으로 그들이 궁극적으로는 내게 호의를 베푼 셈이었을지 스스로 묻곤 했다.

레벤스보른 희생자 연례 모임은 이런 불확실성을 더욱 키웠다. 내가 첫 모임에서 감지했던 갈등은 해가 갈수록 꾸준히 커졌고, 결국 우리는 논쟁으로 분열되었다. 우리는 모두 우수 인종 실험에 연루되었던 과거로 상처를 입은 사람들이고, 모두 자신의 과거와 씨름하고 있었다. 2014년, 서로를 도울 단체를 만들자고 모였던 사람 가운데 많은 이가 모임을 떠나거나 떨어져 나와 더 작은 모임을 새로 결성했다. 나도 그들 가운데 하나였다.

하지만 그해 나는 두 차례의 여행으로 마음의 평화를 더러 찾게 되었다. 첫 번째 여행은 레벤스보른 직원이었던 아넬리제 베크를 방문한 것이다. 이제 아흔두 살에 거의 시력을 잃은 그녀는 프랑크푸르트 근교에 살고 있었다. 그녀는 내게 차와 슈톨렌을 대접했다.

베크 여사는 내가 코렌-잘리스의 조넨비제 보육원에 머물렀을 때 그곳에서 일하고 있었다. 나를 기억하지는 못했다. 그곳에는 150명의 아이가 있었고 그녀는 내가 속한 집단을 담당하지 않았다. 하지만 그녀는 조넨비제 보육원의 일과에 대해 많은 이야기를 들려주었고, 그곳에서 내 삶이 어떠했을지 이해할 수 있도록 도움을 주었다. 아이들과 찍은 사진도 보여주었다. 사진 속 아이들은 옷을 잘 갖춰 입고 있었고, 잘 먹고 잘 지내는 듯한 인상이었다. 그녀는 여러 상황과 친위대의 존재에도 그곳 보육원에서 아이들이 대체로 행복하고 편안하게 지냈다고 확신했다.

베크 여사와의 대화는 내가 모르는 과거의 마지막 빈틈을 메워주었다. 나는 조넨비제 보육원에 대한 기억이 전혀 없었고, 당연히 거기에서 보낸 시간도 떠오르지 않았다. 아무리 애를 써도 메울 수 없던 어두운 구멍이 메워졌다. 내 기억으로부터 나를 보호하던 벽들이 무너지기 시작했다. 이제 마지막 단계는 코렌-잘리스로 가서 그 건물 안을 걸어 다녀보는 것이 될 터였다. 그렇게 하면 내 기억이 열릴 것이라고 나는 확신했다. 아직은 그럴 만큼 내가 강하지 않지만 앞으로 몇 년 안에 그곳을 찾아갈 것이다.

10월에는 슬로베니아를 다시 방문했다. 우선 로가슈카슬라티나의 아담한 공원에 세워진 기념비를 방문했다. 1941년부터 1945년 사이에 총살당한 사람들을 기리는 기념비였다. 100여 명의 이름이 새겨져 있었다. 나는 삼촌 이그나즈의 이름을 찾아 손끝으로 어루만졌다.

그 후 마리아는 내가 태어난 집을 보여주고 나서 나를 언덕 꼭대기 묘지로 데려갔다. 거기에는 내 친부모님과 할머니, 오빠와 언니가 묻혀 있었다. 내가 무덤에 꽃을 바치고 초를 켜는 동안 마리아와 그녀의 조카가 묘지 근처 오솔길을 청소했다. 상실감에 무너질지도 모른다는 내 예상과 달리 놀랍게도 평상시에 느끼는 슬픔 말고 다른 감정은 느껴지지 않았다.

마리아가 나를 그녀의 집으로 초대했을 때도 예상치 못한 감정을 느꼈다. 우리는 슬로베니아식 커피와 집에서 만든 블루베리 술을 놓고 다른 가족들과 둘러앉았다. 분위기는 따뜻했고 모두 마음을 열고 나를 환대했다. 마트코 가족은 나를 자신들의 일원으로 인정했고 내게 부모와 형제, 조카 들의 사진을 주었다. 내가 오랫동안 갈망해온 가족의 사랑과 너그러움이 고마웠다. 하지만 그들 속에서 나는 혼자 어린아이가 된 느낌이었다. 마치 시험을 볼 때마다 느끼곤 했던 불안감이 마음속에 크게 자리하고 있었다.

이튿날 나는 부모님의 결혼 기록을 찾아보려고 시민등록청에 갔다. 모든 지역 주민의 출생 기록이 담긴 큼직한 장부를 꺼내 온 직원과 함께 내 출생 기록을 먼저 찾았다. 그리고 내 친부모 요한과 헬레나가 1938년에 결혼했다는 기록도 찾았다. 내 언니 타냐와 오빠 루드비그가 태어난 지 몇 년이 지난 뒤였다. 이것은 DNA 검사 결과의 수수께끼를 풀 실마리였다. DNA 검사 결과에 따르면 루드비그의 아들 라파엘은 내 조카가 확실했지만, 타냐의 아들 마르코와 나는 혈육 관계가 확실하지 않았다. 타냐와 루드비그가 부모의 결혼 전에 태어난 것으로 보건대 가장 설득력 있는 설명은 타냐가 엄마와 다른 남성 사이에서 태어난 딸이라는 것이다.

마지막 남은 수수께끼는 다른 에리카였다. 그녀는 여전히 내 편지에 답장하지 않았고, 마리아에 따르면 나를 만나고 싶어 하지도 않았다.

나는 무엇을 해야 할지 곰곰이 생각했다. 내게 그녀의 주소가 있으니 집으로 가서 직접 만나보기로 결심했다. 그녀의 집은 로가슈카 슬라티나의 가난한 동네에 있는 허름한 건물 4층에 있었다. 나는 에리카가 집에 있으리라는 걸 알았다. 마트코 가족의 말에 따르면 에리카는 계단을 내려올 수 없을 정도로 아파서 늘 집에 있다고 했다. 나는 그녀의 우편함과 그녀의 이름이 적힌 벨을 찾아냈다. 벨을 누르고 위층으로 올라오라는 허락을 받고 싶었다. 이 수수께끼 같은 여인을 직접 만나보고 싶었다. 그녀를 끌어안고 이야기를 나누고 싶었다. 무엇보다 또 다른 나를 직접 만나면 마음의 평화를 찾게 될 것 같았다.

하지만 나는 그러지 않았다. 건물 밖에 서 있는 동안 나는 내 감정이 무익할 뿐 아니라 해롭다는 것을 깨달았다. 나 못지않게 나치와 레벤스보른의 희생자인 이 병약한 여인에게 내 필요를 강요할 권리는 내게 없었다. 나는 과거를 이해할 뿐 아니라 용서하는 법도 배워야 한다는 걸 깨달았다. 나는 조용히 그곳을 떠났다.

이틀 후 슬로베니아의 가족과 마지막으로 만난 후 나는 독일 오스나브뤼크의 집으로 돌아왔다. 이곳에서 삶을 다시 시작하면서 지난 15년이 내게 가르쳐준 것들을 돌아봤다. 아주 멀리 떠난 여행 같았지만 사실 내 여정은 커다란 동그라미를 그린 뒤 내가 출발했던 바로 그곳으로 돌아왔다.

어렵고 고통스러운 여행이었지만, 레벤스보른에 대한 진실과 내가 어떻게 그것에 휘말렸는지 알게 되어서 기뻤다. 힘러의 실험으로 태어나거나 납치된 사람들로 이루어진 '대가족'에게서 나는 위안을 얻었다. 하다마르에서 처음 만난 후 여러 해가 흐르는 동안 우리 수백 명은 우리가 찾아 헤매던 것을 발견했다.

나는 한때 내가 에리카 마트코라 불린 유고슬라비아 아이였다는 것을, 나치가 가족에게서 나를 훔쳤다는 것을 확실히 알았다. 그리고 가족과 다시 만날 수 있게 된 데 감사한다. 물론 친엄마를 만났더라면 더 좋았을 것이다. 나에 대한 그녀의 사랑을 기억할 수 있다면 좋겠다. 엄마의 삶이 어땠는지, 전쟁이 끝난 뒤 왜 나를 찾지 않았는지 물어볼 수 없다는 것이 슬프다.

나는 마트코 가족에게서 보통의 가족이 서로 느끼는 친밀감을 느끼지 못한다. 너무 많은 일이 일어났고, 너무 오래, 너무 멀리 떨어져 있었다. 우리 사이를 가르는 심연은 단순히 언어만이 아니다. 나는 슬로베니아어를 모르기도 하지만, 유고슬라비아에서 성장기를 보내는 것이 어떤 것인지 전혀 모른다. 사실 나는 세상을 떠난 의붓동생 후베르투스에게 훨씬 큰 친밀감을 느낀다. 따지고 보면 우리는 혈연관계도 아니다. 그리고 바로 거기에 나치의 이데올로기를 무너뜨리는 깨달음이 있다. '피'는 그렇게 중요하지 않다는 것이다.

나는 이제 그 생각을 하며 웃을 수 있다. 어떻게 그토록 당연한 것을 이해하는 데 이렇게 오랜 시간이 걸렸을까? 나는 평생 육체적·정신적 장애와 씨름하는 아이들과 함께했다. 어떻게 사랑과 인내로 어려움을 극복할 수 있는지 보았다. 양육이 모든 것을 형성하지는 않지만, 양육은 언제나 본성을 이길 길을 찾는다.

여러 해 동안 나는 찾을 수 없는 것을 찾느라 내 삶에 그늘을 드리웠다. 우리 모두에게는 원하는 것과 가질 수 있는 것 사이의 틈이 있다. 그리고 그 틈에는 회한이 무성하게 자란다. 나는 꿈과 현실 사이, 실망스러운 무인 지대에 오래 갇혀 있었다. 나는 우리가 태생의 조건이 아니라 살아가는 내내 우리가 내리는 선택으로 정의된다는 근본적인 진실을 보지 못했다.

마하트마 간디는 "너 자신을 찾는 가장 좋은 방법은 다른 사람을 위해 너 자신을 잃어버리는 것이다"라고 말했다. 나는 이 말을 이해하는 데 평생이 걸렸다. 하지만 내가 출발한 바로 그곳으로 되돌아 왔다 해도 이 여행을 떠나지 않았더라면 그 진실을 알지 못했을 것이다. 나는 이제 내가 누구였는지, 그리고 누구인지 안다. 에리카 마트코는 유고슬라비아에서 훔쳐 온 레벤스보른 아이였고, 레벤스보른의 광기 속으로 사라졌다. 잉그리트 폰 욀하펜은 독일 여자이고 여러 어린이를 돕고 위로한 물리치료사다.

나는 한때 유고슬라비아 출신 에리카 마트코였고, 독일인 잉그리트 폰 욀하펜이었다. 둘 다 나였다. 그리고 이제 나는 잉그리트 마트코 폰 욀하펜이다. 그게 항상 나였다.

후기

"역사가 주는 가장 중요한 교훈은
사람들이 역사를 그다지 교훈으로 삼지 않는다는 것이다."

올더스 헉슬리

이 이야기는 70여 년 전에 일어난 일이다. 지나간 과거에 일어난 일이라 생각하기 쉽지만 그렇지 않다.

1945년 이래 세계적 충돌은 없었다. 제3제국이 저지른 것과 같은 규모의 범죄나 순수 혈통에 대한 신비주의적 숭배를 노골적으로 옹호하는 사상도 없었다. 하지만 여기에서 주목해야 할 단어는 '세계적'과 '노골적'이다. 아직 한 인종이 다른 인종보다 우월하다는 왜곡된 신념은 사라지지 않았다. 이런 신념 때문에 일어나는 갈등 역시 사라지지 않았다.

남아시아에서 서아시아에 이르기까지, 아프리카에서 발칸 지역에 이르기까지 이웃 종족이나 인종, 민족이 태생적으로 열등하다고 믿는 사람들이 있다. 나치의 표현을 빌리자면 '열등 인종'인 이런 타자들은 음식과 땅, 생명, 존엄을 누릴 자격이 자신들보다 덜하다고 믿는 것이다.

레벤스보른 프로젝트가 폐허가 된 유럽의 돌무더기에 깔려 소멸한 지 70여 년이 흘렀지만, 그동안 소규모의 지역 분쟁이 줄지어 일어났다. 이런 갈등의 뿌리에는 대개 하인리히 힘러가 가졌던 신념과 같은 믿음이 있다. 우수 인종과 열등 인종이 따로 있다는 신념의 또 다른 버전 말이다.

이 책은 개인적인 회고록인 동시에 역사에 대한 탐구이다. 내가 한창 이 책의 원고를 쓰고 있을 때, 세상은 민족이나 지역, 종교 간의 적대감으로 분열되고 있었다. 그 적대감은 더러 끔찍한 분쟁으로 이어진다. 한 민족 집단이 다른 민족을 난도질하거나, 한 종교 분파가 자신들이 섬기는 신의 관점에서 열등하다고 여겨지는 사람들에게 폭탄을 던진다.

특히 유럽에서, 한때 철의 장막에 둘러싸였던 나라들에서 정치인들은 민족주의를 만지작거리며 인종적·역사적 열등성을 토대로 한 증오에 불을 붙인다. 1945년 이래 유럽이, 그리고 세계가 이토록 위험하게 분열된 적이 없다.

역사의 교훈은 우리가 이제껏 역사에서 배운 것이 없다는 것이다. 이제 배워야 할 때다.

감사의 글

내 뿌리를 찾는 여정은 길고 험난했다. 그러나 나는 그 여정을 걷는 내내 내 곁을 지켜준 아름다운 사람을 많이 만났다.

특히 가장 오랜 친구이자 가장 친한 친구인 도로시 슐뤼터에게 고마움을 전한다. 도로시는 내가 내 인생의 출발점을 찾아 소심하게 첫발을 내딛는 순간부터 나와 함께했다. 내게 정신적·정서적 힘이 됐고 내 여정에도 함께해주었다. 또 늘 나를 돕고 돌봐준 유타 슈뢰더에게도 고마움을 전한다.

내 여정을 안내해준 게오르크 릴리엔탈 박사와 슬로베니아 행을 망설이던 나를 거듭 설득해준 요제프 폭스에게도 감사를 표한다. 그리고 레벤스푸렌 모임의 친구들, 당신들이 내게 얼마나 중요한지는 누구보다 당신들이 잘 알 것이다.

로가슈카슬라티나에 동행해 도움을 준 친구들, 우테 그륀발트와 잉그리트 래츠만, 헬가 루카스에게 감사한다. 그리고 마음을 열고 나를 다정하게 맞아준 슬로베니아의 가족에게도 고마움을 전한다.

도로시 슈미츠 쾨스터 박사에게는 특별한 빚을 졌다. 처음 만난 순간부터 그녀는 내게 큰 도움을 주었다. 이 책을 쓸 수 있도록 나를 격려했을 뿐 아니라 레벤스보른에 대한 방대한 지식으로 집필을 도왔다. 또 지난번 슬로베니아 여행에서 다정하고 현명한 동행이 되어 주기도 했다.

팀 테이트가 이 책의 집필을 제안했을 때, 나는 내 삶의 모든 시기를 되돌아보았다. 알려지지 않은 문제와 고달픈 문제가 산더미처럼 많았지만, 우리가 이 책을 함께 써나가는 동안 나를 에워쌌던 어둠이 조금씩 걷혔다.

글을 쓰며 헬레나와 요한, 더 나아가 에리카 마트코와도 '대화'할 수 있었다. 종이 위에서(현실이 아닐지라도) 그들에게 "왜?"라고 물을 수 있었다. 모든 답을 찾지는 못했다. 하지만 때로는 격렬해지기도 했던 그들과의 대화를 통해 나는 용서하고, 삶을 있는 그대로 사랑할 힘을 얻었다.

잉그리트 마트코 폰 욀하펜

2015년 4월, 독일 오스나브뤼크에서

이 책은 2013년에 내가 제작한 다큐멘터리에서 자라났다. 그 몇 년 전에 나는 레벤스보른 이야기를 듣고는 여러 방송국에 다큐멘터리 제작을 제안하고 설득했지만, 긍정적인 대답을 얻지 못했다. 마침내 영국의 채널5가 60분짜리 다큐멘터리 제작 지원에 동의했다. 이 이야기의 중요성을 알아보고 지원해준 편집국장 사이먼 레이크스에게 신세를 졌다.

나는 다큐멘터리를 제작하려고 조사하던 중 잉그리트를 만났다. 그녀는 촬영에 흔쾌히 동의했고 내가 시간 관계상 그녀의 이야기를 다큐멘터리에 싣지 못했을 때도 너그럽게 이해해주었다. 또 이후에 내가 레벤스보른과 그녀의 과거에 대한 진실을 찾아가는 놀랍고 용감한 여행에 대해 책을 써야 한다고 제안했을 때도 귀 기울여 들어주었다.

내가 제작한 다큐멘터리와 이 책 모두 도로시 슈미츠 쾨스터 박사의 노력과 격려가 없었다면 나오지 못했을 것이다. 도로시만큼 레벤스보른 아이들을 위해 열심히 싸운 사람도 없다. 그리고 그들의 이야기를 전하려는 일념으로 쓴 그녀의 책들(아쉽게도 독일어로만 읽을 수 있다)은 하인리히 힘러의 잘 알려지지 않은 조직을 세상에 알리는 데 중요한 일을 했다.

레벤스보른 생존자들의 이야기를 확인하고 조사하는 데 다음 자료들의 도움을 많이 받았다. 〈나치의 '선발 육종'(Nazi 'Selective Breeding')〉(《타임스》, 1943년 12월 14일자), 〈히틀러의 아이들(Hitler's Children)〉(조슈아 해머, 《뉴스위크 인터내셔널》, 2000년 3월 19일자), 〈나치 과거에 시달리는 '아리아인' 아이들(Nazi Past Haunts 'Aryan' Children)〉(케이트 비셀, BBC뉴스 웹사이트, 2005년 6월 13일자), 〈히틀러의 아이들 60명이 모이다(Sixty of Hitler's children meet)〉(《AP통신》, 2006년 11월 5일자), 〈아리아인의 특성을 전파하려는 레벤스보른 프로그램의 산물, 8인이 만나 서로의 이야기를 듣다(Eight people, products of the Lebensborn programme to propagate Aryan traits, met to exchange their stories)〉(마크 랜들러, 《뉴욕타임스》, 2006년 11월 7일자), 〈우수 인종 육성을 위한 나치 프로그램(Nazi program to breed master Race)〉(데이비드 크로스랜드, 《슈피겔》, 2007년 11월 7일자), 〈기록이 알려주는 인종적 순수성을 위한 나치의 노력(Documents detail Nazi's drive for racial purity)〉(멜리사 에디, 《AP통신》, 2007년 4월 6일자), 〈나치 친위대에 납치된 남자가 진짜 정체성을 찾다(Man kidnapped by SS discovers true identity)〉(《데일리 텔레그래프》, 2009년 1월 6일자), 〈나치가 훔쳐 간 아이들: 아리아인 초인 종족을 창조하기 위해 친위대가 납치해 간 금발에 푸른 눈을 가진 1만 2,000명의 비극적 이야기(Stolen by the Nazis: The tragic tale of 12,000 blue-eyed blond children taken by the SS to create an Aryan super-race)〉(《데일리 메일》, 2009년 1월 9일자), 〈도둑맞은 아이들(Stolen Children)〉(지타 세레니, 《토크》, 2009), 〈제3제국의 포스터 차일드(Third Reich poster child)〉(타이터스 초크, 《엑스베를리너》, 2010년 11월 22일자), 토네 페렌츠의 〈나치의 유고슬라비아 점령에 관한 기록〉(http://karawankengrenze.at/ferenc/index.php?r=documentshow&id=249).

이 책을 열렬히 지원한 영국 출판사 엘리엇앤톰슨과 편집자 올리비아 베이스에게도 고마움을 전한다. 그녀의 객관적인 조언 덕택에 우리의 원고가 훨씬 더 좋아졌다.

앤드루 로니 또한 완벽한 출판 대리인었다. 그의 안내 덕택에, 그리고 이후에는 세계 곳곳의 출판사와 그의 관계 덕택에 핀란드와 이탈리아, 미국에서도 이 이야기를 읽을 수 있게 됐다.

마지막으로 나의 배우자 미아 페널의 사랑과 도움이 없었다면 나는 이 책을 쓰지 못했을 것이다. 평생에 걸친 탐험 끝에 나는 그녀에게 발견되는 행운을 가졌다. 내 탐험은 이제 끝났다.

팀 테이트

2015년 4월, 영국 윌트셔에서

나는 히틀러의 아이였습니다

―'레벤스보른 프로젝트'가 지운 나의 뿌리를 찾아서

1판 1쇄 발행일 2021년 4월 5일
1판 2쇄 발행일 2021년 5월 10일

지은이 잉그리트 폰 욀하펜·팀 테이트
옮긴이 강경이

발행인 김학원
발행처 (주)휴머니스트출판그룹
출판등록 제313-2007-000007호(2007년 1월 5일)
주소 (03991) 서울시 마포구 동교로23길 76(연남동)
전화 02-335-4422 **팩스** 02-334-3427
저자·독자 서비스 humanist@humanistbooks.com
홈페이지 www.humanistbooks.com
유튜브 youtube.com/user/humanistma **포스트** post.naver.com/hmcv
페이스북 facebook.com/hmcv2001 **인스타그램** @humanist_insta

편집주간 황서현 **편집** 최인영 임미영 이영란 **디자인** 김태형
조판 이희수com. **용지** 화인페이퍼 **인쇄** 청아디앤피 **제본** 성민문화사

ISBN 979-11-6080-534-5 03920